Martina Rellin
Göttergatten

Martina Rellin

Göttergatten

Was Männer wirklich
über ihre Frauen denken

Brigitte Buch
im
Diana Verlag

FSC
Mix
Produktgruppe aus vorbildlich
bewirtschafteten Wäldern und
anderen kontrollierten Herkünften

Zert.-Nr. SGS-COC-1940
www.fsc.org
© 1996 Forest Stewardship Council

Verlagsgruppe Random House FSC-DEU-0100
Das für dieses Buch verwendete
FSC-zertifizierte Papier *Super Snowbright*
liefert Hellefoss AS, Hokksund, Norwegen.

BRIGITTE-Buch im Diana Verlag
Copyright © 2010 by Diana Verlag, München,
in der Verlagsgruppe Random House GmbH
Redaktion: Eva Philippon
Herstellung: Gabriele Kutscha
Satz: Christine Roithner Verlagsservice, Breitenaich
Druck und Bindung: GGP Media GmbH, Pößneck
Printed in Germany 2010

978-3-453-29093-8

http://www.diana-verlag.de

Inhalt

Liebe Leserin
und lieber Leser,

in diesem Buch sprechen Männer über ihre Ehen, ihre Frauen, ihre Gefühle – wie das? Gibt es Männer, die das können? Und warum hab ich nicht so einen? Millionen deutscher Frauen erleben zu Hause Tag für Tag endlose eheliche Schweigeminuten. Das wortlose Nebeneinanderherleben ist meist fein eingebettet in einen funktionierenden Alltag, der für Spontaneität und Leidenschaft häufig kaum Raum lässt. Will *sie* mit *ihm* darüber reden, fragt er: »*Worüber* reden?«

Auf den folgenden 280 Seiten tun die unterschiedlichsten Männer genau das: reden. Männer aus dem ganzen Land, verschieden in Alter, Herkunft, Beruf und Familiensituation, haben mit mir gesprochen, zögernd oder von Anfang an frei heraus, je nach Temperament. Sie haben ihre Frauen kritisiert und gelobt, sie sprachen von Zweifeln und auch von Liebe, sie erzählten selbstkritisch, selbstironisch und humorvoll, sehr häufig waren die Männer beim Erzählen kaum zu bremsen. Oft habe ich gedacht: Ach, würden doch alle Männer mit ihren Frauen einfach immer so sprechen können – es gäbe bald nur noch glückliche Ehen. Natürlich ist das eine utopische Vorstellung, denn ihren Partnerinnen gegenüber halten auch die Männer in diesem Buch ihre Empfindungen gern zurück, meiden gekonnt Gespräche über die Partnerschaft, die eigenen Gefühle.

In meinem letzten Buch *Die Wahrheit über meine Ehe. Frauen erzählen* berichteten Ehefrauen über ihren ganz normalen Ehealltag. Weil ausschließlich die Frauen erzählten, wie sie ihre Ehen erleben, was sie mögen, was ihnen fehlt, konnte der Eindruck entstehen, nur Frauen litten, nur sie seien unzufrieden, und schuld an diesem Elend seien ohnehin die Männer.

Gilt es jetzt etwa, dieses Bild auf den Kopf zu stellen? Natürlich könnte man durchaus berechtigt auf einen Notstand hinweisen und zugespitzt zusammenfassen: *So leiden Deutschlands Ehemänner wirklich!* Doch es geht nicht darum, den Schwarzen Peter in Ehefragen von den Männern zu den Frauen hinüberzuschieben – Männer, von denen wir normalerweise viel zu wenig erfahren, erscheinen in einem ganz neuen Licht, wenn sie das Eheleben aus ihrem Blickwinkel schildern. So können wir von ihnen in diesem Buch hören, worunter Männer in der Partnerschaft leiden, was sie stört, was sie nervt. Überraschend aber ist die überwiegend positive Bilanz der Männer: Sie lieben ihre Frauen durchaus! Und da geht es keinesfalls um Figur und Haarfarbe – wobei Ehemänner ihre Frauen häufig auch nach vielen Ehejahren als »attraktiv«, als »immer noch schön« bezeichnen. Männer erzählen von der als gut erlebten gemeinsamen Zeit, geteilten Erfahrungen, von gemeinsam erfahrenem Glück mit den Kindern.

Jonas, Bernd, Heiko und all die anderen *Göttergatten* gaben die übliche männliche Zurückhaltung in Gesprächen über Gefühlsfragen auf und erzählten freimütig. Nach und nach dämmerte mir, warum Männer üblicherweise die von Frauen so sehr ersehnten Gespräche gern abblocken – Männer mauern meist nicht, weil sie zum Reden nicht willens oder nicht in der Lage sind, nein, *wir Frauen* machen den wirklichen Austausch oft schnell unmöglich. Und zwar mit Nachfragen, Nachbohren, Besserwissen, indem wir unsere Meinung einstreuen, das Gespräch an uns reißen, anfangen zu streiten ... Das Übliche eben. Und genau *das* erlebte ich in den Gesprächen mit den fremden Ehemännern gar nicht – Kunststück, ich sprach ja nicht mit meinem eigenen Mann!

Richard zum Beispiel hatte mein vollstes Verständnis und absolutes Mitgefühl, weil ich die von ihm geschilderte Balkonszene mit seiner Frau Beate mühelos aus seiner Sicht beobachten konnte: Sie hat ihn wieder mal zur Aussprache gefordert, seit einer Viertelstunde ergießt sich ihr Redeschwall über den armen Mann: »Ich will dies, ich will jenes ...«, und »Warum hast du dies nicht, warum das nicht ...?« Ein Mann in einer Situation wie Richard muss einem doch einfach leidtun – da sitzt der arme Kerl mit seiner Frau zusammen, und sie schlägt ihm einen Vorwurf nach dem anderen um die Ohren. Richard erinnert sich an solche Abende wie folgt: »Wenn ich im Gespräch mit ihr auf Durchzug geschaltet hab, angefangen hab, mich auszuschweigen, hat sie mir oft so zugesetzt, dass ich ihr dann irgendwas versprochen hab, nur um Ruhe zu haben.«

Wir alle kennen das Märchen *Vom Fischer und seiner Frau*. Mir war schon als kleines Mädchen Ilsebill zutiefst suspekt und eigentlich unsympathisch. Die Brüder Grimm lassen diese Ilsebill übersteigerte Forderungen stellen: Sie will unbedingt von der Hütte in einen Palast ziehen, am Ende Königin, Kaiserin, ja Gott werden – und immer muss ihr armer Mann lostraben, den Wünsche erfüllenden Butt mit den maßlosen Ideen der Ehefrau behelligen. Am Ende sitzt das Fischerpaar zur Strafe für die Gier wieder in der Hütte am Meer. Ich fand das gerecht für Ilsebill – der Mann aber konnte doch nichts dafür. Obwohl – er hätte ja nicht alles tun müssen, was seine Frau von ihm verlangt.

An dieses Märchen hatte ich lange nicht gedacht, während der Arbeit am Buch wurde es mir wieder sehr präsent, und ich fand: Der *Ilsebill-Effekt* ist allgegenwärtig. Männer arrangieren sich mit ihm durch Schweigen, halbherzige Versprechen, Handlungen gegen die eigene Überzeugung. Und es fällt relativ leicht, als Frau Verständnis für dieses Verhalten der Männer zu haben – solange es nicht der eigene ist. Warum eigentlich? Zugegeben, das ist eine unbequeme Frage, aber nähert man sich vorsichtig einer Antwort, könnte die so aussehen: Ein bisschen mehr Gelassenheit und weniger Empfindlichkeit würde vielen Frauen in ihren Beziehungen guttun. Männer verfügen über diese Eigenschaften in höherem Maße als Frauen. Wir ahnen das, werten aber trotzdem männliche Gelassenheit gern als Desinteresse, sehen eine gewisse Robustheit in Gefühlsfragen als Kälte oder Herzlosigkeit. Weil es so schwerfällt, in der eigenen Partnerschaft diese Vorstellungswelt zu relativieren oder über Bord zu werfen, ist es so unglaublich anregend, andere Paare aus der Männerperspektive zu betrachten.

Erkenntnis Nummer eins ist also: Männer können reden. Und das nicht nur über Fußball, Fernsehen, Autos. Das ist das alte Klischee, das wir getrost ersetzen können durch Erkenntnis Nummer zwei: Männer reden sehr gern und ausführlich über ihre Arbeit, über ihre Kinder, und bei Fragen der Erotik und Sexualität sind ihre Ansichten feinfühliger und differenzierter, als landläufig angenommen.

Schnell fiel mir auf, dass viele meiner Gesprächspartner am lockersten und sichersten über ihre Arbeit sprechen konnten. Die ist ihnen wichtig, über die definieren sie sich, und so ist es eigentlich wenig überraschend, dass Männer leiden, wenn ihre Frauen sich gar nicht oder zu wenig für ihre Arbeit interessieren. Nicht immer muss das Formen annehmen wie in der Ehe von Alex, der irgendwann für sich feststellte: »Eigentlich war Karen schon immer sehr egoistisch.« Natürlich sind Männerberichte aus dem Büro oder aus der Werkstatt nicht immer superspannend – das gilt umgekehrt genauso, wenn Frauen von ihren Kolleginnen oder vom Haushalt erzählen. Bei Männern lohnt es aber besonders, die Ohren aufzusperren, wenn sie über ihren Beruf sprechen, gerade, wenn sie sonst nicht sehr mitteilsam sind. Nehmen wir an, er erzählt von der Arbeit: »Und dann hab ich dem Chef …« – ja, klar. »Wenn der Meier meint, er kann aus dem Team ausscheren …« Schon interessanter – welche Verhaltensweisen sind Ihrem Mann unter Arbeitskollegen wichtig? Wozu muss ich das wissen, denken Sie? Weil Ihr Mann höchstwahrscheinlich solche Verhaltensweisen auch von Ihnen erwartet!

Lassen Sie sich das genauer von Alex erzählen, der sich als ausgesprochenen Teamplayer sieht und sich nichts sehnlicher wünscht, als dass seine Frau sich für seine Arbeit interessieren und mit ihm an einem Strang ziehen möge. Oder von Heiko, dessen Frau den Anschluss ans Team leider verpasst hat … Gerade Männer, denen das Gespräch über Gefühle schwerer fällt als anderen, offenbaren mehr, als man vermuten würde, wenn sie von ihrer Arbeit erzählen.

Noch immer werden zwei Drittel der Scheidungen in Deutschland von Frauen eingereicht – Männer mögen einem daher zufriedener erscheinen in ihren Ehen, das sind sie sicher auch. Für viele Männer verbietet sich der bloße Gedanke an Trennung von ihrer Frau schon wegen der Kinder, Männer verquicken die Liebe zu diesen Kindern auf geradezu anrührende Weise mit der zu ihrer Partnerin. Es war hinreißend, den hart-aber-herzlichen Rolf dabei zu beobachten, wie er nach Worten rang für die Sätze: »Ich konnte es nicht fassen: Ich mit vierzig noch Papa!«, und »Sebastian hat mein Leben total verändert.« Natürlich schwang dabei mit: Und das verdanke ich meiner Frau. Und ich litt geradezu mit Alex, als er sich mit schmerzlichem Gesicht die möglichen Konsequenzen einer Trennung von Karen vorstellte: »Die Kinder auf Dauer bei ihr – wenn ich nur dran denke, das würde mich brechen.«

Fremde Männer haben mir erlaubt, in ihre Seelen und ihre Herzen zu sehen, und die Sensibilität und die Verletzlichkeit, die ich da entdecken durfte, werde ich nicht vergessen – gerade wenn zum Beispiel mal wieder versucht wird, Männer auf eines ihrer angeblichen Lieblingsthemen zu reduzieren: Sex. Frauen wird gern nachgesagt, sie könnten Sex und Liebe nicht trennen, *Männer sind da ganz anders, Männer wollen immer nur das eine, Sex ist ihnen wichtiger als Nähe.* Irgendwann fielen mir in verschiedenen Kapiteln Äußerungen auf, die zwar mit Sex zu tun haben – aber ganz jenseits der gängigen Klischees. Etwa wie Alex über die verhütungsfreie Zeit vor dem ersten Baby spricht: »(...) das sexuelle Erlebnis selbst, das war so innig, wir haben es vom Gefühlswert her so nicht wieder gehabt. Es war auch später sehr leidenschaftlich, aber anders ...« Und Lars erinnert sich an die Geburt des Sohnes: »Bei uns hat es nicht so reibungslos geklappt mit der Geburt. Meine Frau ist aus dem Krankenhaus ausgebüxt, sie kam nach Hause und hat gesagt: ›Lars, wir müssen uns jetzt lieben.‹ (...) Ich muss sagen, das war nicht unser schlechtestes Mal.«

Moritz erinnert sich zwar burschikoser: »Auch beim Heiratsantrag war sie wieder total tough. Wir waren dabei, was in die Wohnung hochzutragen, ich sage: ›Willst du mich heiraten?‹ Sie sagt: ›Du, Moritz, frag mich das später noch mal.‹ Das hab ich gemacht, während wir gevögelt haben, da ist sie abgegangen wie eine Rakete, das war die beste Nummer, die wir

14

je hatten.« Er erinnert sich lebhaft – und geradezu minutiös! Männern ist es wichtig, wie sie die körperliche Liebe mit ihrer Frau erleben, und das kann dann auch schon mal richtig gefühlsduselig sein.

Und auch wenn es Männern ab und zu wirklich hauptsächlich um Sex geht, lohnt es sich, ihr Verhalten ganz genau und unvoreingenommen zu betrachten. Kai zum Beispiel sagt: »Ich habe mich anderen Frauen zugewandt ...« Stellen wir uns vor, seine Frau erzählt das einer ihrer Freundinnen – das Urteil über Kai wäre schnell gefällt. Wird Kais Frau der Freundin auch erzählen, wie Kai versucht hat, das eheliche Liebesleben zu beflügeln, dass er Geduld hatte, immer wieder das Gespräch gesucht hat und dann sozusagen mit Ankündigung fremdging? Kai versichert: »... das hat aber nichts damit zu tun, dass ich meine Frau körperlich nicht anziehend fand, im Gegenteil.« Es fällt leicht, ihm zu glauben – gerade, weil man nicht mit ihm verheiratet ist. Josef dagegen rechnet man seine Fürsorge für Barbara besonders hoch an, wenn man weiß, was ihn all die langen Ehejahre immer begleitet hat, ohne dass er aus der Ehe ausgebrochen wäre: »Wo mir vielleicht immer etwas gefehlt hat, das ist die sexuelle Seite, die ich halt anders kannte, in der Zeit vor Barbara. Das leidenschaftliche Weib war sie nie, das kommt durch ihre verklemmte Erziehung, den Einfluss der Klosterfrauen.«

Die *Göttergatten* rücken manche Klischees zurecht – natürlich gibt es nicht nur Männer, denen es schwerfällt, über Gefühle zu reden: Auch manche Frauen haben Probleme damit. Trifft so eine kühlere Frau auf einen offenen, gefühlsbetonten Mann, der Spannungen oder Missstimmungen gern durch Gespräche aus dem Weg räumen möchte, wird ihn eine Ablehnung wie »Lass mich doch in Ruhe mit deinem Seelenmist« (Karen zu Alex) mit Sicherheit treffen. Auch wird Männern oft zur Last gelegt, eine Paarberatung, mögliche Hilfe durch einen Therapeuten abzulehnen – aber eine Frau wie Karen möchte solchen Beistand nicht, und Heikos Frau Susanne zeigt wenig Bereitschaft, Ergebnisse aus den Coachinggesprächen im Alltag umzusetzen und Eigeninitiative zu zeigen. Ehemänner, die selbst Coachingerfahrung aus dem Beruf haben, sind übrigens oft selbst höchst interessiert am Ehecoaching und treffen dann auf Frauen, die einer Beratung ablehnend gegenüberstehen – es kommt also sehr drauf an, wer wie welchen Vorschlag unterbreitet. Sobald einer das Gefühl hat, der Idee nicht gewachsen zu sein, wird er sich zurückziehen. Clevere Frauen machen ihren Männern ein Coaching schmackhaft, indem sie vorschlagen, dass das doch genau »das Richtige für die Eheperformance« sein könnte. Bloß nicht den Eindruck entstehen lassen, man wolle sich als Frau vom Psychologen die eigene Gefühlslage bestätigen lassen oder alle Ehephänomene in Endlosgesprächen auswalzen.

Männer von heute sind anders als ihre Väter: offener, liebevoller, partnerschaftlicher im Umgang mit ihren Frauen und den Kindern, darüber besteht kein Zweifel. Und doch wissen Frauen oft nicht, was in ihnen vorgeht. Mir fiel auf: Gerade die Generation junger Ehemänner im Alter zwischen fünfunddreißig und fünfundvierzig Jahren hat es besonders schwer. Aufgewachsen mit dem Anspruch, sich die Lasten des Alltags, im Beruf wie in der Familie, mit einer Partnerin gleichberechtigt zu teilen, stoßen die Männer immer wieder an Grenzen. Die gesellschaftlichen Bedingungen sind noch nicht uneingeschränkt so, dass beispielsweise der junge Vater ganz selbstverständlich in die Elternzeit gehen könnte, auch wenn er und seine Frau das gut fänden. Zum einen wirkt da das übliche Verhalten am Arbeitsplatz: Bei den meisten Paaren mit Baby bleibt eben die Frau zu Hause, die Entscheidung fällt auch deswegen leicht, weil Frauen meist weniger verdienen als Männer. Schon wirken auf Männer Kräfte, unter denen bereits ihre Väter gelitten haben: die Sorgen des Alleinverdieners – was passiert, wenn ich meinen Arbeitsplatz verliere, nicht genug verdiene, um meiner Familie den Lebensstandard zu bieten, den ich mir vorstelle? Und wie ist es, wenn die junge Mutter wenig Ambitionen zeigt, wieder in den Beruf zurückzukehren? Plötzlich ist alles anders als in der Theorie. Jüngere Männer hadern zurzeit meist viel stärker mit ihrer unklaren Rolle und den vielen Möglichkeiten, das Leben als Paar zu gestalten.

Männer aus der älteren Generation dagegen, wie Rolf oder Heiko, hatten es in ihren jungen Ehejahren im Grunde leichter. Sie hatten, ebenso wie ihre Frauen, nicht so viele Wahlmöglichkeiten. War einmal entschieden, wer der Hauptverdiener ist, konnten sich alle mit ihrer Situation arrangieren, es gab entsprechend weniger Selbstzweifel. Für Heiko, dessen Zusammenleben mit Susanne schon lange nicht mehr ideal ist, gilt bis heute die selbst auferlegte Maxime: »Ich lasse mich bestimmt nicht scheiden, ich kann doch nicht einen Menschen einfach wegtun.« Hört man ihn das sagen, glaubt man ihm aufs Wort – und genauso leicht fällt es, sich eine an der Loyalität ihres Ehemannes zweifelnde Susanne vorzustellen.

Die ersten Männergespräche für dieses Buch waren für mich nicht ganz einfach, denn Männer erzählen tatsächlich anders als Frauen. Nicht so ausführlich, nicht so detailreich, nicht so geübt. Anfangs war mir das *andere Erzählen* der Männer fremd, aber im Prinzip verhielt es sich wie beim Schwimmen in einem zunächst als kalt empfundenen See: Schon bald schwimmt man sich warm, das Bad macht Freude, und steht man wieder am Strand, ist man herrlich erfrischt und belebt und kann überhaupt nicht verstehen, dass man erst nicht hineinwollte. Ich musste bei den Männern einfach ein wenig mehr nachfragen als bei den Frauen, und schon ging's. Frauen haben oft das, was sie mir für meine Bücher erzählt haben, schon mit vielen Freundinnen, der Mutter oder Schwester durchgesprochen, und das nicht nur einmal. Viele Männer sagten mir: »Über meine Ehe spreche ich höchstens mal mit meinem Freund X, wenn es ein akutes Problem gibt.«

Und was die häufig fehlenden Details in den Männererzählungen angeht – das kann man als Lücken in der Erinnerung empfinden oder als Diskretion. Eine Frau kann auf Knopfdruck einen Streit von vor zehn Jahren in Dialogform wiedergeben: »Und er sagt zu mir: ›Das hab ich immer gewusst, dass du …‹ Ich hab ihm dann eine geklebt, ganz spontan, und hab zurückgegiftet: ›Meine Mutter hat gleich gesagt, dass du ein Loser bist …‹« und so fort. Der Mann dieser Frau erinnert sich möglicherweise an diese Auseinandersetzung so: »Meine Frau sagt immer, wir hätten dann einen schlimmen Streit gehabt, das mag auch sein, da fallen dann auch unschöne Worte, einmal ist sie sogar handgreiflich geworden …« Das klingt abstrakter, weniger bedrohlich, wirkt gleichzeitig verarbeitet und abgeschlossen, und so ist es für Männer ja auch meist: Vergangenheit? Vorbei.

Rolf beklagt sich: »Das Ärgerliche ist: Gabi ist nachtragend, sie weiß zehn Jahre nach einem Ereignis oder Gespräch noch genau, was sie gesagt hat. Ich nicht. Ich erlebe meine Frau in der Vergangenheitsform, wenn sie sagt: ›Du hast gesagt …‹ Und das sagt sie gern. Mein Blick geht nach vorn, immer.«

Viele Männer denken wie Rolf, das Herumwühlen in Vergangenem ist ihnen lästig – Frauen gewinnen viel, wenn sie das beachten.

Frauen können durchaus Verständnis für Männer haben – wenn es nicht der eigene ist. Mich persönlich hat erstaunt, wie leicht es mir gefallen ist, Gedanken, Verhaltensweisen und Einstellungen von Männern zu akzeptieren, mit denen ich bei meinem eigenen Mann höchstwahrscheinlich ein Problem hätte. Sage einer, dass Frauen nicht lernfähig sind – ich habe in den vergangenen Monaten eine unglaubliche Gelassenheit in meiner Partnerschaft entwickelt, weil die intensive Beschäftigung mit dem Leben der *Göttergatten* natürlich nicht spurlos an mir vorbeigegangen ist. Natürlich habe auch ich die einschlägigen Ratgeber über das unterschiedliche Kommunikationsverhalten von Männern und Frauen gelesen, Schlüsse gezogen und Vorsätze gefasst, aber ehrlich gesagt: Das ganz praktische, vorgelebte Beispiel beeindruckt mich mehr. Es scheint so einfach: Wenn wir Frauen es den Männern leichter machen, haben wir es selbst auch leichter. Mir geht es besser, seit ich das ein bisschen beherzige.

Sollte Ihnen das manchmal auch Schwierigkeiten bereiten – schauen Sie einfach auf den zauberhaften *Göttergatten* auf dem Umschlag, der übrigens gewisse Ähnlichkeit mit dem attraktiven Sören hat, und machen Sie sich klar: Die Wirklichkeit ist eben so wie in diesem Buch, auch *Göttergatten* sind keine Mannsbilder aus der Retorte, Frauenroman- oder TV-Soap-taugliche Traumprinzen. Die deutsche Ehewirklichkeit ist manchmal zauberhaft – manchmal aber eben auch nicht. Wie schön ist es da, von einigen Männern richtige Liebeserklärungen zu hören – Ansgar sagt über seine Ehefrau Simone, und das im verflixten siebten Jahr: »Ich hatte schon als wir uns kennenlernten das Gefühl, dass sie die Richtige ist ...« Werner spricht nach achtundvierzig Ehejahren: »Ich würde mit Anita und unserer Ehe alles wieder so machen.« Ist das nicht herrlich? Aber nur kein Neid – der Traummänner-Vorrat reicht eben nicht für alle Frauen, und natürlich tröstet es auch zu wissen: Männer sind auch nicht unbedingt mit Idealfrauen verheiratet.

Ich würde mich freuen, wenn auch Sie bei den Begegnungen mit den *Göttergatten* staunen können, mitfühlen können und ebenso viele Überraschungen erleben wie ich. Auch Ihr Mann, liebe Leserin, könnte einer der Männer sein, die in diesem Buch erzählen, und zwar im Zweifelsfalle viel mehr, als Sie bisher von ihm wissen. Keine Sorge: Selbstverständlich sind alle Namen und andere Angaben, die unmittelbar Rückschlüsse auf die Identität der Erzählenden geben können, so weit geändert, wie es uns nach Absprache nötig erschien. Sollten Sie mein Buch mit den Wahrheiten der Ehefrauen gelesen haben, werden Ihnen bei genauerem Hinsehen drei der Göttergatten in diesem Buch bekannt vorkommen: Ansgar, Jonas und Werner. Sie erzählen hier ihre Sicht der Dinge, die sich auch bei vergleichsweise *guten* Ehen von der der Frauen unterscheidet ...

Allen Männern, die mir für dieses Buch Rede und Antwort gestanden haben, danke ich an dieser Stelle ganz, ganz herzlich für die Zeit und das Vertrauen, die mir geschenkt wurden – selten haben mich Arbeitsstunden persönlich so bewegt wie diese!

Über Post zum Buch freue ich mich unter meiner Mailadresse

info@martinarellin.de

Alex, 37,
Immobilienkaufmann/Projektentwickler,
11 Jahre verheiratet, 2 Söhne

Unerreichbar nah

Für ihn war es Liebe auf den ersten Blick, lange hat er Karen auf Händen getragen. Bis die Fragen schleichend kommen: »Warum interessiert sie sich nicht für meine Arbeit? Warum stärkt sie mir nicht den Rücken? Liebt sie mich überhaupt noch?« Vielleicht würde Alex sogar an Trennung denken – wenn Karen nur nicht so schön wäre und wenn es da nicht die beiden Söhne gäbe. Außerdem: Ein Teamplayer gibt nicht auf ...

Unser großer Sohn Daniel ist elf. Er ist in letzter Zeit so zappelig – in einer Studie haben sie herausgefunden, dass Kinder es unterschwellig merken, wenn es bei den Eltern Spannungen gibt. Ich meine, die Kinder bekommen alles von uns, Zuwendung, Wertschätzung, sie können so sein, wie sie sind, temperamentvoll, sie dürfen Launen haben ... Aber ich mache mir trotzdem so meine Gedanken. Gestern war ich mit meiner Frau und Daniel beim Kieferorthopäden, wir hatten einen Termin um halb vier, kamen aber erst kurz nach fünf dran, Daniel saß auf Kohlen, denn er wollte noch zum Fußballtraining. Dass es mal voll ist, kann ich ja verstehen, der Kieferorthopäde ist der einzige im Viertel, aber bei ihm muss man immer warten. Als wir endlich dran waren, hab ich ihm gesagt, dass das schlechte Praxisorganisation ist, schlechtes Zeitmanagement, er hatte Ausreden: »So voll, so viele Kinder …«

Kaum saßen wir im Auto, machte mir Karen Vorwürfe: »War das nötig?« Dass ich was sagen musste. Ich meine, was sollte Daniel da denken: Papa tut was Gutes für mich, und Mama findet das nicht in Ordnung? Alles, was ich mache, wird von Karen infrage gestellt, das geht so seit, ja, seit wann eigentlich? Wenn ich's mir richtig überlege: Das war von Anfang an so. Früher fand ich das vielleicht nicht so schlimm, oder: Es ist mir gar nicht aufgefallen. Auch, dass Karen sich null für meinen Beruf interessiert, hab ich lange nicht gemerkt.

Ich habe mich in den vergangenen elf Jahren weiterentwickelt, bin beruflich vorangekommen, ich habe meine eigene Firma für Immobilien-Projektentwicklung aufgebaut, die betreut Grundstücke für Gewerbebauten, Wohnbauten. In unserer Ehe bin immer *ich* der Motor gewesen, ich mache Pläne, ich will etwas erreichen. Karen war meistens passiv. Sie will ein solides Leben, ein regelmäßiges Einkommen – das ist es bei ihr aber auch schon.

Ich meine, es könnte alles so schön sein: Wir sind gesund, ich verdiene gut, wir haben ein Haus gebaut, wir kommen finanziell klar. Ich habe Karen jahrelang jeden Wunsch von den Augen abgelesen. Einmal, ganz am Anfang, da war ich zu einem Meeting in Stuttgart, es kam ein Anruf von ihr, zu Hause war was nicht in Ordnung. Nichts Tragisches, aber ich habe alles stehen und liegen lassen und bin zu ihr. Ich habe sie wirklich lange auf Händen getragen. Seit einiger Zeit aber sage ich mir: Das ist nur dann meine Aufgabe, wenn man das auch mit mir macht, also wenn ich auch Aufmerksamkeit kriege für das, was ich tue.

Ich sehe das oft im Umfeld, dass Frauen sich wenig mit den Berufen, mit der Arbeit ihrer Partner beschäftigen. Ich wollte auch irgendwann mal das Gefühl haben: Sie weiß, was ich mache. Wenn ich arbeite, gebe ich fünfhundert Prozent, da bringe ich es auch mal auf siebzig Stunden in der Woche. Natürlich kommt da was zu kurz – Frau, Kinder. Ich gebe mir große Mühe, dass das nicht so ist, aber es bleibt nicht aus. Von ihr kam nie die Frage: »Was tust du da eigentlich im Büro?« Mich hat das irgendwann so genervt, dass ich drei Stunden an einer PowerPoint-Präsentation gebastelt habe, für die hatte ich sogar eine Überschrift: *Alex in Action*. Ich habe im Büro einen Beamer eingepackt, damit ich die Präsentation bei uns im Wohnzimmer an die Wand werfen kann, ich habe im Feinkostladen Champagner gekauft, roséfarbenen, aus Gag dazu farblich passend Lachssalat, ich habe Baguette besorgt und im Blumenladen einen Strauß roséfarbene Rosen.

Als ich mit den Sachen nach Hause komme, sagt Karen: »Spinnst du?« Ich hab gesagt: »Nö, aber vielleicht kriegen die Kinder heute mal 'ne Tiefkühl-Pizza, und wir setzen uns dann zusammen hin, wenn sie im Bett sind.« Wir haben den Champagner getrunken, ich hab ihr vorgeführt, was ich die Woche über mache, ganz genau in allen Einzelheiten: Fotos von Kundenterminen, umgesetzte und verworfene Konzepte, Tabellen mit der Umsatzentwicklung. Damit sie versteht, warum ich abends lange arbeite, warum ich müde bin, wenn ich nach Hause komme, warum ich manchmal einfach nur noch ins Fitnessstudio will oder joggen, das brauche ich dann zum Abreagieren. Karens Reaktion war nicht großartig, es war mehr so ein: »Hm, ja, hm.«

Wegen ihr habe ich angefangen, an mir zu zweifeln. Als ich mich vor fünf Jahren auf einen neuen Job beworben habe, hat sie nur gesagt: »Wieso willst du dir so viel Arbeit aufhalsen?« Einmal kam ich von einer Geschäftsreise aus China wieder, acht Tage, ich hatte die Kinder so vermisst, hatte jeden Tag angerufen. Karens erster Satz am Flughafen war: »Und, was hat das nun gebracht?« Ich hab mir das sehr zu Herzen genommen.

Ich schätze das, was sie zu Hause tut, ich mache ihr Komplimente, wenn ich mal zwei Tage nicht da war, die Kinder nicht gesehen habe. Ich meine das ernst, sie macht wirklich einen tollen Job mit den Kindern. Für sie zählt nur: Du Mann, du Arbeit, bring uns Fleisch. Als ich vor zwei Jahren gesagt habe: »Ich mache mich selbstständig«, hat sie mich null unterstützt, im Gegenteil. Damals kam von ihr auch: »Du bist ein Loser.« Was sollte sie den Leuten erzählen, wenn ihr Mann nicht mehr täglich ins Büro geht? Die könnten ja denken, er ist jetzt auf Hartz IV. Anfangs hab ich von zu Hause aus gearbeitet. »Wo ist das Problem?«, hab ich sie gefragt. »Wir sagen es so, wie es ist, dass ich mir sukzessive etwas aufbau.« Ich find es schlimm, wie sie immer nach der Meinung der anderen schielt.

Ich bin ein Teamplayer, für mich gilt: Ich beleidige jemanden aus meinem Team nicht. Das soll man auch mit mir nicht machen. Ich hätte nie gedacht, dass man als Mann so leiden kann. Ich habe immer noch die Narben von damals. Und diese Entwertung, dieser Schmerz, das kommt jetzt alles hoch, wo Karen plötzlich auch versucht, in die Selbstständigkeit zu gehen. Sie hat vor einem halben Jahr ein bisschen mit einem Catering-service angefangen. Grundsätzlich finde ich es toll, dass sie da jetzt aktiv wird, aber ich bin richtig erschrocken über mich, ich stelle nämlich fest: Ich kann es ihr nicht richtig gönnen. Sie hat sich nämlich nie entschuldigt für ihr Verhalten. Ich glaube auch nicht, dass sie das je tun wird, aber selbst wenn: Ich hab keine Ahnung, ob es ginge, ob ich das annehmen könnte, ob die Wunden heilen.

Im Moment weiß ich nicht weiter, ich spüre einen enormen Druck, ich kann ja nicht einfach nicht mehr funktionieren. Ich habe den Kindern gegenüber eine Verantwortung, ich will da sein für sie, und ich habe Angst, dass sie etwas mitkriegen, ich bin ja selbst ein Scheidungskind. Seit Wochen bin ich still und warte ab. Es geht mir nur darum, dass von Karen endlich Initiative kommt mir gegenüber. Ich habe nämlich schon länger das Gefühl, nicht respektiert zu werden, nur toleriert.

Vorhin habe ich mit meiner Mutter telefoniert, meine Frau war heute bei ihr, die beiden haben im Garten gesessen und Kaffee getrunken. Meine Mutter hat mir erzählt, wie positiv Karen über mich gesprochen hat. Ich finde es unglaublich, aber das ist typisch: Dass wir in einer Krise sind, soll keiner wissen. Meine Frau ist so oberflächlich, sie will nach außen den Schein wahren.

Als wir uns vor zwölf Jahren kennengelernt haben, war Karen Kauffrau in einem Versandhandel für Designerwaren, ich hatte gerade in einer großen Immobilienfirma angefangen. Natürlich war sie nicht meine erste Freundin, aber ich war eher ein Schüchterner, ein Romantischer. Ich habe viel Leichtathletik gemacht damals, trainiert, hatte an den Wochenenden oft Wettkämpfe – da war nicht viel Raum für Mädchen. Ich hatte viele harmlose Beziehungen, also wir haben geknutscht, gekuschelt. Das waren sehr schöne Erfahrungen, ich habe den Mädchen immer gerne geschrieben, kleine Briefe, Gedichte. Ich war vielleicht nicht der Hübscheste, aber ich hatte das Glück, immer besondere Mädchen abzukriegen, die kein anderer hatte. Mit dem ersten Mal habe ich extrem lange gewartet, ich war neunzehn. Wenn ich mit Freunden ausging, war immer ich derjenige, der Mädchen kennengelernt hat. Aber ich war nie der Abgezockte, der gesagt hat: »Was geht hier, das nehm ich mit.«

Bei meiner ersten richtigen Beziehung war *sie* zwei Jahre älter als ich, sie hieß Christine. Sie hat mir gezeigt, also, um mit Atze zu reden: »Wo der Frosch die Locken hat.« Das war eine tolle Erfahrung, morgens neben einer Frau aufzuwachen. Christine hatte ein Jahr in Kanada verbracht, sie hatte mir viel zu bieten, intellektuell und emotional, wir haben uns beim Tee endlos unterhalten. Ich hatte mein Abi, Christine hat mich angestiftet, auch zwei Jahre nach Kanada zu gehen, das war die bedeutendste Zeit, die ich hatte in meinem Leben. Ich spielte mit dem Gedanken, ganz drüben zu bleiben, aber zu Hause waren auch meine Mutter, meine Schwester, wir stehen uns sehr nahe – meine Eltern hatten sich scheiden lassen, als ich zwölf war. Ich kam also zurück, hab eine gute Ausbildung zum Immobilienkaufmann gemacht und auch gleich eine Stelle gefunden. Ich war gerade ein halbes Jahr von meiner letzten Freundin getrennt, als ich Karen kennenlernte.

Wir hatten bei der Jubiläumsfeier eines Kunden den Abend miteinander verbracht, es gab Disco bis in den frühen Morgen. Als allgemeiner Aufbruch war und ich ihre Telefonnummer haben wollte, hat sie gesagt: »Nee, *du* gibst mir *deine* Nummer.« Ich war sehr beeindruckt, ich hab das als Stärke ausgelegt. Ich fühlte mich von ihr angezogen, und ich dachte: Endlich eine Frau, die dir Paroli bietet.

Ein halbes Jahr nachdem wir uns kennengelernt hatten, zog ich bei ihr ein. Sie hatte gesagt: »Ich könnte mir vorstellen, mit dir zusammenzuleben.« Sie hatte die größere, schönere Wohnung in einem Jugendstilhaus. Früher hab ich gedacht: Ich möchte gar nicht heiraten und Kinder haben. Meine Mutter sagte damals zu mir: »Wenn man meint, man hat sein Glück gefunden, sollte man es festhalten.« Karen kam mir zuvor. Als ich meinen letzten Umzugskarton in ihrer Wohnung ausge-

packt hatte, lagen wir zusammen auf dem Bett, aneinanderge-
kuschelt, da sagte sie: »Ich könnte mir vorstellen, mit dir ein
Baby zu haben.« Ich hatte gerade einen neuen Job, wir waren
gerade zusammengezogen, alles erschien so viel und neu. Karen hatte immer wieder ein Argument parat: »Wenn wir das
jetzt machen, sind wir schnell mit den groben Dingen durch.«
Ich hab sie geliebt. Und wenn so ein Mensch vor dir steht, so'n
hübscher ...

Der Entschluss stand fest: Wir versuchen es. Anfangs hatten
wir sogar weniger Sex als vorher. Aber das sexuelle Erlebnis
selbst, das war so innig, wir haben es vom Gefühlswert her so
nicht wieder gehabt. Es war auch später sehr leidenschaftlich,
aber anders, nicht so ungezwungen. Als der Schwangerschafts-
test positiv war, wusste ich: Jetzt bist du im Spiel, jetzt bist du
dran. Mir war klar, dass jetzt Verantwortung auf mich zukam.
Aber das hatte ich schließlich gewollt, es kam richtig von Herzen. Auch wenn alles relativ schnell ging. Sie hat mir vermittelt: Ich fühle mich wohl. Wenn ich's mir richtig überlege:
Nur zwei Mal hat wirklich *sie* entschieden – bei der Familien-
gründung und bei der Hochzeit.

Karen ist dann raus aus dem Job, sie hat unseren Sohn Daniel bekommen, das ist ja so ein standardisierter Lauf. Erst
hieß es: »Wenn er größer ist, arbeite ich wieder.« Dann wollte
sie noch ein Kind. Da war ich schon unsicher, ob das gut ist,
mit unserer Beziehung, ob wir noch ein Kind kriegen sollten.
Mir war schon irgendwie bewusst, wie gegensätzlich wir sind.
Andererseits dachte ich, wir brauchen diesen Gegensatz. Wir
haben es also drauf ankommen lassen, und zwei Jahre später
wurde Julius geboren, was sehr gut so ist, ja, es ist gut, dass wir
die beiden Kinder haben.

Seit vier Jahren ist Karen wieder im Job, zweimal die Woche, vormittags, so'n Minijob für vierhundert Euro, sie kümmert sich um den Warenbestand für zwei Bioläden. Und jetzt, seit einem halben Jahr, meint sie, sie muss sich selbst verwirklichen – ausgerecht sie, die meine Selbstständigkeit so verteufelt hat! Ausgerechnet sie stellt sich jetzt mit selbst gekochten Marmeladen auf den Wochenmarkt, versucht, einen eigenen Cateringservice ganz auf Biobasis aufzuziehen. Und zu mir sagt sie: »Ist doch gut, wenn ich mehr dazuverdiene.« Abgesehen davon, dass dieser Mehrverdienst noch nicht in Sicht ist: In mir rumort es. Ich freue mich zwar darüber, dass sich bei ihr etwas regt, andererseits ... Als sie anfing, kam sie mit wirklich toll geschriebenen Angebotszetteln. Ich hab sie spontan gelobt: »Du hast komplett deinen Job verfehlt, du bist so kreativ.« Trotzdem kann ich für sie nicht der Sparringspartner sein, den sie bräuchte, meine Verletzung sitzt tiefer, als ich dachte.

Neulich hatte sie den ersten größeren Auftrag: Catering für eine Boutique-Eröffnung bei einer Freundin, Fingerfood, Getränke und Service, alles war organisiert. »Kommst du mit?«, fragt sie mich. Klar komm ich mit, ich kann irgendwie nicht anders. Hier um die Ecke ist so ein Schnickschnackladen, da bin ich rein, ich dachte: Kaufst ihr vielleicht einen Glücksbringer für das erste Event. Ich hatte schon einen kleinen Bären in der Hand – ich hab ihn zurückgelegt, ich dachte: Nö, das machste nicht. Ich bin raus aus dem Laden. Und dann war ich todtraurig. Vielleicht vermisst Karen ja was, früher waren solche Aufmerksamkeiten selbstverständlich, aber ich habe bei ihr nie gespürt, dass sie sich wirklich freut, wenn ich Anteil nehme an ihren Dingen.

An dem Abend selbst höre ich, wie sie mit Bekannten über ihren Cateringservice spricht: »Ach, das läuft ja so nebenbei, wenn es was wird, ist gut, wenn nicht, dann nicht.« Das tut mir weh, wenn ich das höre. Ich musste mir meinen Erfolg im Job hart erkämpfen, und zu Hause arbeite ich mittlerweile genauso hart, weil ich uns nicht aufgeben möchte. Natürlich braucht Karen Zeit, um sich um den Marktstand, das Catering zu kümmern, im Zweifelsfalle ist das Zeit, die von unserem gemeinsamen Budget abgeht, oder noch anders: Sie erwartet, dass ich einspringe. Neulich sagt sie mir an einem Dienstagabend: »Am Donnerstag hab ich um halb sechs einen Termin, ich muss mir den Raum für die Firmenfeier ansehen, wo das Büffet stehen soll.« Ich sage: »Das geht nicht. Ich kann nicht von heute auf morgen Feierabend machen, wann es mir passt.« Ich gehe normalerweise um acht aus dem Haus und bin um halb acht wieder da. Sie hat sich in letzter Zeit schon beschwert: »Mir wäre es lieber, du würdest von acht bis fünf arbeiten, so wie andere Männer auch.« Diese Klagen kommen jetzt, weil sie's jetzt braucht für ihre Arbeit.

Und überhaupt, was sollte das heißen: »Wenn es mit dem Catering was wird, ist gut, wenn nicht, dann nicht«? Ich merke, dass sie überfordert ist mit ihrem Vierhundert-Euro-Job, Haushalt, Kindern, dem Catering. Was sie überhaupt nicht merkt: dass sie sich diese ersten Schritte in die Selbstständigkeit nur leisten kann, weil sie nicht darauf angewiesen ist, Geld zu verdienen, dafür hat sie ja mich. So war es immer: Sie will die sichere Seite, will behütet sein. Ich habe ihr immer gesagt, dass sie es nicht machen muss, wir haben Geld genug. Und solange ich das meiste Geld verdiene, geht es nicht, dass ich im Job kürzertrete, damit sie sich ausprobiert.

Eigentlich war Karen schon immer sehr egoistisch. Aber ich habe sicher auch meinen Teil dazu beigetragen. Sie hat einen gewissen Druck aufgebaut mit ihren Vorstellungen: Kinder kriegen, heiraten. Ich hab nur Liebe gefühlt und gedacht, das könnte funktionieren. Vielleicht ging alles einfach zu schnell. Ich habe damals nicht erkannt, dass ich das, was ich brauche, mit ihr nur schwer werde haben können: reden, gemeinsame Ziele rausfinden und festlegen, sich gemeinsam weiterentwickeln. Seit zwei Jahren spüre ich immer mehr dieses: Du bist der Mann, sieh zu … Ich habe mich zu viel nach ihrem Leben gerichtet, ich habe auf sie gehört, schon fast abhängig.

Ich war derjenige, der ihr von Anfang an immer vermittelt hat: »Egal, was passiert, ich krieg das hin.« Ich hatte vielleicht anfangs ein anderes Bild von ihr, ich war total verliebt, ich habe mich auch anders verhalten. Bei mir war da Blindheit. Ich bin zu sehr auf sie eingegangen, sie hat's genossen, dass ich sie so auf Händen getragen habe. Heute sagt sie: »Kannst du nicht einfach wieder so sein wie früher?« Ich glaube, das ist wirklich ihre Sichtweise, dass *ich* mich verändert habe in einer Art, die ihr nicht gefällt. Was ja kein Wunder wäre, es war für sie bequem früher. Aber sie ist nicht bereit, sich zu fragen: Was tue ich für ihn, für uns?

Dazu gehört auch, dass sie nicht zur Beratung will. Sie kann nicht mit mir reden. Ich kann dann also auch nicht mit ihr reden, so wie wir wahrscheinlich miteinander reden müssten. Jedes Tief, das ich hatte, hab ich selbst alleine gemeistert. Wenn ich über so was sprechen wollte, hat sie schon mal gesagt: »Lass mich in Ruhe mit deinem Seelenmist.« Sie geht einfach drüber weg, sie ist immer sehr pragmatisch. So lieb und teilweise wunderbar sie sein kann. Ich habe Karen mehrmals vorgeschlagen: »Lass uns zur Beratung gehen, lass uns Hilfe suchen.« Sie will das nicht, sie lehnt das ab. Ich habe das Gefühl, ich bin der Einzige, der sich bemüht. Von ihrer Seite kommt nicht genug Wärme. Nur einmal hat sie gesagt: »Ich kann dich ja verstehen.« Job ist Job, und wenn ich nach Hause komme, möchte ich mich fallen lassen können, ganz Alex sein, sie sollte doch meine Kraftquelle sein! Sie sollte meine Frau sein und mich einfach nur gern haben. Dem renn ich so hinterher!

Karen hat schon manchmal gesagt: »Komm, lass die Vergangenheit ruhen.« Aber das geht doch nicht, weil das auch unsere Gegenwart betrifft. Ich weiß, sie kommt aus einer Familie, in der man nicht über Gefühle redet, ihre Familie sind Handwerker, alles ganz solide Menschen. Karen ist jetzt fünfunddreißig, sie hat nie mit ihrem Vater und ihren Geschwistern darüber gesprochen, dass die Mutter die Familie verlassen hat, als sie gerade zehn war. Die Mutter war weg und wurde fortan totgeschwiegen. Als Karen achtzehn wurde, hat die Mutter ihr geschrieben, aber Karen wollte nicht antworten, die beiden haben bis heute keinen Kontakt. Karen spricht mit niemandem über ihre Gefühle, sie verurteilt es, wenn andere Frauen die Köpfe zusammenstecken und alles Mögliche bereden. Die anderen wundern sich vielleicht, dass sie nie was erzählt. Ich habe mir auch abgewöhnt, Freunden zu viel von uns zu erzählen.

Vor vier Wochen war ich krank, ich hatte mich die halbe Nacht im Bett gewälzt, dicker Hals, dicker Kopf. Am Morgen beim Frühstück kam von ihr nur: »Du gehst doch trotzdem zur Arbeit, oder?« Hallo, wie wär's mal mit ein bisschen Mitleid? Ich hab dann fünf Tage flachgelegen, meine Tees habe ich mir lieber selber gekocht, ich hatte das Gefühl zu stören, es war noch nie schön, hier zu Hause krank zu sein.

Als ich krank war, wäre eigentlich der Rasen dran gewesen mit Schneiden. Ich sage: »Komm, das hat doch noch bis zum Wochenende Zeit.« Sie sagt mir daraufhin, sie wird ihren Bruder anrufen, damit der kommt und den Rasenmäher anschmeißt. Ich fand das völlig überflüssig, bis zum Wochenende wären wir nicht zugewuchert, aber dann tauchte tatsächlich ihr Bruder auf – absolut demütigend. Der liebe Andi, der immer so fleißig mit anpackt und mir fürchterlich auf den Senkel geht mit seinen Baumarktweisheiten: »Da nimmst du dir 'ne Flex und haust den alten Schuppen hinten auf dem Grundstück weg.« Er mischt sich ein, weiß alles besser, er ist der Praktische, der Oberhandwerker, und ich bin der, der nicht weiß, was Anpacken heißt, der Kopfmensch. So ein Unsinn.

Ich habe manchmal das Gefühl, ich platze, ich versuche dann, die Schultern zu entspannen, tief durchzuatmen. Mein Arzt hat bei mir erhöhten Blutdruck festgestellt, aber körperlich ist alles in Ordnung. Er hat mir vorgeschlagen, es mal mit Entspannung zu probieren, mit Yoga, Autogenem Training oder mit zehn Stunden Basistherapie beim Psychologen. Ein Psychologe, das wäre gut – aber meiner Frau dürfte ich das nicht sagen, sie würde mich mit Hohn und Spott überschütten.

Ich wünsche mir sehr, dass unsere Söhne da nicht nach Karens Familie kommen, dass sie mehr sind wie ich, emotionaler, lockerer. Darum ist auch der bloße Gedanke an Trennung für mich Horror. Ich müsste darum kämpfen, dass die Kinder bei mir bleiben, wenn ich sie nicht dem Gefühlsdefizit der Karen-Familie aussetzen wollte. Welche Chance hätte ich als voll Berufstätiger, die Kinder zu kriegen? Die Kinder auf Dauer bei ihr – wenn ich nur dran denke, das würde mich brechen.

Zurzeit ist es so: Man redet komplett aneinander vorbei, ob man sich liebt, bezweifele ich. Seit elf Jahren frage ich meine Frau immer wieder, warum sie eigentlich mit mir zusammen ist. Normalerweise kriege ich keine Antwort, doch vor einem Vierteljahr hat sie gesagt: »Eigentlich bist du ja nicht mein Idealmann, du bist 'ne Herausforderung für mich.« Dann hat sie mich gefragt: »Liebst du mich noch?« Ja, das tue ich, aber ich weiß nicht, ob es reicht. Es hat mit Respekt zu tun, mit Wertschätzung, das fehlt mir.

Manchmal nehm ich sie, setz sie auf die Küchenzeile und sage: »Was möchtest du? Sex, oder wollen wir reden?« Dann kuckt sie mich so an, so von unten herauf mit großen Augen. Ich sag: »Gut, lieber reden. Was müssen wir einkaufen?« Wir haben im letzten Jahr manchmal vier Wochen nicht miteinander geschlafen. Manchmal denk ich, es würde wohl gar nichts passieren, wenn ich das nicht anleiere. Ich sag dann was, so ein paar Reizsätze, sie springt drauf an, wir haben Sex. Nach einem der letzten Male hab ich gedacht: Es war vielleicht einfach mal wieder ihre Zeit. Zwei Tage später hab ich sie gefragt: »War das Liebe bei dir oder Sex?« Sie hat gesagt: »Du weißt, dass ich das nur kann, wenn ich richtig dabei bin. Natürlich war das Liebe.« Ich habe nachgefragt: »Ehrlich?« Sie hat zurückgefragt: »Und bei dir?« Ich habe gesagt: »Bei mir war das Sex.«

Das hätte ich mich früher nicht getraut, ihr so eine Antwort zu geben. »Das hab ich mir schon gedacht«, meinte sie daraufhin, »darum hab ich dich rangelassen ...« Sie ist dann richtig ausfallend geworden, richtig verletzend, dass man das Gefühl hat, ganz unten zu stehen. Das Schlimmste ist: Sie weiß, dass sie mich damit trifft. Für mich ist das kein Reinraus mit ihr – aber ich fand es trotzdem gut, dass es diesmal bei mir nicht so hauptsächlich der Liebesgedanke war.

Wenn es wenigstens hin und wieder ein klares Bekenntnis gäbe, ein liebes Wort. Als ich sie neulich gefragt habe: »Liebst du mich noch?«, hat sie zurückgefragt: »Warum willst du das wissen?« Ich denke jetzt noch: Weil ich sie liebe, weil ich dran glaube. Ich möchte gerne, dass es so ist: Hier sind meine Arme,

lass dich fallen – ich bin recht groß, ich habe eine große Spann-
breite, wenn ich die Arme ausstrecke, und eine breite Brust.
Kuscheln, Streicheln, ja, das geht, aber sich geistig fallen lassen, das kann sie nicht. Es könnte klappen, wenn sie sich selbst
überwindet, sie ist ein Typ, mit dem könnte man so vieles machen, wenn, ja, wenn sie bereit wäre, sich geistig fallen zu lassen und auch endlich Entscheidungen zu treffen.

Ich habe Karen unbewusst und gut gemeint Entscheidungen
abgenommen und konnte so gar nicht merken: Sie selbst ist
nicht in der Lage, Entscheidungen zu treffen, meistens, und
wenn, fällt ihr das unglaublich schwer. Heute möchte ich ihr
mehr vermitteln: Du kannst es, du kannst es allein. Darin sehe
ich unsere Chance.

Ich versuche es wirklich ganz vorsichtig. Sie hat zum Beispiel
ein Händchen fürs Dekorieren. Wenn man so unter Männern
zusammensitzt und einer erzählt, er hat am Wochenende ein
Zimmer frisch gestrichen und neue Möbel reingestellt, weil *sie*
das so wollte, und du fragst nach: »Und, wie findest *du* das
Ganze?« Dann sagt der Mann: »Ach …« Mir geht das nicht so,
ich freue mich über das, was Karen macht, ich wünsche mir,
dass da auch gemeinsame Ideen draus werden, dass ich es
schaffe, ihre große Hemmung auszutricksen, das Treffen von
Entscheidungen. Ja, damit hat sie wirklich ein Problem.

Einmal habe ich vorgeschlagen, wir könnten doch bei uns
im Schlafzimmer ein Rattanbett reinstellen, alles mehr so ein
bisschen asiatisch umstylen, ich meine, wenn wir schon nicht
nach Thailand kommen, weil sie nicht gern fliegt, sie das Land
aber total spannend findet, dann wäre das doch 'ne Möglichkeit. Sie sagt: »Ja, wenn du meinst …« Mehr kommt da nicht.
Das wäre doch ein gemeinsames Ziel, aber von ihr kommt
nichts.

Oder die Küche, die hab ich bezahlt, ich hab ein ordentliches Bündel Scheine auf den Tisch gelegt. Als ich ein paar Ideen hatte, Dampfgarer, ein fest angebrachter Haushaltsmixer, da hat sie vage gesagt: »Nö, ich hab da schon was anderes vor.« Gefolgt ist daraus dann aber nichts. Ich konnte zahlen, aber ich hab nichts zu sagen. Sie erwartet Hilfe an allen Ecken, ich mach ja auch viel, am Wochenende putz ich das Bad und so. Irgendwann hat sie mal gesagt: »Vielleicht mach ich mal 'ne Woche gar nichts, damit du mal weißt, wie das ist.« Ich hab bis heute nicht verstanden, was das heißen sollte. Gut, ich hab nicht nachgefragt, warum auch, ich weiß doch, was ich tue, dass ich was tue. Wertschätzung für meine Leistung im Haushalt ist von ihr nicht zu erwarten.

Ich weiß, wie man Wäsche wäscht, ich weiß, wie man bügelt. Ich war bei der Bundeswehr, ich kann Betten beziehen und im Zweifelsfalle so rechteckig kanten, wie sie das nie könnte. Aber was sagt sie zu den Kindern: »Papa hat die Betten falsch bezogen.« Weil ich mir selber die Bezüge ausgesucht hab, sie wollte weiße draufhaben, ich hab die blauen genommen. Das ist doch nicht falsch bezogen, das ist doch nur anders. Ich hab zu ihr gesagt: »Wenn du mehr verdienen würdest als ich – ich hätte kein Problem damit, zu Hause zu bleiben.« Ich bin ein Teamplayer, schon immer gewesen, ich mag es, Verantwortung für mich und andere zu haben, kann Verantwortung aber auch abgeben oder teilen.

Ich habe durchaus wahrgenommen, dass sie neulich eine Kinderbetreuung organisiert hat, dass sie auch bei mir im Kalender eingetragen hat, sie wollte mit mir ins Kino gehen. Ich wurde aber das Gefühl nicht los: Wir gehen ins Kino, weil *sie* diesen Film sehen will. Hinterher waren wir noch ein Glas trinken und schwatzdiekatz, aber das war's dann auch, da kommt keine Nähe, keine Annäherung. Immerhin konnte sie dann im Bekanntenkreis erzählen: »Wir waren im Kino«, so nach dem Motto: Bei uns ist alles bestens.

Sie sagt gern: »Ich bin, wie ich bin.« Ich selbst bin im Beruf rabiat, wenn etwas vorbei ist, breche ich meine Zelte richtig ab. Das würde in diesem Fall heißen: ganz weit weggehen. Aber das kann ich nicht. Im Moment gilt: aussitzen und hoffen. Ich will nicht aufgeben, mich jetzt um meinen Lohn bringen.

Ich habe den Eindruck, sie setzt mir jetzt auch jobmäßig zu, vor Kurzem meinte sie: »Es wird Zeit, dass du mal wieder ein richtig großes Projekt abschließt.« Wird es, sicher. Vielleicht soll das von ihr sogar aufmunternd gemeint sein? Jetzt, wo ich es sage … Könnte sein, dass sie es so meint. So kam es bei mir aber nicht an, dafür habe ich mich zu sehr an ihre subtilen Forderungen gewöhnt: Schaff ran. Warum kann sie mir nicht einfach vermitteln: Ich glaub an dich, ich unterstütze dich …

Erst letzte Woche habe ich sie mal wieder gefragt: »Was findest du eigentlich gut an mir?« Ihre Antwort hat mich umgehauen: »Deine Verlässlichkeit, ich weiß, ich kann auch mal einen Abend weg sein, und die Kinder kommen rechtzeitig ins Bett.« – »Bin ich denn hier nur noch der Geldbeschaffer und Aushilfserzieher?«, habe ich gefragt. Sie kuckte völlig verständnislos, sie hat keine Ahnung, was mir durch den Kopf geht. Hätte sie nicht lügen können bei ihrer Antwort, vielleicht sagen: »Ich find's gut, dass du so anders bist.« Das wäre doch ein Anknüpfungspunkt. Manchmal habe ich den Eindruck, sie denkt, ich mache gerade nur so eine Phase durch, und sie muss das nur aussitzen. Sie hat mal gesagt: »Die Liebe ist anders geworden, tiefer.« Ich merke davon nichts.

Heute Morgen stand ich im Schlafzimmer am Bett, sah sie vor dem Schrank stehen und dachte: Ist die schön. Ich bin auf sie zugegangen, war ihr schon ganz nah, es war genug Platz zwischen Bett und Schrank, um aneinander vorbeizukommen. Ich hab die Arme vor der Brust angewinkelt und gesagt: »Ich möchte da durch.« Sie hat mich angeguckt, so von unten herauf, und dann gefragt: »Steh ich dir im Weg?« Ich hätte Ja sagen können, hab ich aber nicht, stattdessen sagte ich: »Ich gehe außen rum.« Sie ist so unerreichbar nah. Ich würde gerne auf sie zugehen, sie einfach in den Arm nehmen, fühlen, wir machen es zusammen, sie an meiner Brust.

Rolf, 57,
Autoverkäufer/Personalbetriebswirt/Dozent,
20 Jahre in 3. Ehe verheiratet, 1 Sohn

Wie ich anständig wurde

Ruhrpott-Raubein mit Herz auf dem richtigen Fleck – wer würde da nicht an den legendären Kommissar Schimanski in der ewigen Militärjacke denken. Der könnte mit Rolf perfekt am Tresen sitzen und ihm sagen: »Dass du deine Gabi abgekriegt hast – ein Wunder. Die hat einer wie du nicht verdient.« Rolf würde Schimi daraufhin sofort noch ein Bier spendieren und antworten: »Schimi, du hast keine Ahnung, aber du hast recht.«

Ich habe schon zwei Ehen hinter mir – eigentlich hätte einer wie ich gar kein drittes Mal heiraten dürfen. Das soll sich jetzt nicht gefühllos anhören, aber meine ersten beiden Frauen hatten ganz schön was auszustehen mit mir. Mit meiner jetzigen Frau hab ich die Kurve gekriegt.

Kürzlich hab ich meinen ersten Exschwiegervater wieder mal besucht. Ich halte immer noch den Kontakt zu ihm. Seine Tochter hat nach unserer Scheidung vor gut dreißig Jahren ewig nicht mehr mit mir gesprochen, sie ist nie wieder eine feste Bindung eingegangen. Vor drei Jahren rief der Exschwiegervater mich an und sagte: »Elli wird sterben.« Elli, das kommt von Elisabeth. »Elli wird sterben. Kannst du nicht was für sie tun, dass sie noch ein paar schöne Stunden hat?«

Ich bin zu ihr ins Krankenhaus gefahren, ich habe Fotoalben aus unserer Zeit mitgenommen. Ich lege seit Ewigkeiten ständig Fotoalben an, das sind die Tagebücher meines Lebens. An Ellis letztem Tag war ich auch da, mir war nicht klar, dass sie an dem Nachmittag sterben würde. Sie gab mir die Hand und sagte: »Ich muss jetzt gehen, und ich gehe diesen Weg alleine. Und bevor ich gehe, du Schweinepriester, verzeih ich dir.« Eine halbe Stunde später war sie tot. Sie hatte mir praktisch die Freisprechung gegeben.

Mein Vater war ein kleiner Angestellter, meine Mutter hat als Platzanweiserin im Kino gearbeitet, Geld war bei uns immer knapp. Das Höchste war, wenn wir vierzehn Tage im Jahr Urlaub in der Jugendherberge in Erkenschwick gemacht haben. Ich hatte viele Lehrerwechsel, unsere Lehrer waren alt, viele über siebzig. Ich war Messdiener, der Pfarrer konnte mich gut leiden. Er mochte es, wenn ich bei Beerdigungen das Kreuz trug, manchmal war ich vier-, fünfmal die Woche auf dem Friedhof, dafür wurde ich aus der Schule rausgeholt.

Wir hatten einen Lehrer, der hat gerne zum Rohrstock gegriffen, er war nicht der Einzige, es hat uns nicht geschadet – aber geholfen hat es auch nichts. Mich hat er eines Tages auch vor die Klasse gezerrt. Ich war klein, gerade zwölf Jahre jung und nicht besonders stark, deswegen hab ich Judo und Karate gelernt. Ich hab ihm den Stock aus der Hand gewunden, dann hab ich den Stock über meinem Knie zerbrochen und ihm vor die Füße geworfen. »Das machen Sie mit mir nicht«, hab ich gesagt.

Meine Mutter konnte mir in der Schule nicht helfen. Im Fach Deutsch – was sollte das sein, der dritte, der vierte Fall? Am Ende hatte ich nur Volksschulbildung, da war die Frage: Was mach ich? Von sechsundzwanzig Jungs in der Klasse gingen fünfundzwanzig auf die Zeche – typisch Ruhrgebiet. Mein Vater hat gesagt: »Du nicht, du besuchst die Handelsschule.« Es hat sich schnell rausgestellt: Steno, Englisch, das macht mir zu schaffen, ich hatte nur Fünfen und Sechsen. Nach einem Jahr wurde ich wieder abgemeldet, aber mein Vater hat eine gute Formulierung für meinen Lebenslauf gefunden: Um eine gute Voraussetzung für seinen späteren beruflichen Werdegang zu haben, besuchte er ein Jahr die Handelsschule.

Ich war fast sechzehn, und ich hab meinen Eltern die Erlaubnis für einen Urlaub abgerungen, der mir ein Schlüsselerlebnis brachte. Ich durfte alleine trampen. Ich habe meinen Vorrat Silberdraht geschnappt, meine Zangen – ich habe damals Silberschmuck gebastelt und auch verkauft – und bin nach Italien. An der Strandpromenade von Milano Marittima hab ich mein Handtuch ausgebreitet, meine Ringe ausgestellt und neue gebogen. Da kam eine Frau, dreiundfünfzig Jahre alt, die hat mich in vier, fünf Tagen komplett aufgeklärt, die hat mir nicht nur gesagt, wie's geht, sondern mir alles gezeigt. Eine Offenbarung für einen Jungen, der fand, er sieht nicht besonders gut aus. Vor diesem Urlaub hätte ich mich geekelt, wenn ich mit einem Mädchen aus demselben Glas hätte trinken sollen. Ich bin dieser Frau also sehr dankbar.

Als ich zurück war, hatte mein Vater schon wieder die Weichen gestellt: »Du machst eine Lehre als Verkäufer.« Ich wurde Lehrling im größten Kaufhaus am Ort, ich kam in die Baumwollabteilung: Bettwäsche, Aussteuer, Trockentücher. Ich war der einzige Junge unter zwanzig weiblichen Azubis. Da waren viele, viele nette Mädchen dabei, natürlich blieb ab und zu der Lastenaufzug hängen. Die Abteilungsleiterinnen waren alle alte Witwen, die haben mir zugesetzt: Ich sollte wischen. Alle Lehrlinge mussten wischen, aber ich als Junge doch wohl nicht, ich Macho, ich nix wischen. Ich wurde einen Tag beurlaubt.

Ich habe sonst alles mitgemacht, statt zu wischen hab ich Staub gesaugt, das war ja mit einem technischen Gerät, das ging, ich habe Knopflöcher in die Meterware gearbeitet, alles. Die Verkäuferprüfung hab ich mit der Note *gut* bestanden, Vater war stolz. Dann hab ich die Kaufmannsgehilfenprüfung mit *gut* bestanden, Vater war stolz. Ich wollte raus aus dem Kaufhaus. Meine Freunde haben gesagt: »Automobilverkäufer, das isses.« Ich fand das auch: Knete, schnelle Autos, tolle Frauen, Freiheit. Mit achtzehn fing ich bei Renault an – da war nicht viel mit Freiheit, ich musste mit dem Bus hin, mit dem Bus zurück. Ein Jahr später bin ich zu VW, hab den Führerschein gemacht. Das war ein knochenharter Job, immer unter Umsatzdruck, es gab vierhundertfünfzig Mark Fixum, für deine ein bis zwei Prozent vom Umsatz musstest du richtig was tun.

Wichtig war die Freiheit – ich war jetzt in einer Clique von Verkäufern, die unwesentlich älter waren als ich. Die hatten immer Geld. Wieso das? Ich hab's schnell kapiert: Schwarzgeschäfte. Du hast einen Kunden, der seinen gebrauchten Wagen in Zahlung geben will, du redest ihm das Auto richtig schlecht, bezahlst es privat, um den Wagen dann an einen Gebrauchtwagenhändler zu verkaufen.

Wir hatten *so* viel Geld, wir sind mehrfach die Woche in Bars, in Puffs gegangen, oft sind wir mitten in der Woche nach Amsterdam gefahren. Ich hatte einen Dienstwagen, ich hatte Kohle, ich hatte Frauen. Und ich war verlobt! Mit zwanzig hatte ich meine erste Frau in der Tanzschule kennengelernt. Sie war ein Mädchen, eine junge Frau aus einem ganz biederen Unternehmerhaushalt, die Leute hatten Geld, die wohnten in einer Villa, der Mercedes stand vor der Tür. Das hab ich durchaus registriert. Ich wohnte damals in einem Neun-Quadratmeter-Zimmer. Elli gefiel mir einfach. Ich war zwanzig, einundzwanzig, für mich war klar: Wir heiraten, das gehörte sich damals so, die Zeiten waren doch anders – einmal wollte ich für Elli und mich ein Zimmer mieten in einem Hotel, da haben die an der Rezeption unseren Trauschein verlangt!

Als ich um Ellis Hand anhielt, bekam ihre Mutter einen Weinkrampf: »Du willst meine Tochter heiraten?« Ihr Vater sah das lockerer, für ihn war die Heirat o.k., was noch lange nicht hieß, dass er mir später, als ich mich selbstständig machen wollte, geholfen hätte.

Elli und ich zogen in unsere erste eigene Wohnung. Elli hat nicht mehr gearbeitet, sie hatte eine Banklehre gemacht, aber nun war sie zu Hause, ganz die biedere Hausfrau. Sie konnte nicht kochen, bis auf Blumenkohl mit Béchamelsoße. Ich bin gerne Motorrad gefahren – sie hatte keinen Spaß daran. Ich liebte das Bergsteigen – sie hatte keinen Spaß daran. Ich wollte immer Segelfliegen, Surfen und Tauchen – sie mochte das alles nicht.

Ich hatte, schon als ich verlobt war, weiter andere Frauen gehabt, es gab für mich ein Leben, das lief parallel zu dem mit meiner Verlobten, mit meiner Frau. Ich musste mit Firmenkunden abends ausgehen, wir gingen wieder in Bars, jetzt in Bars mit mehr Stil, mit gepflegtem Striptease, letztlich war es dasselbe Spiel, man landete oft im Separee.

Zwischendurch hab ich mich mal selbstständig gemacht, Gebrauchtwagenhandel mit zehntausend Mark Startkapital, das hatte ich mir zusammengespart, vom Schwiegervater kam ja leider keine Unterstützung. Ich hatte Illusionen. Ich hatte Fähigkeiten, ja, aber mir fehlten die Abgebrühtheit und das kaufmännische Wissen. Ich bin baden gegangen. Ich hab dann Verschiedenes versucht. Ich war Verkäufer für Foto-Entwicklungsmaschinen – das ist schiefgegangen. Ich hab mich als Weinverkäufer versucht – ich hatte aber keine Ahnung von Wein, und es ist schiefgegangen. Dann kamen die Zigarillos, ich hab in Schleswig-Holstein kleine Tabakgeschäfte besucht, Kioske, es kamen noch Versicherungen dazu – noch 'ne Pleite. Eines Tages stand ich wieder vor der Tür meines ersten VW-Händlers, fing da wieder an.

Bei der Arbeit gab es nur noch Druck und Kontrolle, ich war unglücklich. Genau zu der Zeit, zwei Jahre nach meiner Hochzeit, kam Iris in mein Leben. Sie stand plötzlich vor mir im Verkaufsraum, sie brachte Neuwagenprospekte von einem Hersteller. Iris kam dann öfter, sie war jung, sie war unabhängig. Und sie war so was von erotisch und begehrenswert. Irgendwie hat es gefunkt. Mit Iris war es anders als mit den anderen.

Ich hatte keine Antenne für Iris, für das, was sie vielleicht wirklich wollte. Bis zu der Begegnung mit ihr war immer *ich* der Jäger gewesen, plötzlich kam ich mir vor wie der Gejagte. Ich habe ein gutes Jahr ein Doppelleben geführt. Meiner Frau hab ich gesagt, dass ich abends zu Verkaufsgesprächen unterwegs bin, in Wirklichkeit war ich von sechs Uhr abends bis nachts halb elf bei Iris in der Wohnung. Wir haben uns geliebt, nicht nur körperlich, auch seelisch. Ich wollte mit ihr zusammen sein. Ich dachte: Toll, die fährt mit dir Motorrad, die wandert gerne, die kocht … Sie war so anders als mein Teilchen zu Hause. Iris war kein Hausmütterchen, sie war so, wie ich mir eine Frau eigentlich vorgestellt habe. Aber es ging auf die Dauer nicht, dieses Doppelleben, ich fühlte, dass ich nicht bei mir selber war.

Immerhin hatten Elli und ich noch ein gemeinsames Projekt

versucht – eine alte Mühle in Österreich. Wir wollten auswandern. Ein Jahr haben wir diese Mühle renoviert, alles vorbereitet, aber ich kriegte keinen Job in Österreich, wir hätten keine wirtschaftliche Absicherung gehabt. Also haben wir diesen Traum begraben.

Und da war noch so eine Geschichte. Ich dachte, ein Kind könnte helfen in der Ehe mit Elli und mir. Aber es klappte nicht. Ich bin zu einem Urologen gegangen, der meinte, ich könnte wahrscheinlich keine Kinder zeugen. Das habe ich Elli gesagt, das habe ich auch Iris erzählt. Meine Frau hat von Iris offiziell nichts gewusst, aber geahnt hat sie bestimmt was, zu Hause hing der Haussegen schief. Für sie muss diese Zeit die Hölle gewesen sein. Das kann ich aus heutiger Sicht so sagen. Ich war anders damals, vor dreißig Jahren …

Zwischen Iris und mir war es ein Thema, dass ich mich von Elli trenne. Ich hatte vor, mit Iris zwei Wochen in Urlaub zu fahren, so eine kleine Probe-Ehe zu führen, ich hatte schon Prospekte für Jugoslawien besorgt. Aber Iris wollte nicht. Damit war auf einmal eine Wand zwischen uns. Wir haben uns weiter getroffen, aber es war auf einmal anders, es lief auf der rein sexuellen Schiene. Ich habe angenommen, es lag daran, dass ich weiter verheiratet war.

Ich hatte nicht den Mut, mit meiner Frau zu reden. Ich habe ihr dann eine Tonbandkassette besprochen, beide Seiten, eine gute Stunde. Ich habe ihr die Kassette gegeben und gesagt: »Hier, hör dir das mal an.« Das muss man sich mal vorstellen! Ich weiß nicht, was ich mir gedacht hatte, vielleicht: Jetzt kriegst du 'ne Art Absolution. Wie naiv kann man sein als Mann? Das Ganze endete in einem Fiasko, Elli hat gesagt: »Ich lass mich von dir scheiden.« Ab sofort lebten wir getrennt von Tisch und Bett.

Bei Iris kriegte ich die zweite Abfuhr. Leider habe ich meine Tagebücher aus dieser Zeit weggeworfen, aber ich erinnere mich trotzdem gut. Ich habe gekämpft bei der einen, gekämpft bei der anderen. Ich bin ja nicht als Frauenliebling, als begehrenswerter Mann geboren, ich war's aber auch nicht gewohnt, verstoßen zu werden!

Das Ende mit Elli sah dann so aus: Ich hatte noch einen tollen Versuch vor. Elli fuhr zur Kur nach Bad Driburg, das war in der Adventszeit. Zum ersten Mal hab ich etwas wirklich gewollt, ich wollte meine Frau zurück. Dieser Wunsch kam mir damals echt vor, heute klingelt da so was wie verletzte Eitelkeit. Ich wollte meine Frau wieder, ich hatte ganz fest im Kopf: Man verlässt mich nicht. Ich war arrogant, ich war überheblich. Am 29. Dezember bin ich dann hingefahren. Ich hatte Geschenke dabei, wir haben nach langer Zeit wieder einmal miteinander geschlafen. Ich dachte: Jetzt wird alles gut. Aber das war's dann gewesen. Elli war für mich nicht mehr zu sprechen. Sie wollte Silvester lieber ohne mich, mit anderen Kurgästen feiern.

Alle meine Träume waren in Rauch aufgegangen – ich war so verzweifelt, ich war so einsam. Nach anderthalb Tagen hab ich aufgegeben, am 31. Dezember bin ich wieder nach Hause gefahren. Mittags hab ich Iris angerufen. Sie kam mit einer Schale Kartoffelsalat zu mir nach Hause, in unsere Wohnung. Wir haben uns geliebt. Ich habe es das erste Mal mit einer Frau im eigenen Ehebett gemacht, bis dahin hatte ich immer den Stall sauber gehalten. Am nächsten Morgen ist sie gegangen, ganz früh, ich wollte das so, die Nachbarn sollten nichts merken. Sie ist gegangen, und das war der Abschied.

Alles, was ich mir aufgebaut hatte, war auf einmal weg. Es war keine Frage der Schuld, mir war klar: Du hast es verbockt.

Ich habe ein Appartement gemietet, ich hab Elli alles dagelassen, nur meinen heiß geliebten Wohnzimmerschrank hab ich mitgenommen, den hatten mir meine Eltern spendiert.

Ich saß da in meinem Appartement und hab das gemacht, was ich am besten konnte, ich hab mich selber betäubt. Ich wollte Rache, Rache am weiblichen Geschlecht. Ich war auf einmal frei, aber das nicht freiwillig. Ein Dreivierteljahr lang hatte ich fast jeden Abend 'ne andere. Es ging um Sex, es ging um mein Selbstwertgefühl. Ich hatte eine Taktik. Ich ging in Discos, ich war etwas älter als die meisten dort, ich tauchte dort nach zweiundzwanzig Uhr auf, Lederklamotten an. Die Mädchen haben mich gefragt: »Bist du 'n Rocker?« Ich hab gefragt: »Willst du mal mitfahren? Draußen steht mein Motorrad.« Die meisten sind mitgefahren, meistens landeten wir bei mir. Die mit dem Klammereffekt, die gingen mir auf'n Senkel, die, die am liebsten gleich mit ihren Sachen bei mir eingezogen wären. Eine kuckte auf die leeren Haken bei mir im Badezimmer und sagte: »Da kann ich gut meinen Kimono aufhängen.« Bloß nicht, dachte ich.

Ich war Extremsportler, jetzt wollte ich Fallschirmspringen lernen. Ich meldete mich für ein Seminar an. Bei meinem zweiten Absprung hab ich mir die Knochen gebrochen, den Unterschenkel, mehrfach. Das hat mehr wehgetan als die Trennung. Ich lag im Krankenhaus, lange Wochen, da hatte ich Zeit zum Nachdenken. Die Scheidung von Elli lief, meine Firma brachte mir die Kündigung ans Krankenbett, aber als ich aus der Klinik entlassen wurde, hatte ich schon einen neuen Job – und mich für eine Fortbildung zum Handelsfachwirt angemeldet, zwei Jahre lang dreimal die Woche abends, auch samstags.

Bei der Fortbildung waren viele Frauen. Die erste war liiert in Süddeutschland, sie hatte ein Kind, sie war sehr anspruchs-

voll. Die zweite war eine jüngere, die hatte Komplexe ohne
Ende, sie hatte geistig kein Niveau, aber sie sah gut aus. Und
dann war da die dritte, eine Kindfrau, die war anders als alles,
was ich bis dahin kennengelernt hatte. Ursula. Sie wurde meine zweite Ehefrau. Das hätte ich niemals machen dürfen. Sie
wollte keinen Sex! Schon ganz am Anfang nicht, als wir verlobt waren. Da hatte ich 'ne Aufgabe, ich dachte: Die Alte
knack ich, ich werde sie überzeugen, dass Sex Spaß macht.

Wir haben eine Dreieinhalbzimmerwohnung gemietet und
eingerichtet. Als wir verheiratet waren, habe ich mit ihr geschlafen – ein einziges Mal. Ich hatte ein Pornovideo mitgebracht, das hatten wir zusammen gekuckt. Diese Ehe war eine
Strafe für mich, aus heutiger Sicht. Wir sind dann auch noch
zu den Schwiegereltern ins Haus gezogen – mein Schwiegervater war Spielhallenbesitzer und Quartalssäufer. Ich hab ihn in
dieser Zeit manchmal im Heizungskeller angekettet, wenn er
zu viel getrunken hatte, wenn es zu Übergriffen kam. Er hat
manchmal seine Frau verprügelt, er hat auch mal die Hand
gegen meine Frau erhoben. Einmal habe ich ihn so verdro-
schen, dass er dabei gestürzt ist, er hätte sich das Genick brechen können. Danach wurde es unerträglich. Ich habe in dieses
Haus einen offenen Kamin eingebaut, eine Sauna – es war auch
eine Zeit der Äußerlichkeiten.

Mit der Arbeit als Autohändler hatte ich inzwischen aufgehört und bei einer Bank angefangen, mein Vater war stolz:
»He, mein Sohn ist bei der Bank.« Was ich da genau machte, war ihm nicht klar. Ich war Akquisiteur im Außendienst,
ich war Vermittler für Kreditgeschäfte, genauer gesagt: Ich
habe Gebrauchtwagenhändler überzeugt, dass sie ihren Kunden Kredite von unserer Bank vermitteln, damals war das noch
nicht so transparent mit den Kreditgeschäften, der Händler

bekam eine ordentliche Provision, und ich war der Geldbrief-
träger, ich war gut gelitten. Bei unserer Bank war ich bald der
erfolgreichste Außendienstler von ganz Deutschland, man be-
gegnete mir durchaus mit Hochachtung. Ich wurde aufgefor-
dert, mein Wissen in Seminaren zu vermitteln, aber das kannst
du nicht vermitteln. Ich hab bis heute so meine Art: Ich gehe
auf die Leute zu. Ich kannte das Milieu, ich sprach die Sprache,
ich hatte eine Lederjacke an, bin manchmal in richtige Bruch-
buden rein, hab die Beine auf den Tisch gelegt und zum Händler gesagt: »Hey, Junge, hör mir zu, wenn du Kohle machen
willst ...« Ich rutschte wieder rein in dieses Milieu, ich wurde
abends zum Zocken eingeladen, ich ging auch mit, aber Spielen
hat mich nicht interessiert, dafür aber die Frauen im Dunst-
kreis dieser Typen umso mehr.

Mit Ursula und mir klappte es weiter nicht. Ich war körperlich verzweifelt, ich durfte sie nicht anfassen. Ich hatte andere
Frauen – das war wie Händewaschen. Die Erfüllung hatte ich
nicht beim Beischlaf, sondern in der Macht, die ich ausüben
konnte. Ich habe die Frauen zum Orgasmus gebracht, ich wollte die Frauen verrückt machen mit meinen Händen, mit meiner
Zunge, ich wollte sie beherrschen. Für mich ist es schon so was
wie Macht, wenn ich eine Frau überzeuge, mit mir ins Bett
zu gehen. Ich bin ein guter Liebhaber, ich lasse mir Zeit, ich
streichle und verwöhne meine Frauen. Ich fing damals Verhältnisse mit Kolleginnen in der Bank an, um sie dann wegzuwer-
fen, darunter auch Gabi, die ich wegen ihrer großen Klappe
und selbstständigen Art nicht so besonders mochte, ihre Ehe
stand damals auf der Kippe.

Ich war trotz all dieser Frauengeschichten nicht der kalte,
abgezockte Typ, dem das auf Dauer Spaß macht. Ich wollte
damit aufhören, ich konnte mich selbst nicht mehr leiden da-

mals. Aus der Erfahrung mit meiner ersten Frau heraus dachte
ich, ich muss offen sein, mit meiner Frau sprechen, ihr alles
erzählen, das hab ich mehr oder weniger auch gemacht. Meine
Idee war: Wir führen ab sofort eine offene Ehe, dass das mo-
dern war, hatte ich im *Stern* gelesen.

Es wurde wieder Silvester, das scheint meine Schicksalszeit
zu sein. Ursula hatte sich schon öfter mit einem Arbeitskollegen getroffen, der weder körperlich noch geistig besonders
attraktiv war. Sie hat mir dann verklickert, sie würde Silvester mit ihm verbringen. Ich hab sie vor die Wahl gestellt:
»Entscheide dich, entweder mit mir – oder ganz mit ihm.« Sie
hat sich für ihn entschieden. Am Neujahrstag war ich aus der
Wohnung und aus ihrem Leben raus. Wir waren nur ein Jahr
verheiratet, darum ging es mit der Scheidung auch so schnell.

Ich war nun dreiunddreißig Jahre alt und stand wieder ohne
Frau da. Mittlerweile hatte ich bei der Fortbildung meinen
Abschluss gemacht. Ich habe mir sofort Visitenkarten mit Name und Adresse drucken lassen und mit *Handelsfachwirt*. Ich
habe bei der Bank in'n Sack gehauen und eine Dozentenstelle
bei einem Träger der beruflichen Aus- und Weiterbildung für
Handel und Handwerk angenommen. Das war vielleicht meine erste wirklich vernünftige Entscheidung, abgesehen von der
Fortbildung.

Neuer Job, keine Frau, ich saß nun übergangsweise wieder
bei Mama. Und ich beschloss, anständig zu werden. Ich nahm
mir ein kleines Appartement. Zum ersten Mal füllte mich eine
Arbeit wirklich aus, ich war Ausbilder für Jugendprogramme,
das mach ich heute noch. Ich arbeite mit benachteiligten Jugendlichen, überwiegend Mädchen, überwiegend Ausländer,
die keinen Schulabschluss haben, die keinen regulären Aus-
bildungsplatz bekommen haben, oft waren sie drogenabhän-

gig, kommen aus Familien mit Gewalt. Bei uns kriegen sie eine Ausbildung zum Verkäufer, zum Einzelhandels- oder Bürokaufmann. Auch wenn sie vielleicht keinen Abschluss schaffen: Bei mir lernen sie, Bitte und Danke zu sagen. Ich habe schnell gemerkt: Hier geht es nicht nur um Lernen, hier geht es um Erziehung. Ich hasse Sozialpädagogen und Stützlehrer, die immer viel rumreden. Ich komme mir manchmal vor wie so ein amerikanischer Drill-Camp-Leiter, aber die Schüler schätzen mich, sie kommen mit ihren Problemen zu mir, weil sie wissen, ich helfe, wenn ich kann.

Ich hatte nun also einen guten Job, ein Appartement, aber was mir fehlte, war was fürs Herz. Es wurde Sommer. Ich wollte nicht wieder ins alte Fahrwasser, ich hatte kein Interesse mehr an Bumsmäuschen, ich wollte mein Appartement nicht beschmutzen. Ich dachte damals das, was man so klassisch denkt: Kuck doch mal in dein kleines schwarzes Adressbuch. Und da hab ich dann Telefonnummern rausgefischt. Favoritin Nummer eins, wie ich dachte, hatte keine Zeit. Die zweite war die Gabi von der Bank, die, die ich nicht so sonderlich gemocht hatte. Ich habe sie angerufen, ich wollte nur mit ihr schlafen. Sie hat Ja gesagt und: »Komm doch vorbei.« Sie hatte gerade ihre Ehescheidung hinter sich, ich denke, dass ich daran nicht unschuldig war.

Gabi hatte eine kleine eigene Wohnung, eingerichtet mit gebrauchten Möbeln, auch vom Sperrmüll, alles ganz kuschelig und schnuckelig. Wir waren noch in der ersten Nacht zusammen im Bett. Am Morgen war ich jetzt derjenige, der gehen sollte. Das war ein merkwürdiges Gefühl. Wir haben uns oft getroffen, und irgendwann habe ich ihr gesagt: »Ich liebe dich«, da waren wir ein Paar. Das war vor vierundzwanzig Jahren, seitdem sind wir zusammen. Wir haben lange überlegt, ob wir heiraten sollten, vor zwanzig Jahren haben wir es getan. Bei den Frauen ist es so: Irgendwann wollen sie geheiratet werden. Mein Wunsch war, dass ich sie absichere. Ich hatte seit meiner Jugend diesen Ethos, die Frau, die ihr Leben mit mir teilt, soll auch davon profitieren, wenn ich mal ablebe.

Wir haben geheiratet, wir haben gut gelebt, wir hatten ja zwei Einkommen. Gabi hatte den Wunsch nach einem Kind. Ich wusste, ich kann eigentlich keine zeugen, und sie hatte einen Gebärmuttervorfall. Wir haben uns beide untersuchen lassen. Für mich gab es ein neues Medikament aus den USA, das war noch nicht erprobt, aber wir haben uns an diesen Strohhalm geklammert. Meine Frau hat einen Terminplan angelegt, an den passenden Tagen kam sie zu mir und sagte: »Heute versuchen wir es drei Mal.«

Vor siebzehn Jahren war peng: »Du wirst Vater.« Ich konnte es nicht fassen: Ich mit vierzig noch Papa! Das war das Beste, was meinem Sohn passieren konnte. Man stelle sich mal vor: Ich Vater mit fünfundzwanzig, mit dreißig – es wäre die blanke Katastrophe gewesen. Sebastian hat mein Leben total verändert. Er war keine zwei Wochen alt, da haben wir ihn in seinem Maxi-Cosi überall mit hingenommen.

Schon als mein Sohn unterwegs war, hat Gabi ihren Job aufgegeben. Für uns war klar, dass wir dieses Kind bekommen, ist ein Geschenk. Wir waren uns einig: Es läuft in der heutigen Gesellschaft nicht, dass beide berufstätig sind und ein Kind erziehen. In unserem Umfeld sind hauptsächlich Doppelverdiener, Paare ohne Kinder, die fahren in Sommerurlaub, in den Wintersport, so wie sie wollen, die mussten nie Rücksicht auf Schulferien nehmen, wir schon, aber uns hat das natürlich nichts ausgemacht. Ich liebe meinen Sohn wirklich, für mich ist das ein Albtraum, dass er irgendwann aus dem Haus sein wird.

Das Problem, das mich jetzt schon beschäftigt, ist: Wie redet man, wie geht man miteinander um, wenn das Kind weg ist? Er ist auch für uns beide als Paar ganz wichtig.

Gabi hat immer irgendwas Kleines nebenher gemacht, einmal die Woche die Buchhaltung in einer kleinen Firma oder so. Wenn sie sich mal ein Vierteljahr lang nur mit Garten und Haushalt beschäftigt hat, war die Zeit immer reif, dann brauchte sie Außen-Input, wenn sie den nicht hat, wirkt sich das auch auf uns aus, wir geraten dann eher aneinander. Sie legt Wert darauf, Geld zu verdienen, damit sie sich ihre Dauerkarte für die Bundesliga selber bezahlen kann. Für mich war das nie wichtig, dass ich das Geld verdiene. Ich hab immer gesagt: »Hier, nimm, mach was damit.« Ich maloche in drei verschiedenen Jobs, manchmal fünfundsechzig Stunden die Woche, ich bin derjenige, der für die Familie alles tut.

Gabi ist bis heute ein Kumpel, eine tolle Geliebte. Aber manchmal denke ich: Es ist wie damals bei der Bank – irgendwie mag ich sie nicht. Sie ist ein Chamäleon. Wenn ich mal länger im Büro bleibe, um in Ruhe unsere Steuererklärungen fertigzumachen, dann nach Hause komme und mir vorstelle: Sie erwartet mich heute lieb – dann zählen plötzlich nicht die zwölf Stunden, die ich gearbeitet habe, sondern nur die zehn Minuten, die ich zu spät gekommen bin, und nun ist das Essen kalt.

Oder wenn ich sie frage: »Was ist mit dir?«, sagt sie: »Es ist gar nichts.« Dann legt man den Hebel um, dann akzeptier ich eben, dass angeblich *nichts* ist. Und eine Stunde später wird das ganze Kaliber angestauter Erlebnisse und Gefühle doch plötzlich wieder rausgeholt und alles über mich ausgeschüttet, dann sage ich: »Jetzt will *ich* aber nicht mehr.«

Ich streite mich im Gegensatz zu ihr gerne, ich finde, man kommt mit Diplomatie nicht immer weiter. Auch wenn sie nicht streiten will, bollere ich manchmal trotzdem, was mir eigentlich immer sofort irgendwie leidtut, aber ich kann da nichts machen, ich weiß, dass ich mich nicht mehr groß ändern werde. Ich denke, Streit ist das Salz in einer Beziehung. Ich habe es bei meinen Eltern nie miterlebt, dass sie sich streiten, ich habe aber auch keine Zärtlichkeit zwischen meinen Eltern erlebt, das hätte mir nicht entgehen können, wir hatten ja eine ganz enge Wohnsituation, ich habe erst mit zehn mein eigenes Zimmer bekommen. Mein Vater hat sich meiner Mutter immer sehr untergeordnet und all ihre Wünsche ohne Murren erfüllt. Ich glaube nicht, dass eine Beziehung funktioniert, wo man sich nicht streitet.

Das Ärgerliche ist: Gabi ist eine Frau, sie ist nachtragend, sie weiß zehn Jahre nach einem Ereignis oder Gespräch noch genau, was sie damals gesagt hat. Ich nicht. Ich erlebe meine Frau oft in der Vergangenheitsform, wenn sie mir Vorhaltungen macht: »Du hast mal gesagt …« Und das tut sie gern. Mein Blick geht nach vorn, immer.

Leider hat Gabi keine richtige Freundin. Sie joggt und wandert mehrfach in der Woche und geht kegeln, aber die anderen Frauen sind älter als sie, so zwischen sechzig und fünfundsiebzig. Das ist beim Wandern und Kegeln kein Problem, sicher, die sind auch nett, aber ich denke, sie bräuchte eine gleichaltrige Freundin, mit der sie sich austauschen kann, wo sie auch mal Dampf ablassen kann, wenn sie sich über mich ärgert.

Vor einem Jahr hab ich Iris wiedergetroffen, zufällig, in einer Einkaufspassage. Da war die ganze Gefühlswelt von früher wieder da, Schmetterlinge im Bauch und so, wir haben zusammen in einem Eiscafé gesessen und Kaffee getrunken, geredet, da war als Basis ganz viel Vertrauen. Aber es war ganz klar: Wir sind beide verheiratet.

Nach diesem Treffen haben wir uns ein paarmal geschrieben, Iris' Briefe an mich hat meine Frau in meinem Schreibtisch gefunden, ich hatte die Briefe nicht besonders gut versteckt, warum auch, ich hab nichts zu verbergen. Wenn's mir zu eng wird im Sinne von Gängeln, Einengen, dann halt ich das nicht aus. Meine Frau wollte mit mir über die Briefe, über Iris reden, aber ich wollte das nicht, ich hab gesagt: »Das machen wir später.« Sie erinnert mich manchmal dran: »Wir haben noch was zu sprechen.« Aber ich muss nicht darüber sprechen, ich hab doch nichts zu erklären. Meine Frau sagt, sie hat die Briefe nicht gelesen, aber ich weiß: Hat sie doch. Sonst würde sie nicht immer wieder von »Rosenblättern« anfangen, die kommen in einem Brief nämlich vor.

Ich gehe dem Thema aus dem Weg. Das Verrückte an der Sache war: Als Gabi damals so unbedingt mit mir reden wollte, hab ich meine Ehe schon am Boden gesehen, von mir zerstört, und ich bin mit einem großen *Mea culpa* auf der Stirn zu Hause rumgeschlichen. Aber da geht meine Frau hin und sucht mich. Nicht so mit der Haltung: Ich will zeigen, dass ich die bessere Geliebte bin. Nein, sie ist zu mir gekommen, hat meine Nähe gesucht und einfach auch ihr verbrieftes Recht eingefordert. Mein sexuelles Verhältnis zu meiner Frau war immer fantastisch, da hat sich nichts geändert.

Neulich hab ich mir den Film angesehen, von dem Iris mir vorgeschwärmt hat: *Die Brücken am Fluss.* Ein Frauenfilm, der geht ans Herz, hinterher hab ich Iris eine SMS geschickt: *Es war schön mit uns damals.* Getroffen hab ich sie nicht mehr. Ich bin doch kein Selbstmörder! Ich weiß: Wenn ich einen Fehler mache, kann ich alles verlieren. Meine Frau, mein Zuhause, die Familie. Und das in meinem Alter, ich will doch nicht als Rentner vor den Altersheimen rumlungern, in der

Hoffnung, noch eine abzukriegen oder die letzte große Nummer zu schieben!

Es ist schlicht so: Iris war eine ganz große Liebe in meinem Leben. *War*. Aber ich liebe meine Frau. Sie sehe ich so, wie sie ist, auch mit ihren Fehlern. Es gibt nichts in der Welt, was mich von meiner Frau trennen würde, es ist nicht die materielle oder soziale Absicherung, die uns zusammenhält. Meine Frau ist so klug. Und ich bin ein ziemlich dämlicher Hund.

Ich fange jetzt allmählich an, Gründe für meine Entwicklung, für mein Verhalten in meinen Ehen früher zu suchen, und ich finde sie in meiner Kindheit und in meiner Jugend. Ich habe niemals von meiner Mutter oder meinem Vater Zärtlichkeit empfangen. Ich bin absolut verklemmt aufgewachsen, als ich zehn war, war ich mal mit meinem Vater im Schwimmbad – er hat sich in der Kabine, in der nur wir beide waren, zum Umziehen ein Handtuch umgebunden … Ich kann froh sein, dass diese dreiundfünfzigjährige Dame in Italien mich aufgeklärt hat, wer weiß, wie verkorkst ich sonst geworden wäre.

Ich möchte mit nix und niemandem tauschen, wirklich. Wenn ich kucke, woher ich komme, wo ich hinwollte und wo ich heute bin, denke ich: Hab ich Schwein gehabt. Mein Weg war nicht grade, aber jeder Umweg war für etwas gut. Was war ich beleidigt, als die Bundeswehr mich damals nicht als Kampfschwimmer haben wollte! Sie hatten meine Bewerbung abgelehnt, aber als Rekruten einziehen wollten sie mich trotzdem. Auch da hat mein Vater geholfen: Er hat dafür gesorgt, dass ich beim Roten Kreuz anfangen konnte, bei den Sanitätern hab ich gelernt, dass du auf den Punkt kommen musst, du kannst nicht höflich fragen: »Würden Sie bitte die Trage anheben?«, wenn da ein blutender Mensch draufliegt, da musst du strikt anweisen: »Hebt an, jetzt!« Mir ist das in Fleisch und Blut übergegangen, auch diese schlimme Zeit im Gebrauchtwagenhandel hat mich geprägt.

Letztes Jahr war ich mit Schülern auf dem Weg zum Blutspenden, auf dem Platz, vor dem der Bus stand, fand ein Bikertreffen statt, da waren so an die fünfhundert Leute mit ihren Maschinen. Im Blutspendebus war gähnende Leere. »Es spendet eben kaum noch jemand«, hieß es drinnen, der große Jammer. Ich dachte, das kann doch nicht wahr sein, da draußen die ganzen Leute, und hier niemand? Ich hab mir einen Stapel Spenderausweise und Infoblätter geschnappt und bin raus, hab die Biker angesprochen, aber nicht mit: »Wollt ihr nicht vielleicht?«, sondern ich bin direkt auf die zu: »Pass mal auf, du Arschloch, wenn du nachher gegen die Leitplanke knallst, daliegst und verblutest, weil Blutkonserven fehlen, was ist dann?« Du hättest mal sehen sollen, nach einer Viertelstunde standen sie Schlange am Bus.

Für mich ist es ein Geschenk, dass ich mich entwickeln konnte, vor allem, dass ich lernen konnte. Die ersten Erfolge haben bei mir einen Bazillus ausgelöst, ich habe mich auch in den Folgejahren weitergebildet bis zum Personalbetriebswirt. Im Beruf bin ich gleichzeitig gefragt und gehasst, weil ich nach meinen eigenen Regeln arbeite. Da ecke ich manchmal an, besonders, wenn die jungen Damen in ihren Kostümchen kommen.

Wir wohnen in einem Reihenhaus, Fünfzigerjahre, große Errungenschaft für die Kumpel, hier im Viertel wohnen die Malocher, im Westen die Poolbürger. Ich muss im Moment viel arbeiten, hab also keine Zeit zum Jäten und Vorbereiten, der Garten muss startklar gemacht werden fürs Frühjahr. Wenn die Nachbarn mich drei Wochen nicht im Garten sehen, meine Frau da alleine werkelt, kommen über die Hecke schon mal

Fragen: »Seid ihr geschieden?« Meine Frau sagt mir in letzter Zeit öfter: »Du könntest mal wieder mehr mit mir machen.« Sie hat recht, das sollte ich.

Letzten Monat bin ich über den Friedhof gestiefelt, auf dem Elli, meine erste Frau, liegen soll. Ich habe das Grab gesucht, hab es aber nicht gefunden. Mir ging die ganze Zeit durch den Kopf: Du könntest jetzt schon Witwer sein.

Vor einigen Wochen waren Gabi und ich in einer Kneipe, den Wirt kennen wir schon seit fünfzehn Jahren, er war früher Psychologe. Wenn wir so reden, sag ich zu meiner Frau schon mal: »Nu halt mal die Klappe«, ich joke rum mit ihr. Der Wirt hat mich beiseitegenommen und gesagt: »Sag mal, wie redest du eigentlich mit deiner Frau?« Das hat mir die Augen geöffnet. Ich bin gedankenlos im täglichen Umgang. Da ist ein Mensch, der genauso wichtig ist wie ich, ich weiß das, aber ich vergesse es. Ich habe lange darüber nachgedacht und kam zu dem Schluss: Vielleicht sollte ich mich bei Gabi einfach mal bedanken. Dafür, was sie für mich getan hat, dafür, dass sie so ist, wie sie ist, mich so nimmt, wie ich bin. Ich habe mir also ein richtiges »Danke« abgerungen. Selten habe ich meine Frau so fassungslos erlebt.

Ansgar, 39,
Jurist/demnächst Hausmann, 6 Jahre verheiratet, 1 Tochter

Sie ist die Richtige

Im Gespräch mit Geschäftspartnern greift Ansgar oft unwillkürlich
nach dem Silberrahmen auf seinem Schreibtisch und rückt das Fami-
lienfoto zurecht – er lächelt dabei. Bald wird er auf dem Wickeltisch zu
Hause die Baby-Utensilien ordnen – garantiert mit derselben Sorgfalt.
Ein Erfolgsbursche tritt kürzer, weil er seine Frau schlicht für die Be-
gabtere hält. Was nicht heißt, dass Simone aus Ansgars Sicht keine
Fehler hätte ...

Meine Frau ist großartig. Damit ist eigentlich schon alles
gesagt. Was soll ich mehr über eine Frau sagen, die intelligent ist, schön ist und die Mutter meiner Tochter?
Und bald die Mutter unseres zweiten Kindes. Es ist wahrscheinlich nicht schwer, sechs, sieben Jahre nach der Hochzeit
immer noch glücklich zu sein. Ich hatte schon, als wir uns kennenlernten, das Gefühl, dass Simone die Richtige ist, ich wusste schnell, dass ich *sie* heiraten will, und ich bin mir sicher:
Dieses Gefühl wird bleiben.

Mein Vater und ich haben kein sonderlich vertrautes Verhältnis miteinander, er gehört einer anderen Generation an, er
ist jetzt dreiundsiebzig. Wir können großartig über Politik reden, über Wirtschaft, Geschäftliches, das war so, solange ich
denken kann. Über Gefühle haben wir eigentlich nie gespro-

chen. Aber als ich Simone kennengelernt hatte, habe ich sie wohl immer wieder erwähnt, also, ich habe von unserer gemeinsamen Arbeit erzählt, Simone war meine Kollegin, ich muss regelrecht von ihr geschwärmt haben. Ich weiß noch, wie mein Vater einmal abends nach dem Essen – wir saßen zu zweit am Tisch, meine Mutter war nicht im Raum – ganz genüsslich sein Rotweinglas schwenkte und sagte, über den Glasrand hinweg: »Dich hat's erwischt. Bring sie doch mal mit.« Ich hab gesagt: »Wie, erwischt?« Er hat sehr eigentümlich und speziell gelächelt und gesagt: »Na …«

Als mein Vater Simone dann kennengelernt hatte – ich hatte sie ganz klassisch zum Sonntagnachmittag-Kaffee bei meinen Eltern eingeladen –, legte er nach: »Simone wird ja wohl geheiratet … Als ich deine Mutter getroffen habe, wusste ich auch sehr schnell, dass sie meine Frau werden sollte. Es ist eben so: Es gibt Frauen, mit denen amüsiert man sich, und es gibt Frauen, die heiratet man.« Übers Heiraten hatte ich ehrlich gesagt noch nie wirklich nachgedacht, für mich war das nicht wichtig, ich ließ es offenbar auf mich zukommen, und es kam auf mich zu. Ich stand eines Morgens auf und wusste: Heute fragst du sie. Ich habe nichts großartig vorbereitet, ich habe mich nur abends mit ihr zum Essen verabredet, allerdings ziemlich deutlich gesagt: »Bitte heute nicht länger arbeiten.« Das kam bei uns damals oft vor, bei beiden, dass wir bis spät in den Abend im Büro blieben, um noch etwas fertig zu machen für den nächsten Tag. Einen Ring habe ich nachmittags auf die Schnelle gekauft, Weißgold, kleiner Stein – damit er passt, hatte ich in Simones Wohnung schon Wochen vorher einen alten Ring, Modeschmuck, der bei ihr in einer Schublade lag, eingesteckt, die Größe musste also richtig sein … Unsere Hochzeit war ein riesiges Fest, Junggesellenabschied für mich, für sie, Polterabend, Standesamt, kirchliche Trauung, Flitterwochen in der Karibik, das ganze Programm, wir haben nichts ausgelassen.

Mein Vater war Simone im Handumdrehen verfallen, er liebt sie, er himmelt sie geradezu an, dass es manchmal schon übertrieben ist, sie ist die Tochter, die er gerne gehabt hätte, nehm ich an. Komischerweise schätzt er am meisten ihre Selbstständigkeit, ihren unabhängigen Geist, das hat er mal so gesagt: »Hast du ein Glück mit Simone, mach dir das ruhig immer wieder klar.« Ich glaube, bei allem Respekt, den mein Vater für meine Mutter hat, fehlte ihm in seiner Ehe manchmal die Augenhöhe. Meine Mutter ist gebildet, sie hat ihr Studium fast bis zu Ende gemacht, ist mit mir und meinem Bruder zu Hause geblieben. Sie hat vielfältige Interessen, ist gesellschaftlich engagiert, setzt sich für benachteiligte Jugendliche ein, fördert ihre musikalische Ausbildung, wirklich toll. Aber die Linie in der Ehe hat immer mein Vater bestimmt.

Man könnte sagen: Oberflächlich betrachtet ist das bei Simone und mir nicht anders. Sie hat natürlich nach der Hochzeit weitergearbeitet, aber schließlich ist *sie* nach der Geburt von Josepha zu Hause geblieben – nicht *ich*. Jetzt kommt das nächste Baby, Simone kann immer noch nicht zurück in den Job. Aber diesmal wird es anders laufen als beim ersten Kind: Ich habe die Erziehungszeit schon angemeldet. Als ich in der Firma gesagt habe: »Ich gehe erst mal acht Monate«, wurde komisch geguckt – was heißt hier *erst mal*? Ich weiß es selbst noch nicht. Die Kolleginnen fanden das natürlich *super* und *süß*, wobei man zur Ehrenrettung der männlichen Kollegen sagen muss, dass keiner Witzchen gemacht hat, jedenfalls nicht mir gegenüber. Ich glaube, so allmählich bricht sich wenigstens die Akzeptanz Bahn, dass Männer auch sehr gut die Erziehungszeit nehmen können, selbst wenn die wenigsten Paare das dann wirklich machen, das war bei Simone und mir beim ersten Kind ja auch nicht anders.

Dass Simone zu Hause blieb, lag nicht an traditioneller Rollenverteilung oder am Verdienst, ich glaube, sie hat damals sogar mehr gehabt als ich, wir haben nie drüber gesprochen. Es war irgendwie selbstverständlich, dass sie die Pause macht, wir haben beide die höhere Macht der Biologie akzeptiert.

Wenn jetzt also unser zweites Baby da ist, ich zu Hause bin, wird Simone loslegen mit dem, was sie seit einiger Zeit bestens vorbereitet hat: Sie steigt ein in die Geschäftsführung eines mittelständischen Unternehmens. Sie wird ein Jahr Zeit haben, dort die Weichen zu stellen, Impulse zu setzen, dann wird geschaut, wie wir uns an dem Unternehmen beteiligen. Wir, also sie und ich. Der Eigentümer hat keine Erben, er will aber nicht einfach verkaufen, sondern sich einen Nachfolger, eine Nachfolgerin heranziehen. Mein Vater sagt ganz offen zu mir: »Du könntest so einen Job auch machen, aber du wärst ein Manager. Simone hingegen hat das Verkaufen im Blut.« Wahrscheinlich hat er recht.

Ich kann gönnen, ich habe schon immer Respekt gehabt vor großartigen Leistungen. Ich war ein sehr guter Schüler, aber wenn ich eine Eins in Mathe hatte und mein Freund René hatte auch eine, wusste ich: Er ist ein Mathegenie, ich bin einfach nur normal sehr gut. Wenn ich sehe, wie Simone manchmal fast bis Mitternacht am Rechner sitzt und schon jetzt an Konzepten schreibt, Mails bearbeitet, Kontakte knüpft, dann geht mir das ganz, ganz nah. Es ist ein ähnliches Gefühl, wie wenn ich in einem Klavierkonzert sitze und der Pianist völlig vertieft ist in sein Spiel, und diese Versenkung überträgt sich aufs Publikum.

Simone und ich arbeiten ja beide in einer sehr materiell orientierten Branche – wir brauchten die Bankenkrise nicht, um zu wissen: Das ist eine Scheinwelt, die Substanz, die wahren Werte, die sehen anders aus. Wir sind beide nicht wirklich kongruent mit unserem Arbeitsumfeld, ich hab mich, gerade nach der Geburt von Josie, hinreißen lassen, zu viele Stunden zu schreiben, so wie viele von den unverheirateten jungen Kollegen oder die alten Haubolzen, die keine Lust haben, den Abend mit der eigenen Frau zu verbringen. Ich hab gemerkt, dass Simone das nicht gut fand, hab mich aber gewundert, dass sie nicht von sich aus was gesagt hat.

Das kam dann irgendwann, als wir ein Wochenende in München waren, nach einem tollen Frühstück war Stadtbummel angesagt, und nachmittags haben wir einen Geschäftspartner und seine Frau getroffen, zehn Jahre älter als wir. Wir waren bei denen zu Hause, ein edles, etwas spießiges Haus in Grünwald, und ich hab gemerkt, dass Simone immer stiller wurde, sie blieb zwar freundlich, aber redete nicht so viel wie sonst. Als wir im Taxi saßen, legte sie los: »Ich habe keine Lust, deine Garnierung zu sein, das bunte Einstecktuch, das dem Herrn K. das gewisse Etwas verleiht.« So in der Art – es hatte sie schlicht gestört, dass ich mit dem Mann über unser gemeinsames Projekt gesprochen habe, während die Frau Simone sozusagen Gespräche aus dem *Architectural Digest* aufgedrängt hat, diese Zeitschrift lag da überall rum, dazu *Vogue*, *Harper's Bazaar*, jede Menge Coffeetablebooks.

Wir haben im Taxi irgendwann beide geschwiegen, das war alles doch irgendwie peinlich mit dem Fahrer, abends haben wir uns dann beim Essen ausgesprochen, und es kam heraus, dass Simone es für sich nicht auf die Reihe kriegt, sich nicht in die Mutterrolle abgeschoben zu fühlen. Über dieses »ich will nicht abgeschoben werden«, »ich lasse mich nicht abschieben«

habe ich mich nun wieder aufgeregt. Ich meine, sie ist so eine kluge, vernunftbegabte Frau, die selber gesagt hat: »Ich weiß ja, wenn du Kinder kriegen könntest, würden wir uns diesen Job teilen.« Genau. Ich habe ihr ganz ruhig gesagt: »Simone, wenn du willst, schreibe ich sofort eine Mail mit meiner Kündigung, ich hab genug Überstunden, ich kann Montag aufhören im Büro.« Da hat sie gar nichts gesagt, sie hat mich nur angesehen. Sie wusste genau, dass ich das ernst gemeint hatte, hatte ich ja auch wirklich. Da war alles gut. Sie hat gelacht und gleichzeitig angefangen zu weinen, ich war total gerührt, sie kann so emotional sein, bei aller Vernunft und Klugheit, manchmal setzt das bei ihr alles aus, dann liebe ich sie besonders. Ich will, dass sie glücklich ist, dafür muss ich aber nicht auf mein Glück, meine Ansprüche verzichten.

Ich finde, dass Simone nach der Geburt von Josepha mitfühlender geworden ist, sie war früher manchmal recht hart mit ihrem Urteil, manchmal auch durchaus ein bisschen ungerecht. Die hohen Anforderungen, die sie an sich stellt, stellt sie auch an andere. Einmal hat sie mit zwei Kolleginnen in einer Nachtschicht eine Präsentation für den nächsten Tag vorbereitet, kurz nach Mitternacht waren sie fertig. Die eine Kollegin hat dann das schriftliche Konzept, das die drei den ganzen Tag und die halbe Nacht erarbeitet hatten, am Rechner falsch gespeichert, aus irgendeinem Grunde war plötzlich nur noch die Version mit dem Stand von nachmittags sechzehn Uhr da, und Sicherheitskopien hatte die Kollegin nicht gemacht. Mit vereinten Kräften konnten die drei den Text rekonstruieren, Simone kam um fünf nach Hause, die anderen beiden haben noch weitergearbeitet, Simone hat drei Stunden geschlafen und war um zehn Uhr dann beim Kunden, unmittelbar danach ist sie nach Hause gekommen und ins Bett gefallen.

Als ich abends nach Hause kam, hatte sie ausgeschlafen, und da ging es los: »Wie kann man nur so unfähig sein, ich bin es leid, mit solchen Dilettanten zu arbeiten« und so weiter. Sie hat sich da richtig reingesteigert, ich habe versucht, sie zu beruhigen, ich habe ihr auch das gesagt, was mein Vater mir schon früh klargemacht hat: »Simone, auch bei euch in der Abteilung arbeiten Menschen, und wo Menschen arbeiten, passieren Fehler.« Heute wäre sie in so einer Situation viel gelassener, da bin ich mir sicher, möglicherweise hätte sie sogar die Souveränität, zu ihren Kolleginnen zu sagen: »Lasst uns nach Hause gehen, ausschlafen, ich rufe den Kunden an, erkläre, was passiert ist, und wir verschieben den Termin.«

Josepha, unsere Tochter, hat Simone verdeutlicht, dass man nicht immer alles durchreißen kann, so wie man gerne möchte, und es ist bewundernswert, wie viel Geduld Simone mit ihr hat. Sie wird nicht ungeduldig, wenn Josepha das dreiundfünfzigste Blatt Papier mit einem Bus vollmalt, lauter verschiedenfarbene Busse, die Josepha alle auf dem Boden auslegt, da parken die nämlich dann, der ganze Wohnzimmerfußboden ist »Parplass«, Parkplatz. Ich weiß, dass dieses Geduldigsein, Abwarten, weil ein anderer Mensch ihr Tempo bestimmt, früher nicht in Simones Vorstellungswelt war. Ich hatte auch ein bisschen Sorge, ob das mit einem Kind so klappen wird, was ich Simone gegenüber vor der Geburt natürlich nie geäußert hätte, da hatte ich wiederum Angst, dass sie das verletzen könnte. Ich weiß ja, wie gerne Simone perfekt sein möchte, das ist vielleicht ihre einzige richtige Schwäche, weil es sie so unter Druck setzt. Mir tut Simone manchmal leid, wenn ich merke: In ihrem Kopf rattern schon wieder fünf Gedanken gleichzeitig, oder sie telefoniert mit ihrer Mutter, schreibt gleichzeitig die Einkaufsliste und stellt den umgekippten Trinkbecher von Josepha wieder auf.

Neulich bekam ich mit, wie Simone Informationen über ambulante Pflege, Haushälterinnen auf Abruf und für Rund-um-die-Uhr-Betreuung zusammentrug – sie machte sich Gedanken über ihre Eltern. Das ist typisch Simone: Sie sorgt sich, denkt nach, fängt an, Lösungen zu suchen für Probleme, die sie selbst definiert. Sie ging davon aus, dass ihre Eltern, die in letzter Zeit beide öfter krank waren, in ihrer Wohnung wohnen bleiben möchten. Davon war sie so felsenfest überzeugt, dass sie mit den beiden gar nicht drüber gesprochen hat. Sie wollte ihnen eine Lösung präsentieren, ihnen gleich jemanden vorstellen, der ihnen ab sofort den Haushalt macht. Ich hab ihr dann gesagt: »Lass uns doch mal mit den Eltern sprechen, herausfinden, was *sie* wollen.« Es zeigte sich, dass die beiden sich schon verschiedene Wohnanlagen angesehen hatten, in denen auch betreutes Wohnen angeboten wird, sie standen sogar schon auf einer Warteliste. Wir *mussten* nichts tun für sie.

Dass Simone jetzt in eine fremde Firma einsteigt und nicht in die meiner Familie ist auch sehr typisch für meine Frau: Sie möchte sich beweisen, es alleine schaffen. Mein Vater sagt dazu: »Das ist das Holz, aus dem Gründer geschnitzt sind.« Mir ist wichtig, dass Simone jetzt wieder glücklich arbeiten kann, und sie braucht die Unabhängigkeit, die sie im Familienunternehmen nicht hätte. In ein paar Jahren wird die Sache dann vielleicht anders aussehen.

Bis dahin wird Simone noch x Ideen gehabt und wieder verworfen haben – das ist eine andere Seite an ihr, die ein bisschen schwierig ist, zumal diese Seite mit Simones Perfektionismus kollidiert. Sie steht sich da manchmal selbst im Weg. Deswegen hatten wir auch unseren einzigen großen Streit – Simone hatte sich nach der Geburt von Josepha zu einem Fernstudium angemeldet, Kulturmanagement. Ohne mir ein Wort zu sagen. Mir waren die entsprechenden Bücher zu Hause aufgefallen, aber die Unterlagen hatte sie immer im Schreibtisch oder in Mappen. Ich hatte irgendwann den Eindruck, dass Simone nur noch abgekämpft wirkte, Schlafstörungen hatte sie auch, aber die hab ich auf das Stillen, das Baby zurückgeführt. Als wir uns über die Frage zweites Kind, ja oder nein, wann und wie, unterhielten, hab ich wohl gesagt: »Du musst auch mal überlegen, ob du das rein körperlich kannst, also wenn ich dich so ansehe in letzter Zeit …« Sie hat sich erst verteidigt, ist dann mit dem Fernstudium rausgerückt – ich habe doch gar nichts gegen ein Fernstudium, auch zu ihrem Chinesischunterricht im vergangenen Jahr hab ich nichts gesagt, als ich davon erfuhr. Es ging mir darum, dass sie so rücksichtslos gegen sich selbst ist, über ihre Kräfte lebt. Dieses Gespräch eskalierte ziemlich, ich bin haustürknallend aus der Wohnung gelaufen. Natürlich war ich ganz schnell wieder zurück, und Simone hat sich sogar bei mir entschuldigt, was irgendwie absurd war, andererseits hatte sie mich noch nie so ärgerlich erlebt, ich bin bei uns eher der Ruhige, sie braust schon eher mal auf.

Ich denke, dass ich, sobald sie wieder arbeitet, eine total ausgeglichene Frau haben werde. Und *ich* melde mich bestimmt nicht zum Fernstudium an oder lerne eine neue Fremdsprache – ich freu mich drauf, mehr Zeit mit den Kindern zu haben. Natürlich darf ich nicht sagen: »Dann sitze ich schön auf dem Spielplatz mit den anderen Müttern …« Wenn ich Simone reizen will, reicht so eine Andeutung – sie macht sich lustig darüber, wie manche Mütter ihre Kinder *beglucken*, so nennt sie das. Diese Spielplatzmütter passen genau in Simones Feindbild, und ein bisschen eifersüchtig ist sie auch. Eifersucht ist bei uns ansonsten kein Thema, nie gewesen.

Wir haben das ungeheure Glück, von allen positiven Entwicklungen der vergangenen Jahrzehnte im, ja, sagen wir ruhig *Geschlechterverhältnis* profitieren zu können. Simone ist nicht gezwungen, zu Hause zu bleiben, ich muss nicht den Alleinverdiener auf Lebenszeit geben, wir mussten nicht Nonkonformismus demonstrieren, indem wir nicht heiraten. Wie mein Bruder, der bald vierzig wird und immer noch auf der Suche nach der richtigen Frau ist – meiner Meinung nach hatte er in den letzten zehn Jahren die eine oder andere Freundin, die nicht falsch gewesen wäre, aber mein Bruder kann sich nicht festlegen. Simone und ich müssen uns auch nicht gegen die Konsumgesellschaft stemmen, so wie Simones Schwester und ihr Mann, ein Künstlerpärchen, schon fast Richtung Aussteiger. Simone und ich haben gerne Erfolg, wir zeigen gerne Leistung, und das ist uns ja auch nicht verboten.

Ich hoffe auch sehr, dass Simone sich zugesteht, wieder ein bisschen die Simone von früher zu sein: lockerer, ausgelassener bis hin zur Albernheit. Diese Seite mochte ich sehr an ihr, weil sie mich so dazu gebracht hat, auch mal Blödsinn zu machen: in Bademänteln in der Küche tanzen, sich am Telefon als Möbelgeschäft ausgeben, sich in der Firma mal einen Tag einfach krankmelden, weil man ja wirklich krank sein könnte. Was wäre denn dann – da bleibt man eben zu Hause. Wir sind erwachsener geworden, seit wir Eltern sind.

Bernd, 47,
Geschäftsführer, 24 Jahre verheiratet, 2 Töchter

Warum hat sie mir das angetan?

Patienten und Mitarbeiter mögen den ruhigen Seniorenheim-Chef
Bernd T., seine Art, wie er stets den Überblick hat, bei Problemen ohne
viel Gerede ganz pragmatisch an Lösungen herangeht. Er ist ein attraktiver Mann mit markantem Profil, interessanten Fältchen um die blauen
Augen und hellem Haar, das nicht grau wirkt, sondern wie von der
Sonne gebleicht. Die Fessel, die den stillen Mann an seine Frau bindet,
bleibt nach außen unsichtbar ...

Was wir miteinander aufgebaut haben, meine Frau und ich
– es gibt wenige, die das in so kurzer Zeit geschafft hätten. Vor zehn Jahren haben wir angefangen, heute stehen siebzig Mitarbeiter auf der Gehaltsliste für unser Pflegeheim
und die ambulante Pflegestation. Wir betreuen mehr als siebzig
Patienten ambulant, und weitere siebenundsiebzig wohnen in
unserem Heim. Es ist ein gutes Heim, die Bewohner sagen, dass
sie sich wohlfühlen. Jetzt ist Sommer, meine Frau und ich sind
beide im Dienst – gemeinsamer Urlaub findet bei uns seit einigen
Jahren nicht mehr statt. »Das ist der Preis der Selbstständigkeit«, hat unsere Bürgermeisterin beim Neujahrsempfang zu mir
gesagt. Ich hab freundlich genickt. Das Seniorenheim, der Pflegedienst, das tüchtige Ehepaar T. und die beiden Töchter – das
sieht aus wie eine Erfolgsgeschichte, und so soll es auch bleiben.

Die Mitarbeiter, die Patienten, auch die Angehörigen haben mich schon darauf angesprochen: »Aber das muss sich doch einrichten lassen, dass Sie auch mal zusammen mit Ihrer Frau in den Urlaub fahren können.« Nach außen macht es den Eindruck, als wenn die Arbeit uns dazu zwingt, dass immer nur einer zur Zeit in Urlaub geht, das ist ja auch nicht ungewöhnlich, so viele Leute mit eigenem Betrieb haben jahrelang gar keine Ferien. Ich bin nicht unfroh, dass ich da sozusagen eine elegante Ausrede habe. Die Wahrheit, dass ich mich seit drei Jahren nicht mehr wirklich als Maritas Ehemann betrachte, kenne nur ich.

Wenn Marita sich nicht so verändert hätte – ich hab sie lange geliebt, wir sind vierundzwanzig Jahre verheiratet, wir waren das, was man ein richtig glückliches Paar nennt. Als dann die Probleme kamen, gab es Zeiträume, wo ich meine Frau so gehasst habe, dass ich ihr das auch gesagt habe: »Ich hasse dich, weil du mir meine Marita von früher genommen hast.« Vor zehn Jahren hatten wir zusammen die Idee, uns mit einem Pflegedienst selbstständig zu machen – ich habe wirklich gehofft, dass wir damit auch auf anderer Ebene neu anfangen, dass das Berufliche auch eine Chance fürs Private ist ... Diese Hoffnung hat sich nicht wirklich erfüllt, und als meine Frau vor drei Jahren diesen Verkehrsunfall hatte, da dachte ich endgültig: Schluss, aus – ich mach den ganzen Zirkus nicht wieder von vorne mit. Meine Frau hatte nie einen anderen Mann, da bin ich mir ganz sicher. Meine Konkurrenz sieht schon lange ganz anders aus: Beruhigungsmittel, Schlafmittel, dazu Alkohol. Ihr Verkehrsunfall vor drei Jahren war bestimmt nicht der erste, aber der erste, der rausgekommen ist, weil er der schwerste war. Für mich war er das Tüpfelchen aufs i.

Marita lag mit verschiedenen Brüchen im Krankenhaus, anschließend war sie zur Reha, auch Entgiftung, Entwöhnung, Psychotherapie – hat sie alles gemacht. Ich hab sie im Krankenhaus besucht, ich war für sie da. Fast jeden Tag hab ich sie besucht, drei Monate lang. Mir war es wichtig, dass sie wieder auf die Beine kommt, körperlich wie auch seelisch. Ich wollte, dass sie stark genug wird, um ihren Weg zu gehen – jedoch künftig ohne mich an ihrer Seite. Denn ein harmonisches gemeinsames Leben, zusammen, wie es sich eigentlich für ein sich achtendes Ehepaar gehört, konnte ich mir zu diesem Zeitpunkt nicht mehr vorstellen. Auch meine früheren Worte: »Ich will mit dir alt werden«, hatten ihren Sinn verloren, galten nicht mehr. Als sie wieder nach Hause kam, hat sie mir versprochen, dass jetzt alles anders werden wird. Aber ich hatte inzwischen viel Zeit zum Nachdenken gehabt, dieses Versprechen reichte mir nicht mehr, es hatte für mich einfach zu lange gedauert, bis sie sich entschließen konnte, etwas zu tun. Zu viel war kaputtgegangen, sie hatte mir in den letzten vierzehn, fünfzehn Jahren zu oft gezeigt, dass sich nichts ändert. Ihr zu vertrauen heißt letztlich, auf einer Zeitbombe zu sitzen, das kann ich mir nicht länger antun.

Es fiel mir überhaupt nicht leicht, diesen Schritt zu gehen, diese Entscheidung zu treffen. Man kann sich jetzt fragen: Welche Entscheidung denn? Wir wohnen ja weiter zusammen, wir arbeiten zusammen. Aber seit drei Jahren spielt sich bei uns gar nichts mehr ab. Ich bin eh nicht zu Hause, ich geh morgens um sieben ohne Frühstück aus dem Haus, ich frühstücke mit den Kollegen. Vor halb zehn oder zehn abends komme ich nicht heim. Es vergeht zwar kaum ein Tag, an dem ich nicht doch 'ne halbe Stunde oder 'ne Stunde vorm Fernseher sitze, meine Frau schläft dann schon, oder sie sitzt im Sessel dabei, aber das ist für mich kein Problem. Wenn man's genau nimmt, reden wir nur noch über Betriebliches miteinander. Und auch dabei nur das Allerwichtigste.

Wir schlafen noch beide in unserem Ehebett, aber das stört mich nicht. Ich scheue mich vor der Schlafzimmertrennung. Das ist schon Schauspielerei von mir, aber ich merke, ich muss das tun, ich darf ihr keinen Anlass geben, dass sie auf die Idee kommt, Schaden anzurichten. Eine Scheidung würde, jedenfalls zum jetzigen Zeitpunkt, eine Katastrophe für den Betrieb sein. Einmal haben Marita und ich abends im Fernsehen einen Film gesehen, es ging um ein Ehepaar, das sich auseinandergelebt hatte, erst war totales Chaos, am Ende hatten beide neue Partner und waren glücklich, richtiger Kitsch also. Marita hat am nächsten Tag zu unserer großen Tochter Christiane gesagt: »Wenn er meint, er muss sich von mir trennen, dann lass ich den Betrieb den Bach runtergehen.« Das könnte sie, sie ist als Fachkraft die Lizenzinhaberin, und leider hängen Pflegedienst und Heim zurzeit noch wirtschaftlich zusammen. Christiane hat mir erzählt, was ihre Mutter gesagt hat, Marita würde mir so was nie direkt sagen.

Marita hat mich in den letzten Jahren immer wieder beschworen: »Sie ist noch da, die alte Marita.« Nein, ist sie nicht, für mich nicht. Marita hat auch wieder und wieder gesagt: »Für mich gab es immer nur dich.« Das glaub ich ihr aufs Wort, ich hatte ja auch immer die Vorstellung, mit meiner Frau alt zu werden. Ich habe gute Erinnerungen an viele Jahre, es war eine gute Zeit, das kann ich nicht anders sagen.

Wir haben uns kennengelernt, als ich dreiundzwanzig war, sie einundzwanzig. Mit vierzehn, fünfzehn hatte ich meine erste Freundin. Während meiner Lehre als Zimmermann lernte ich mein zweites Mädel kennen, diese Verbindung ging während meiner Zeit beim Bund in die Brüche. Als ich auf Urlaub zu Hause war, hat sie mir gesagt, dass da mit jemand anders was war, ich bräuchte nicht wiederzukommen. Während eines meiner nächsten Urlaube habe ich Marita kennengelernt. Ich hatte noch ein bisschen die Nase voll von der vorherigen Geschichte, aber ich war mit Freunden aus, zum Tanzen, da fiel sie mir auf, wir hatten nur Blickkontakt. Als ich dann nach Mitternacht auf dem Rückweg nach Hause bin, kommen von hinten zwei Mädels in einem Auto angefahren, halten an, fragen, ob sie mich mitnehmen sollen. Das war Marita mit einer Bekannten. Logisch bin ich mitgefahren. Marita hat die Bekannte abgesetzt, dann mich zu Hause bei meinen Eltern. Wir haben noch ganz lange auf der Steinbank vorm Haus gesessen und geredet, ich hab uns eine Decke geholt und Pfefferminztee gekocht.

Marita war gerade neu im Nachbarort, acht Kilometer weit entfernt, sie machte da ihre Ausbildung zur Krankenschwester zu Ende. Wir haben uns für den nächsten Tag verabredet, und so ging dann die Sache los. Sie gefiel mir, sie hatte so eine direkte Art. Sie trug ihre Haare hochgesteckt, was ich wunderschön fand, sie hatte lange, sehr lange blonde Haare, die hat sie erst vor ein paar Jahren abgeschnitten, jetzt hat sie einen Kurzhaarschnitt, sehr burschikos, steht ihr aber gut. Sie ist nach wie vor eine attraktive Frau. Daran liegt es also nicht, dass es heute nicht mehr stimmt.

Na, jedenfalls haben wir uns dann auch während meines nächsten Urlaubs getroffen, am zweiten, dritten Abend habe ich bei ihr übernachtet im Schwesternheim, und es kam, was kommen musste. Wir haben daran angeknüpft, es entwickelte sich sehr intensiv mit uns, es passte. Wir konnten viel miteinander unternehmen, und wir haben uns sehr viel geschrieben, das war für mich absolut ungewöhnlich. Wenn wir uns gesehen haben, stimmte es einfach, es klappte auch mit dem Sex – ich sage immer: »Sex ist nicht alles, aber ohne Sex ist alles nichts.« Meine Eltern haben mich für verrückt erklärt, als ich nach wenigen Monaten gesagt habe: »Wir heiraten.« Wir waren jung, es gab nicht wirklich einen Grund zu heiraten – Marita war nicht schwanger, wir konnten auch ohne Trauschein eine Wohnung bekommen. Aber wir wollten die Hochzeit, haben es sogar hingekriegt, dass die Standesbeamtin mit uns zur Trau- ung auf ein Schiff ging, das den Namen *Fortuna* trug – damals hab ich bei dem Schiffsnamen an *Glück* gedacht, heute sehe ich eher das Wort *Schicksal*.

Als wir uns kennengelernt haben, war Marita noch in der Lehre, in unseren ersten Ehejahren hat sie schnell ihren Weg gemacht von der Stationsschwester zur Oberschwester. An- fangs waren wir ja noch ohne Kinder, ich hab als Zimmermann in einem Baubetrieb gearbeitet. Mein Vater hat mich immer gedrängt: »Geh doch zur Meisterschule.« Aber ich wollte das nicht – meine Vorgesetzten waren zum Teil richtige Pfeifen, zu denen wollte ich nie gehören. Irgendwann hab ich aber dann doch gesagt: »Jetzt mach ich die Schule, dann könnt ihr mich alle mal.« Die Meisterschule ging zwei Jahre, neben der Arbeit, das heißt: Schule war einmal die Woche am Nachmittag und Samstag. Für mich bedeutete das: Die Arbeit nach Feierabend, abends, am Wochenende, die ich gerne gemacht habe, damit wir auch irgendwann unser eigenes Haus bauen konnten, die ging jetzt nicht mehr. Das war so um den Dreh, als unsere große Tochter, Christiane, geboren wurde. Unser erstes Kind haben wir relativ bewusst geplant, Christiane kam, als wir fast vier Jahre verheiratet waren. Als ich die Meisterprüfung be- standen hatte, hab ich wieder sehr viel nach Feierabend ge- arbeitet, abends, am Wochenende.

Christiane ist jetzt zwanzig, sie hat neulich zu mir gesagt: »Ich hatte gar keine Kindheit.« Das stimmt ja so nicht, das weiß ich, aber was sie meint, ist: Ihr Vater war eben oft nicht da. Wir haben trotzdem viel zusammen gemacht als Familie, am Wochenende, im kleinen und im großen Urlaub sind wir mit dem Wohnwagen losgefahren. Auch mit meiner Frau alleine hab ich viel unternommen, tanzen, Freunde treffen. Damals hatten wir noch Freunde. Marita und ich haben uns über alles unterhalten, da gab's nichts, wo ich sagen müsste: Etwas hat gefehlt oder war nicht in Ordnung, die ersten Jahre unserer Ehe waren absolut gut. Das mit dem Sex hat geklappt, das Miteinander war gut, bis auf die Tatsache, dass ich so wenig Zeit hatte.

Marita hat auch wieder gearbeitet, ihre Mutter hat sich viel um Christiane gekümmert, sie hatte dann auch einen Kindergartenplatz. Wir wollten beide gerne ein zweites Kind, aber nicht so schnell. Als wir es dann versuchten, klappte es nicht. Marita wurde schwanger, hat die Schwangerschaften aber nicht halten können, wie viele Fehlgeburten es tatsächlich waren, weiß ich nicht, zwei, drei waren es bestimmt. Es wird ja im Allgemeinen nicht offen über so was geredet, auch mir gegenüber hat Marita eigentlich nichts gesagt, jedenfalls erinnere ich mich nicht. Das hat sie so in sich reingefressen, es ist bei mir nicht deutlich angekommen, dass da ein Problem sein könnte, ich habe das so bewusst nicht wahrgenommen. Als Mann denkst du ja auch: Wir sind noch jung genug, wir haben doch noch viele Chancen. Eine Frau empfindet das wahrscheinlich anders, aber sie hat ja nie was gesagt. Sie hat sich eingeigelt, und ich war als Mann nicht sensibel genug, dieses und jenes zu merken. Es kamen nie Vorwürfe, darum hab ich's nicht verstanden.

Dann wurde fünf Jahre nach der ersten unsere zweite Tochter geboren, Jennifer. Um die zu kriegen, hatten wir alles Mögliche angestellt, wir waren bei vielen Ärzten, haben uns untersuchen lassen. Als es dann endlich klappte, waren wir unheimlich froh und glücklich, ja, wir hatten das, was man eine richtig glückliche Ehe nennt. Also die glückliche Ehe, so von A bis Z glücklich, die gibt es gar nicht, aber trotzdem.

Aus der Sicht von heute kann ich zum Charakter, zum Verhalten meiner Frau nur sagen: Sie hat schon immer ziemlich stark ihren eigenen Willen gehabt, das hat ihr auch manches Mal geschadet. An eine Begebenheit erinnere ich mich, das war, als sie gerade ihre erste Stelle als ausgebildete Krankenschwester angetreten hatte. Es gab Probleme mit dem Personal, der ärztliche Leiter kam auf die Schwestern zu und hat sie gebeten: »Könnten Sie wohl diese Woche mal ausnahmsweise in der Küche mithelfen?« Meine Frau hat mir das ganz empört erzählt, ich habe versucht, sie zu beschwichtigen, man muss doch nicht gleich eine Grundsatzdebatte lostreten, was zum eigenen Aufgabengebiet gehört und was nicht, es geht doch auch darum, sich gegenseitig zu unterstützen. Marita hat jedenfalls den Kücheneinsatz abgelehnt: »Das mach ich ganz bestimmt nicht.« Es war doch klar, dass sie bei dem Mann ein für alle Mal unten durch war. Marita hat daraus keinesfalls konsequent die Lehre gezogen, das nächste Mal ein bisschen vorsichtiger zu sein, diplomatischer. Ihre Aufmüpfigkeit hat sie bis heute nicht verloren. Dieser rote Faden zog sich durch, dass sie immer mal wieder angeeckt ist, ob nun im Krankenhaus, im Pflegeheim oder zuletzt im Behindertenheim, gerade mit dem letzten Chef hat es ständig geknirscht. Viele Details hat sie nicht erzählt, vielleicht auch, weil sie meine Einstellung ja kannte. Ich habe trotzdem gemerkt, dass es Scherereien gab.

Man sagt ja: Hinterher ist man immer klüger. Im Nachhinein sehe ich heute viele Dinge klarer: die Fehlgeburten, die Belastung bei der Arbeit, ihre Rückenschmerzen, die bestimmt nicht körperlich waren, sondern auch von der psychischen Anspannung kamen. Wahrscheinlich hat sie sich auch früher schon an Beruhigungsmitteln, Schlafmitteln, was weiß ich, bedient, aber in der Zeit nach der Geburt von Jennifer muss es richtig angefangen haben, dass sie Medikamente genommen hat, sie hatte ja Zugang bei der Arbeit, sie hat wieder Teilzeit gearbeitet. Ich hab das anfangs nicht gemerkt, auch nicht, dass Marita wohl anfing, am Abend Alkohol zu trinken, meist Wein. Wann's genau losging, kann ich gar nicht sagen, man macht sich ja meist nicht so riesig Gedanken, wenn einem etwas auffällt.

Wie oft hab ich gedacht: Heute ist sie aber wieder k.o., einfach fertig von der Arbeit und dem ganzen Kram zu Hause. Ich hab deswegen keine große Aussprache angeleiert, ich hab versucht, ihr im Haushalt mehr abzunehmen. Männer und Technik, das kennt man ja, da haben wir Ahnung. Aber nicht von Haushaltsgeräten, jedenfalls ist das bei mir so. Die Waschmaschine – Wäsche ist nicht mein Ding, ich wüsste nicht, wie ich was sortieren müsste, welche Materialien das überhaupt sind, was man zusammen waschen kann, was man kochen muss. Wie ist es denn in den meisten Ehen: Die Frau ist für die Hauswirtschaft zuständig, für die Küche, den Aufwasch. Die Rollenverteilung ist historisch gewachsen. Ich habe auch viel gemacht, aber trotzdem, da spielt eben mit rein: Die normale Frau ist ein fürsorglicherer und mütterlicherer Typ als der Mann, der ja deswegen nicht faul ist, Marita hat sich auch um die Mädchen immer mehr gekümmert, sich einen Kopf gemacht.

Als ich jedenfalls anfing, zu begreifen, was da bei Marita ablief, hab ich's am Verhalten gemerkt. Sie war manchmal richtig benommen, wenn sie nach Haus kam, ihre Zunge war schwer, sie ist getaumelt. Ich hab auf Alkohol getippt. Irgendwann war es nicht mehr zu übersehen: Sie saß abends in der Küche, hatte ganz glasige Augen, auf dem Tisch stand eine halb leere Flasche Wein, sie hatte offensichtlich auch Tabletten genommen, da lag noch ein offenes Röhrchen. Wir hatten unseren ersten wirklich großen Krach, das muss in der Zeit gewesen sein, als Jennifer Einschulungsprüfung hatte. Ich habe meine Frau direkt angesprochen: »Du trinkst, du bist völlig zu.« Sie hat alles abgestritten. Aus ihrer Sicht vielleicht gar nicht so falsch, denn das größere Problem waren wohl die Medikamente.

Arbeiten konnte sie immer trotzdem, offenbar auch, ohne dass was auffiel. Früh war sie noch clean, wenn sie abends zu Hause ankam, war sie oft schon zu. Sie hatte zur Arbeit eine Wegstrecke von anderthalb Stunden, ich habe sie so oft es ging abgeholt, denn sie ist in diesem Zustand auch Auto gefahren. Man hält so was für andere, für Außenstehende geheim, auch vor der Familie hab ich es verborgen gehalten, besonders vor den Töchtern, sie waren ja noch klein. Eigentlich ist das schon der Anfang vom Übel. Du fühlst dich selber nicht gut damit, einerseits möchtest du eingreifen, was ändern, andererseits wird jeder kleine Anlauf ja gleich als Angriff gesehen und abgewehrt. Wenn ich mit meiner Frau reden wollte, hat sie auf stur geschaltet: »Man darf doch wohl mal müde sein.« Ja, da wird man unsicher, schließlich hat sie bei der Arbeit offenbar immer funktioniert, es gab nie 'ne Abmahnung, 'ne Kündigung schon gar nicht. Dann hat aber vor elf Jahren auch noch ihr Vater lange krank gelegen, war drei Wochen im Koma, bis er

gestorben ist. Das hat ihr den Boden unter den Füßen wegge-
rissen, sie war monatelang völlig neben der Spur, hat sich aber
wieder gefangen.

Ein Jahr später, vor zehn Jahren, haben wir uns dann aus ein
paar negativen Sachen heraus selbstständig gemacht. Meine
Frau hatte damals in einem Behindertenheim gearbeitet, der
Leiter dort passte nicht, er war vom Charakter her völlig un-
geeignet, meine Frau ist da förmlich rausgeekelt worden. Weil
ich auch gerade arbeitslos war, haben wir überlegt, zusammen
etwas Eigenes zu machen, einen ambulanten Pflegedienst zu
gründen, vielleicht auch ein Heim. Ich hatte Erfahrungen als
Geschäftsführer aus den Baubetrieben, in denen ich gearbeitet
hatte, und sie hatte die fachliche Qualifikation, ist als Fach-
schwester auch für Leitungsfunktionen im Pflegebereich weitergebildet.

Ich hatte durchaus meine Befürchtungen: Sollte ich mich mit
der Frau selbstständig machen – konnte das gehen? Weil Marita von sich aus so dafür war, dachte ich: Eigentlich müsste es
klappen. Bei ihr war da richtiges Interesse. Als ich die Idee das
erste Mal nur mal so angedeutet hatte, sagte sie sofort: »Warum hast du das nicht schon eher vorgeschlagen?« Es war
meine große Hoffnung, dass sie sich jetzt wirklich dauerhaft
ändert, sie hat so kraftvoll gesagt: »Ja, wir machen das mit der
Selbstständigkeit.« Sie war nach meinem Eindruck mit ganzem
Herzen dabei, sie war richtig zuversichtlich, hat sich mit mir
zusammen da reingestürzt. Sie hat sich aber nicht vorstellen
können, welcher bürokratische Aufwand damit verbunden ist.

Wir haben mit der ambulanten Pflege angefangen, ich hab
die Firmengründung gemacht, die ganze Kalkulation, die Bürokratie. Wir haben einfach angefangen, unter dem Motto: Andere machen's auch. Man hatte immerhin die Informationen zu

den einzelnen Pflegestufen, also den vorgesehenen Zeitaufwand, die Vorgaben, die Preise für die ärztlichen Verordnungen. Mit einer Schwester, zwei Fahrrädern, einem Auto und einem Büro im Klapp-Sekretär sind wir gestartet. Erst wuchs der Pflegedienst langsam, dann ging's rasant vorwärts.

In der ersten Zeit haben Marita und ich die Abrechnungen gemacht, da muss alles auf den Punkt stimmen. Die Vordrucke, die sind A4 quer, da gibt es Leistungsnachweise, für die du Striche machen musst, in Spalten, in Zeilen. Wenn Mist passiert, wirkt sich das so aus, dass wir gnadenlos Geld nicht kriegen. Marita hat Fehler gemacht, bis ich ungehalten wurde, ich werde dann auch laut. Ich hab 'ne Eigenschaft, da weiß ich selber, die ist nicht gut. Ich bin in bestimmten Dingen ein unruhiger Typ, ich erwarte viel. Das war manchmal schon problematisch mit den Kindern, wenn ich da mal Schulaufgaben betreut habe, mit meinem Latein am Ende war, wurde ich ungeduldig.

Ein anderes kleines Detail, was mich selber betrifft, das ist auch so ein Ur-Instinkt: Wenn ich zu Hause was wissen oder geklärt haben will, stell ich meine Frage kurz und knapp, und darauf will ich auch eine kurze und knappe und ehrliche Antwort. Was krieg ich, statt einfach ja oder nein? Zwei A4-Seiten. Das mag ich nicht. Und nun passierte so was auch noch bei der Arbeit. Das Negative ist, dass man's nicht mehr trennen kann, Berufliches und Privates. Es war schon immer so: Wenn ich ungehalten werde, die Stimme erhebe, wird sie still.

Als wir dann von der Mitarbeiterzahl her mehr waren, habe ich die ganze Rechnerei an eine Mitarbeiterin abgegeben und mich ab da rigoros rausgehalten, weil es ja lief. Möglicherweise, nein, bestimmt sogar, hab ich damit auch eine Grundlage gelegt, dass Marita weiter Probleme mit sich hat. Ich erinnere mich schwach dran, wie es war, als ich ihr gesagt habe: »Die Abrechnungen macht jetzt Frau G.« Sicher wusste sie auch, dass das besser so ist, und trotzdem wird ihr das noch mal deutlich gemacht haben, dass ich durchaus Bescheid weiß, was läuft, wo ihre Grenzen sind. Sie wird das auch als Misstrauen empfunden haben – aber sie sagt da komischerweise nichts. Ich glaube, das wäre auch so, wenn sie in einem anderen, fremden Betrieb arbeiten würde.

Ich musste handeln, es ist einfach so: Aus einem kleinen, unscheinbaren bürokratischen Fehler heraus kann einem schnell ein Abrechnungsbetrug angehängt werden, das ist tödlich für den Betrieb. Es geht gar nicht darum, dass man wirklich betrügen wollte, es genügt eine Unachtsamkeit, um den Vorwurf des Abwechslungsbetruges zu wecken, darum dürfen selbst die kleinsten Fehler nicht passieren. Sie hat echt Schaden angerichtet – nicht wirtschaftlich, aber emotional bei uns selber. Aus eigenen Existenzgründen kann man sich das eigentlich nicht leisten. Ich sage mir immer, und das ist sozusagen meine Maxime mittlerweile: Von der Firma und der Arbeit kann ich leben – von der Familie und der Ehe nicht. Und das gilt ja auch für die Mitarbeiter und perspektivisch für unsere Töchter, denen wir hier etwas aufgebaut haben.

Marita macht ihren fachlichen Part bis heute gerne, zu den Patienten gehen, sie versorgen, sich mit ihnen hinsetzen. Ich weiß auch, dass das ihre Stärke ist, der direkte Umgang mit den Patienten war ihr schon als Krankenschwester immer das Schönste, das war eine Herzensangelegenheit – wahrscheinlich war es einfach nicht gut für sie, dass sie im Laufe der Jahre immer mehr Organisationsaufgaben übernehmen musste.

Es gab in den letzten drei Jahren keinen krassen Ausfall bei Marita. Sie hat jetzt gerade wieder ein Vierteljahr stationär durch, offiziell war das eine Burn-out-Kur wegen Überlastung. Seit drei, vier Wochen geht Marita wieder arbeiten. Als sie wiederkam, hat sie gleich einen heftigen Fehler gemacht, sie hätte zu den Mitarbeitern was sagen müssen wie: »Leute, hört mal, so und so war das, so und so geht es nun weiter, ich bin wieder da.« So hätte ich das gemacht, aber nein, sang- und klanglos saß sie wieder am Tisch, beteiligte sich aber nicht weiter am Gespräch. Sie arbeitet ganz normal, sie leitet auch ihre Mitarbeiterbesprechung.

Marita versucht, mir zu beweisen, dass sie sich geändert hat, aber für mich ist es vorbei. Für mich ist es wirklich dieses *Ich sterbe nicht noch mal.* Diesen Satz versteht man nicht richtig, wenn man den Song von Nino de Angelo nicht kennt. Den hab ich damals im Autoradio gehört, als ich von Marita aus dem Krankenhaus kam, mittlerweile kann ich das Lied mitsingen, ich hab es auf dem iPod. Da gibt es so Sätze: »Ich verspür' keinen Hunger nach dir, meine Liebe zu dir ist erfror'n zu ewigem Eis«, oder »Ich fang' nicht noch einmal an, ist die Sehnsucht auch manchmal groß, doch ich sterbe nicht noch mal«. Das Schlimmste aber ist der Satz: »Zwischen uns da lebt noch der Hauch einer zärtlichen Zeit.« Ich musste beim ersten Hören rechts ranfahren, mir sind die Tränen nur so runtergelaufen.

Sie gibt sich ja tatsächlich Mühe. Nur: drei Jahre zu spät. Vielleicht wäre sie noch einen Schritt weiter, wenn ich gleich wieder nachgegeben hätte, aber ich gebe nicht nach. Ich weiß einfach nicht, ob sie so stark ist, dass sie diesmal für immer durchhält. Diese Garantie verlange ich aber – und die kann mir keiner geben. Wenn Marita hier einfache Mitarbeiterin wäre – sie wäre schon dreimal rausgeflogen. Wobei es einem das Arbeitsrecht schwer macht. Wenn ein Arbeitnehmer sich bescheinigen lässt, dass er suchtkrank ist, wird man ihn nicht einfach los, er ist dann ja krank.

Unsere beiden Töchter haben sehr zu ihrer Mutter gehalten die letzten Jahre. Die Kinder verstehen es nicht wirklich, sie helfen ihr, sie ist ja offensichtlich hilfsbedürftiger als ich. Sie kriegen schon mit, dass ich Marita bei gewissen Dingen nicht unterstütze. Weil auch die Kleine, Jenny, jetzt schon sechzehn ist, kann ich zu ihnen sagen: »Ihr wisst ja nicht, wie es mir viele Jahre gegangen ist, ihr wart ja viel zu klein.« Für die Kinder sind die Eltern die Welt, wenn die Ehe zerbricht, leiden sie, Jenny leidet noch manchmal wie ein Hund, ich konnte es nicht verstehen, wie jemand so sensibel sein kann. Einmal hab ich die halbe Nacht mit ihr geredet, alles besprochen, auch, wie es hier weitergehen soll. Wenn sie wirklich eine Lehre in der Hotellerie macht, Erfahrungen sammelt, vielleicht ein Studium draufsattelt – hier lässt sich auch ein Hotelbetrieb anschließen. Und Christiane könnte als Physiotherapeutin einsteigen, für beide Mädchen wäre ein Auskommen, wären Entwicklungsmöglichkeiten da. Ich möchte ihnen klarmachen, dass es mir auch darum geht, hier alles zu erhalten, für die Familie zu erhalten.

Mit Mühe habe ich jetzt in die Wege geleitet, dass wir uns bei der Arbeit langsam auseinanderdividieren, wir haben je einen Leiter für die ambulante Pflege und einen für das Pflegeheim, ich kümmere mich hauptsächlich um Bürokratie und Organisation und Geld, Lohnabrechnung, Finanzierung. Die Sache mit den Bankkrediten ist nicht unheikel, da wäre es ganz ungünstig, wenn wir uns trennen, ich mag gar nicht dran denken. Die Banken verlangen ohnehin immer wieder neue Berechnungen, Sicherheiten. Ich tue alles dafür, dass das hier erhalten bleibt, ich kann mir mein Leben ohne die Arbeit, ohne *diese* Arbeit, gar nicht vorstellen. Wenn die Gesundheit mitspielt, gehe ich nicht mit siebenundsechzig in Rente, es kommt sicher auch drauf an, wie die Kinder hier einschlagen, was sie machen wollen, was sie machen können.

Ich sag jetzt mal was, was ich Marita auch gesagt hab, ich weiß aber nicht, ob sie das verstanden hat. Es gib da seit einiger Zeit eine Frau … Ich werde mich mit ihr nicht zusammentun, aber sie ist ein ganz wichtiger Mensch für mich geworden.

Als Marita nach dem Unfall im Krankenhaus war, war ich wirklich am Ende. Ich hatte Geburtstag in der Zeit, und Hanne hat angerufen und mir gratuliert. Hanne, das ist eine Frau, die ich schon vor ewigen Zeiten kennengelernt habe. Vor vierzehn Jahren hab ich viele große Wintergartenprojekte betreut, komplizierte große Anbauten an Hotels, da musste ich auch manchmal zwei, drei Tage selber vor Ort sein, das war meistens weiter weg. Zu einer Baustelle in Bayern musste ich öfter, wir haben dort auch übernachtet. Über die Straße war ein Bauernhaus, da fiel mir im Garten diese Frau auf. Mit einem der Kollegen sprach ich über die Baustelle, über das Dorfleben dort, wir sprachen auch über die Frau. Der Kollege hat gesagt, dass sie Hanne heißt, bei der Polizei ist und auch Haare schneidet. Es wurde sich halt darüber unterhalten, und dann lernte ich sie selber kennen.

Weil ich ja wusste, dass sie auch Haare schneidet, hab ich sie auf der Strecke mal angesprochen, hm. Ich schneide meine Haare ja schon seit dem Wehrdienst selber, es war mir immer zuwider, zum Friseur zu gehen. Das Haareschneiden bei Hanne, das war eine sehr erotische Situation, aber wir waren ja beide verheiratet. Wir haben uns sehr intensiv unterhalten. Ich war immer treu, es gab die beiden Mädels vor Marita, dann nur noch meine Frau. Mir ist Beständigkeit wichtig, so ein

Hin- und Hergespringe bringt doch nichts, das Sexuelle, das lief zu Hause gut, ich hatte nicht zu klagen. Fremdgehen kam nicht in Betracht. Manchmal haben Hanne und ich uns in den Jahren danach zum Geburtstag gratuliert, aber auch nicht jedes Jahr.

In dem Jahr, als Marita im Krankenhaus lag, rief Hanne also wieder an. Wir haben uns gegenseitig geholfen, ihr ging es vor drei Jahren genauso schlecht wie mir. Ich hatte meine Frau an die Sucht verloren, sie ihren Mann an eine andere Frau. Wir haben uns getroffen und stundenlang geredet. Wenn wir uns, wenn wir diese Gespräche nicht gehabt hätten, ich glaube, wir wären damals beide kaputtgegangen. Für uns beide stand fest: Ich sollte an meiner Ehe festhalten, damit unsere ganze Existenz hier nicht zusammenbricht. Und Hanne wollte auch an ihrer Ehe festhalten. Marita kam clean aus der Klinik zurück, ich hatte meine Entscheidung getroffen: nicht weiter wie bisher. Hannes Mann stand auch wieder vor der Tür und wollte zurück, aber Hanne hat gesagt: »Von mir aus unter einem Dach, aber getrennt von Tisch und Bett.« Bis heute sind sich die beiden einig, dass eine Scheidung Blödsinn wäre, weil eine Scheidung nur für die Anwälte Vorteile brächte.

Hanne und ich haben uns damals gegenseitig gestützt und richtig gebraucht. Irgendwann ist es dann passiert, wir haben miteinander geschlafen. Meinen Spruch: Sex ist nicht alles, aber ohne Sex ist alles nichts, den mein ich ernst. Die Liebe mit Hanne ist spitzenmäßig, aber das Wichtigste ist das Verständnis.

Ich habe Marita ein halbes Jahr nach ihrem Klinikaufenthalt von Hanne erzählt. Sie weiß also von Hanne. Sie weiß nicht, ob wir uns sehen, wie oft, wann, das weiß sie nicht. Sie kann und will nicht loslassen. Sie hat gesagt, sie kann sich nicht vorstellen, je mit jemand anderem zu leben. Der Punkt ist: Wenn's passiert ist und dann ausgesprochen wird, also wenn das Fremdgehen gegenüber dem Partner zugegeben wird, dann gibt es ja eigentlich zwei Möglichkeiten. Entweder, derjenige, der fremdgegangen ist, bereut es, oder die ganze Sache war wirklich so unwichtig. Bei mir traf das nun beides nicht zu. Eine andere wichtige Frage ist, ob es einfach so passiert ist, oder ob ein tieferer Grund dahintersteckt. Ja. Dann ist da noch die Frage: Warum geht es einem nahe, wenn man's erfährt? Wie nahe es Marita gegangen ist, weiß ich nicht. Ich weiß nicht, wie ich reagieren würde, wenn Marita … Bei Männern steckt sicher ein Besitzdenken dahinter, vielleicht sind Männer auch einfach viel sensibler, als man glaubt. Wenn Marita plötzlich einen Freund hätte – die schlechteste Lösung wäre das nicht. Ich weiß aber ehrlich gesagt nicht, wie ich reagieren würde, was mein Ego dann machen würde.

Marita hat mich gefragt: »Wieso können wir es nicht noch mal miteinander versuchen?« Sie meint es ernst. Ich habe ihr die Frage gestellt: »Denkst du denn wirklich, dass ich noch jemals Achtung haben kann vor dir, geschweige denn Liebe empfinden? Würdest du dir das wirklich antun, so mit mir zu leben?« Sie würde es sich antun. Sie sagt, sie liebt mich. Sie hat immer gesagt, sie liebt mich. Wenn ich es mit Marita wieder versuchen würde, verliere ich Hanne, ohne sie je gehabt zu haben, und Marita dann höchstwahrscheinlich später irgendwann – ja, ich bin mir sicher, dass es nicht gut gehen würde. Und ich will nicht den Menschen, der so viel für mich getan hat, der gut für mich ist, verlieren, und dieser Mensch ist … Hanne.

Warum hat Marita mir das angetan? Sie wusste, wie ich reagiere auf ihr Verhalten, die Medikamente, das Trinken, was das anrichten wird. Dass ich konsequent bin, weiß sie, das hat sie immer gewusst. Es gibt so viele Dinge, die ich nicht begreife.

Da gibt es einen schönen Witz, ob ich den zusammenkriege, weiß ich nicht, ich versuch's mal: Gott sagt zu einem Mann: »Du hast einen Wunsch frei.« Der Mann hat einen Sohn, der lebt in Amerika, aber der Mann hat Angst vorm Fliegen, und er hat Angst, dass sein Schiff bei einer Atlantiküberquerung untergehen könnte. Also wünscht er sich von Gott: »Bau mir doch bitte eine Brücke über den Atlantik.« Gott sagt: »Hm, gut, aber hast du nicht vielleicht noch einen anderen Wunsch?« Der Mann sagt: »Ja, ich möchte die Frauen verstehen, ihre Denkweisen, ihr Verhalten – mach, dass ich das kann.« Da sagt Gott nach einigem Überlegen: »Wie viele Spuren soll die Brücke haben, wann soll sie fertig sein?«

Kai, 39,
Servicetechniker, 13 Jahre verheiratet, 1 Tochter

Das Stichwort heißt Freiheit

Vor seiner Hochzeit hatte er kaum sexuelle Erfahrung gesammelt. Seit ein paar Jahren holt er das nach ... Seine Ehefrau will gar nicht so genau wissen, was er da treibt, Hauptsache, er bleibt bei ihr im gemeinsam gekauften Reihenhaus im Münsterland. Auch wenn seine Frau für ihn noch durchaus attraktiv ist, er sie zweifellos für eine gute Mutter hält – Kai bereitet seinen Absprung strategisch vor ...

Die Kriterien, nach denen ich meine Frau ausgesucht habe, sind andere als die, nach denen ich heute entscheiden würde, jetzt, wo ich dreizehn Jahre Ehe hinter mir habe. Meine nächste Partnerin würde ich vor allem auch danach aussuchen, dass sie sexbejahend ist! Früher hatte ich noch eine hehre Vorstellung von Frauen. Ich dachte: Männer wollen immer das eine, Frauen sind da eher zurückhaltend. Ich kannte halt nur solche Frauen. Ich habe erst vor vier, fünf Jahren gemerkt, dass es Frauen gibt, die das Gleiche wollen wie ich.

Meine Frau ist Vermessungstechnikerin, eine gute Mutter, ohne Frage. Sie ist eine attraktive Frau, durchaus. Wir unternehmen gemeinsam Dinge, wir gehen ins Kino, wir fahren mit unserer Tochter Nele in Urlaub, alles ganz normal. Wir reden auch miteinander, Themen sind Beruf, Neles Schule, das Tagesgeschehen, manchmal auch Bücher. Ein Thema wird aber immer komplett ausgespart: Sex. Meine Frau ist eine scheue Frau, mit dem Sex habe immer ich angefangen, sie hat dann mitgemacht, für mich war das völlig normal. Ich habe mir darüber keine Gedanken gemacht.

Es ist bis heute so: Wenn im Fernsehen plötzlich eine Sexszene zu sehen ist, schaut meine Frau in die andere Richtung, sie ist dann peinlich berührt. Ich hingegen interessiere mich für alles, was mit Sex zusammenhängt. Und das weiß sie offenbar auch! Neulich lief eine einschlägige Serie auf *Arte*, da hat meine Frau zu mir gesagt: »Ach, da kommt ja wieder dein Lieblingsthema.«

Ich habe vor vier, fünf Jahren gedacht: Der Ablauf mit meiner Frau ist immer der Gleiche. Ich habe versucht, Änderungen in unser Liebesleben zu bringen. Ich habe Sexspielzeug gekauft, Toys. Einmal habe ich einen Dildo mit ins Bett genommen, den hab ich ihr vorsichtig eingeführt. Sie hat sofort losgequietscht: »Igitt, was ist das denn, was machst du denn da? Nimm das sofort weg.« Meine Frau trägt als Wäsche nichts, was optisch sonderlich reizvoll ist, das hat sie nie getan, sie sagt: »Ich dachte immer, ich gefalle dir auch so. Am schwarzen BH wird es ja wohl nicht liegen.«

Für sie war ich immer zu groß, also mein *bestes Stück*, sie hat mich beim Verkehr meist auf Abstand gehalten. Sie hat sich von mir durchaus gern manuell oder oral befriedigen lassen. Danach hat sie sich hingelegt, dann durfte ich. Als meinen letzten Versuch, unser Eheleben hochzuheben, zu retten, hab ich ihr ein paar Bücher gekauft, Lou Paget und so, das Übliche eben: *Die perfekte Liebhaberin: Sextechniken, die ihn verrückt machen* … Jedenfalls hat sie in eines der Bücher reingekuckt, es gab dann ein kurzes Auflodern, zwei, drei Wochen lang, ich dachte schon: Na, nun geht es los … Aber es blieb beim Strohfeuer. Ich habe das Buch irgendwann wieder an mich genommen, und sie hat es nicht vermisst.

Ich habe mich anderen Frauen zugewandt, das hat aber nichts damit zu tun, dass ich meine Frau körperlich nicht anziehend fand, im Gegenteil. Wenn ich's richtig überlege, hat sie von allen Frauen, die ich mittlerweile hatte, sogar mit den hübschesten Busen. Sie hat sich auch auf meinen Wunsch hin sogar rasiert, ich hab ihr gesagt: »Das kannst du doch mal machen.« Davor war sie Natur. Sie war dann teilrasiert, also nicht nur Bikinizone, auch die Schamlippen, ihr hat das gefallen, dass sie dadurch empfindlicher war, besser genießen konnte. Es hat mich erstaunt, dass sie das beibehalten hat, sie macht das immer noch, ich weiß nicht, warum, ich bin mir aber ziemlich sicher, dass das kein anderer Mann zu sehen kriegt. Ich glaube, sie hat keinen anderen, leider, ich würde es ihr ja sogar wünschen. Dann wäre es nämlich auch für mich einfacher.

Als es anfing, hatte ich Affären, um ein Vakuum zu füllen, ich hab mir eingeredet, ich verstehe mich ja mit meiner Frau. Heute weiß ich, dass mir ein funktionierender Alltag nicht reicht. Wie erkläre ich meiner Frau, dass ich mittelfristig die Trennung will? Ich denke, dass sie vieles schlichtweg nicht verstehen wird. Wir haben noch nie gestritten, bei uns war immer alles ratio-bestimmt, wir konnten immer alles ausdiskutieren. Aber bei diesem Thema … Sie wird denken, dass es nur um die Frequenz beim Sex ging. Sie wird nicht verstehen, dass es nicht nur um Quantität, sondern vor allem um Qualität geht, sie hat ja keine Ahnung, was fehlt, ich werde es ihr nicht klarmachen können – erkläre einem Blinden die Farben. Ich habe mit ihr auch nicht mehr drüber gesprochen, seit ich erkannt habe, dass meine Versuche, unseren Sex zu beleben, zum Scheitern verurteilt sind. Ich bin mir sicher: Sie wird mich nicht verstehen.

Dabei: Ich hab die Lizenz zum Huren-Vögeln. Als wir diese Phase hatten, wo ich in puncto Erotik was ändern wollte, dann gemerkt habe, wir kommen da nicht weiter, hab ich hin und her überlegt. Ich weiß nicht, was andere Männer in dieser Situation machen. Viele verdrängen das sicher, oder sie gehen ins Internet oder kucken nachts um zwei *DSF*. Ich hab zu ihr gesagt: »Du, ich hol ich mir das jetzt woanders.« Sie hat gesagt: »O.k., mach doch, Hauptsache, du erzählst es nicht überall herum.«

Angefangen hab ich mit normalem Paysex, also Prostituierte, das war ein ständiger Lernprozess, wie man Sex haben kann, die Stellungen, die Reaktionen von Frauen und überhaupt. Dann ging es los mit den sogenannten Hobbyhuren, Frauen, die das Angenehme mit dem Nützlichen verbinden, die Frauen verdienen also gelegentlich Geld mit einer Sache, die ihnen Spaß macht, mit Männern, die ihnen sympathisch sind. Ich hab meiner Frau davon erzählt. Sie hatte mit mir früher zwei-, dreimal Oralverkehr gemacht, es war dann aber für lange, lange, lange Zeit das letzte Mal. Und wenn sie gemerkt hatte: Jetzt kommt es ihm, war ihr das nicht angenehm, sie hat dann weggezogen. Ich war enttäuscht, ich hab mir das anders gewünscht.

Na, jedenfalls als das mit den Hobbyhuren schon eine Zeit ging, hat meine Frau gesagt, sie will die Einzige sein, die das bei mir macht, obwohl sie das eigentlich eklig findet. Das hat sie natürlich so nicht geäußert, aber sie hat es mich spüren lassen. Die anderen Frauen haben kein Problem damit, sie sagen sogar, ich schmecke gut. Ich esse tags davor meist ein halbes Pfund Ananas, damit ich *wohlschmeckend* bin. Es helfen nur Ananas und Sellerie, ich hab das gelesen und ausprobiert – Sellerie mag ich nicht, Ananas liebe ich. Nun ja, nochmals: Meine

90

Frau hat gesagt, sie will die Einzige sein, und ich habe nichts dazu gesagt, woraufhin sie meinte: »Du sagst ja gar nichts.« Diskussionen mit ihr über Sex sind absolut sinnlos.

In eine der Hobbyhuren hab ich mich dann ziemlich verliebt, und sie sich auch in mich. Mein Freund Gerrit hat das ganz nüchtern gesehen und gesagt: »Das spielt sie dir vor, damit du bei der Stange bleibst.« Aber so war es nicht, das merkt man erstens, und zweitens hat sie kein Geld mehr von mir genommen, einmal wollte ich es ihr noch aufdrängen, aber sie hat es richtig zurückgewiesen. Diese Frau hat den großen Schalter bei mir umgelegt! Sie war einen Meter achtzig groß, schlank, sie hat mir gesagt, dass sie mich toll findet. Ich konnte das gar nicht fassen. Ich habe sie gefragt: »Was gefällt dir denn so an mir?« Ich hatte immer gedacht: Kein Schwein, keine altersschwache Katze dreht sich nach mir um. Und dann ist da diese Frau, die mir Eigenschaften aufzählt, die sie an Männern schätzt und liebt: Einfühlungsvermögen, Zugewandtheit, Zärtlichkeit, Humor, Intelligenz, Ausstrahlung … Und sie sagt, dass sie das in mir gebündelt findet, das sei sehr selten. Ich habe tatsächlich diese Eigenschaften. Da hab ich geschaltet, da hab ich etwas begriffen.

Später, nachdem es mit ihr dann leider beendet war, hab ich gedacht: Nun kann ich es ja auch mal mit einer Kontaktanzeige versuchen, in der Zeitung, Rubrik Bekanntschaften. Vorher habe ich die Anzeigen der anderen Männer studiert: Wie schreiben Männer, die eine Frau zum Vögeln suchen? Ich dachte mir: Du musst das schreiben, was eine Frau anspricht. Das kann und sollte man nicht in drei, vier, fünf Zeilen machen, so wie die meisten Inserenten. Ich kam mit fünfzehn Zeilen ins Büro der Anzeigenannahme, die Mitarbeiterin dort hat gesagt: »Da können Sie doch einiges abkürzen.« Aber genau das wollte ich nicht. *M, NR, attr., sucht F für gel. Treffs?* Das ist doch nichts anderes als die Umschreibung für: Geiziger Nichtraucher will mal wieder vögeln … Welche Frau will so einen? Ich ließ meine fünfzehn Zeilen so veröffentlichen, wie ich sie mir ausgedacht hatte. Es kamen zwölf Zuschriften, Gerrit konnte es kaum fassen, er hatte auch schon solche *geizigen* Anzeigen aufgegeben, er hatte ein, zwei Rückmeldungen bekommen, manchmal auch gar keine. Ich habe meine Antworten alle noch, zur Erinnerung. Wenn meine Frau die finden würde, die Briefe, die Mails, wenn sie dieses Fach entdecken würde – jede Erklärung würde sich erübrigen.

Ich kann das, was ich tue, durchaus vor mir selbst rechtfertigen. Ich sage mir: Ich bin trotz Ehe immer noch ein Individuum mit eigenen Wünschen und Vorstellungen. Und wenn meine Frau die nicht erfüllen will oder kann, dann hol ich mir das eben woanders. Wenn ich mal abtrete, möchte ich sagen können: Kai, du hast dein Leben gelebt! Nur so, mit dieser Einstellung, kann und konnte ich das alles genießen, ohne Schuldgefühle.

Meine Freizeit teile ich mir Gott sei Dank meist selbst ein, ich arbeite als Servicetechniker, viele von meinen Kunden sind Arztpraxen oder Büros, da sind Abend- oder Wochenendtermine keine Seltenheit. Bei den Ausreden bin ich mit der Zeit immer cooler geworden, ich kann mittlerweile meiner Frau die Story vom wilden Pferd erzählen. Nur wenn ich mit ihr am Esstisch sitze, wir beide vis-à-vis gegenüber, dann klappt das nicht, da krieg ich rote Ohren. Echt seltsam. Das fällt ihr anscheinend aber nicht auf. Ich hab dafür gesorgt, dass wir jetzt schräg sitzen, ich hab einfach irgendwann den Bruch mit der Routine vorgeschoben: »Wir sitzen immer gleich, wir sollten zur Abwechslung doch öfter mal die Plätze tauschen …«

Manchmal denke ich: Deine Frau muss das doch auch merken, dass sich da bei dir massiv was verändert hat. Aber sie merkt nichts oder lässt sich zumindest nichts anmerken. Vor zwei Wochen, abends im Ehebett, habe ich ihr gesagt, dass wir nicht mehr miteinander schlafen werden. Ich kann es nicht mehr. Da hat sie mich angekuckt und gesagt: »Aber umarmen schon noch, oder?« Das ist typisch für sie, absolut rational. Ich muss ihr nun noch klarmachen, dass ich mich verändert habe, nicht mehr der bin, den sie kennengelernt hat, dass wir nicht mehr zusammenpassen. Sie ist gefangen in ihren eigenen Konventionen und Moralvorstellungen. Wörter wie vögeln, Schwanz oder Orgasmus bringt sie nicht über die Lippen. Das ist alles irgendwie logisch, das kommt von ihrem Elternhaus, ihrer Erziehung. Sie braucht einen Mann, dem das einfach nicht wichtig ist. Und dieser Mann bin ich nicht mehr.

Kennengelernt haben wir uns, da waren wir Mitte zwanzig. Das war beim Volleyball, wir waren so zwanzig Leute, Männer und Frauen gemischt. Wir hatten eine gemeinsame Umkleide. Einmal habe ich sie von der Seite gesehen, durch die Haken mit den Klamotten durch, sie hat hübsch ausgeschaut, nur im Höschen, oben ohne. Ich hatte allerdings das Gefühl, sie fand, ich sei ein Arsch. Ansonsten hat sie mich damals nicht besonders interessiert. Dann hat sie mich irgendwann zu einer Party eingeladen, es waren viele Leute da, wir haben uns auch unterhalten. Nach dem ersten Gespräch dachte ich: Das war nett. Es gab auch einen kleinen Abschiedkuss – he, holla? O.k., mal sehen, wie's weitergeht. Drei Monate später haben wir das erste Mal miteinander geschlafen, ein Jahr später haben wir geheiratet, so richtig katholisch, mit allem Drum und Dran.

Ich hätte länger suchen sollen. Diese Ehe war wohl ein Fehler, unsere Heirat war mehr 'ne Vernunftehe. Man fragt sich ja, warum man geheiratet hat, aber das war so: Da war 'ne Frau, von der wusstest du, mit der könntest du Kinder haben, 'ne Familie gründen, sie kann einen Haushalt führen, sie hat Grips, sie denkt mit, sie denkt voraus. Ich hatte in der Zeit keinen Kontakt zu Älteren, die mich vielleicht hätten warnen können, die Tipps hätten geben können, und selbst wenn da jemand gewarnt hätte – glaubt man dem?

Mein Frauenbild hat sich enorm geändert in den vergangenen Jahren, ich habe Frauen kennengelernt, die darunter leiden, dass ihre Männer keinen Sex mehr wollen, sei es, weil sie impotent sind, keinen Bock haben oder einfach überhaupt voller Unlust sind. Es gibt eben auch Männer, die keine Lust mehr haben – für mich bis dahin unvorstellbar. Und ich weiß auch: Vielen Männern geht die Luft aus dabei, die können einmal, drei Minuten, dann ist gut. Ich habe Frauen getroffen, die – wie ich – dabei waren, ihre Sexualität neu zu entdecken. Was mich für sie so wertvoll macht, das sagen sie mir jedenfalls so: dass ich sehr ausdauernd bin. Mit mir können sie mehrmals kommen, bei mir können sie wieder richtig Frau sein. Und mit mir gibt's eben nicht nur die Missionarsstellung, sondern wir probieren auch Neues, Reizvolles aus. Sie merken, dass mir das wirklich Spaß macht. Es macht mich glücklich, wenn ich miterlebe, wie eine Frau, die seit acht Jahren keinen Orgasmus mehr hatte, bei mir bebt und kommt, das treibt mir die Tränen in die Augen. Das nur so nebenbei. Bei zwei von den Frauen war ich derjenige, der sie aktiviert hat, eine, Silvia, ist heute meine beste Freundin, für sie war ich der Erste, mit dem sie fremdgegangen ist. Bei ihr habe quasi *ich* den Schalter umgelegt.

Eine Frau hab ich aufgrund einer Anzeige getroffen, das war eine ganz toughe Person, die bestimmt mehr als neunzig Prozent der Männer schon mit einer ihrer ersten Fragen in die Flucht geschlagen hätte. Sie hat beim ersten Treffen doch tatsächlich knallhart nach meiner Schwanzgröße gefragt. Man sagt ja immer, das ist nicht wichtig, das stimmt auch zum Teil, ich weiß heute, dass Frauen von Intelligenz angezogen werden, von Eloquenz und Charme. Ich habe also auf ihre Frage gesagt: »Du wirst zufrieden sein.« Das war ihr nicht genug, sie wollte wissen: »Kannst du das auch quantifizieren?« Ich habe dann die Antwort auf »überdurchschnittlich« erweitert. Später hab ich begriffen, worum es ihr ging: Sie war sehr empfindsam an ihrem A-Punkt, der liegt tief innen und kann fabelhafte multiple Orgasmen auslösen. Einmal kam sie auf mir sitzend innerhalb einer halben Stunde dreimal. Für einen Mann einfach irre, so was zu erleben! Ich habe festgestellt: Fünfundneunzig Prozent der Frauen sind beglückt von diesem Gefühl des Ausgefülltseins, das ich ihnen ermögliche. Ich komme an Stellen, da kommen andere offenbar nicht hin. Es wird meist gesagt, ich sei optimal gebaut.

Mein Selbstwertgefühl ist gewachsen die letzten Jahre, es ist enorm gewachsen. Ich habe ja einen minimalen Sprechfehler, ich lisple – beziehungsweise: Ich habe gelispelt. Heute lisple ich nur noch in ganz seltenen Ausnahmesituationen, ich habe Sprechunterricht genommen. Es gibt viele Lispler, die zurückhaltend sind, sich zurückziehen in den Freundeskreis. Bei mir war das schon immer anders. Allerdings – die Sache mit dem Ansprechen … Als ich plötzlich selbstbewusster war, also von meiner Männlichkeit her, hab ich mich endlich getraut, auf Frauen zuzugehen und sie anzusprechen. Auf der Straße, wie man so schön sagt. Ich habe sie angesprochen, einfach, weil ich es vielleicht sonst bereut hätte, dass ich's nicht getan hab. Als ich anfing, habe ich mir noch spezielle Sätze bereitgelegt, damit ich garantiert nicht anfange zu lispeln. Ich wollte also auf gar keinen Fall sagen: »Wenn du jetht dath Gleiche gedacht hatht wie ich, dann thollten wir vielleicht einen Kaffee trinken gehen.« Sondern ganz korrekt: »Wenn dir gerade die gleichen Gedanken wie mir durch den Kopf gehen, dann könnten wir doch einen Kaffee trinken gehen.« Ich hatte den Vorsatz: Wenn sich schon mal eine umdreht nach mir, lächelt, dann lasse ich diese Chance nicht ungenutzt, wenn die Frau mir gefällt. Dann lächele ich zurück, gehe auf sie zu und sage meinen Satz. Meistens sagen die Frauen dann: »Was hab ich denn gedacht?« Darauf bin ich auch vorbereitet, ich sage dann: »Kann ich nur erraten, aber *ich* hab gedacht: Oh, eine nette und attraktive Frau, die darf doch nicht einfach nur an mir vorbeigehen.« Natürlich musste ich mich anfangs dabei sehr konzentrieren, aber ich habe es geschafft.

Das stärkt das Selbstbewusstsein. Auch wenn du dir Körbe holst, das kommt natürlich vor, ich bin nicht so ein Beau, bei dem alles von selbst geht. Ich muss die Frau erst mal dazu bringen, sich mit mir an den Kaffeetisch zu setzen, dann kann ich punkten: mit meiner Intelligenz, mit meiner Eloquenz, meinem Charme. Frauen mögen das.

Den krassesten Fall hatte ich vor ein paar Jahren, als ich noch nicht so weit war. Mir kam eine Frau entgegen, wir gehen aneinander vorbei, drehen uns beide gleichzeitig um, gehen weiter, drehen uns noch mal um, ein drittes Mal, sie verschwindet hinter einer Ecke, kommt aber noch mal zurück und kuckt um die Ecke, dann war sie weg. Schade, denn ich ärgere mich bis heute, das ist drei, vier Jahre her, da hätte ich das noch nicht so wie heute gekonnt.

Wenn ich die Trennung von meiner Frau bis jetzt noch nicht vollzogen hab, dann liegt das am Wirtschaftlichen. Und an unserer Tochter. Aber mittelfristig, das hab ich mir vorgenommen, muss einiges passieren: Bis zu meinem fünfundvierzigsten Geburtstag will ich: erstens das Haus schuldenfrei haben, zweitens einen Versandhandel für Elektrotechnik in Gang bringen, drittens die Trennung durch haben. Das ist in sechs Jahren, unsere Tochter ist dann volljährig.

Ich hab einen Ehevertrag, den wollte ich von Anfang an, weil ich mir gedacht habe: Ich lasse mir durch eine mögliche Scheidung nicht meine ganze Lebensplanung kaputt machen, wir haben Gütertrennung. Den Gedanken an eine eigene Firma hatte ich ja schon immer, von der hätte ich nichts abgeben können. Ich stehe mit drei Vierteln im Grundbuch fürs Reihenhaus, das find ich gerecht, meine Frau hat nur zehn Prozent der Kaufsumme bezahlt, und die war immerhin fünfhundertdreißigtausend Mark. Trennung wäre für meine Frau der GAU, der größte anzunehmende Unfall, das würde auch ihre ganze Lebensplanung zunichtemachen, auch wirtschaftlich wäre es der GAU. Ich will sie ja nicht zu sehr vor den Kopf stoßen, ich muss das also alles ruhig und durchdacht angehen.

Damals, als das mit den Hobbyhuren losging, hat sie gesagt, sie will auf keinen Fall, dass ich anderen davon was erzähle. Ich könnte das tun, Hauptsache, es kriegt keiner mit, Nachbarn, Freunde, Verwandte. Sie hat panische Angst besonders vor der Reaktion ihrer Eltern. Wie das erst wäre, wenn sie ihnen sagen müsste, dass wir uns trennen, dass ich sie verlasse. Ihre Eltern würden mich vergiften … Ich habe aber keinen Vorteil dadurch, dass meine Frau Angst vor einer Trennung hat, es nützt mir nichts, denn es geht mir nicht darum, einfach Affären haben zu können, und alles andere bleibt, wie es war.

Wenn meine Frau zu Hause von ihrer Arbeit erzählt hat, von unserer Tochter, dann hab ich ihr immer zugehört, ich habe auch selbst erzählt. Ich bin eigentlich nicht der Maulfaule, aber ich bin schweigsamer geworden. Ich hab das Gefühl, zu Hause interessiert es keinen mehr wirklich, was ich sage. Meine Meinung ist nicht mehr gefragt, bilde ich mir zumindest ein, auch bei Nele, wenn ich mich vorsichtig erkundige, wie es denn ist, in der Schule, mit den Jungs, überhaupt, dann lenkt sie sofort ab. O.k., Pubertät eben, das ist wahrscheinlich normal zwischen Vater und Tochter. Ich dräng mich lieber nicht mehr auf.

Wenn ich meine Frau etwas frage, kommt oft: »Das hab ich dir doch schon letzte Woche gesagt …« Ich stelle nach Möglichkeit keine Fragen mehr, es könnte ja auch wirklich sein, dass ich ihr manchmal nicht richtig zugehört habe. Neulich waren die Schwiegereltern da, die reden ohne Punkt und Komma. Ich saß dabei, fühlte mich aber nicht mehr dazugehörig. Irgendwann hat mich die Schwiegermutter gefragt: »Na, Kai, und wie geht es bei dir so?« Ich hab mir nur gedacht: Was mach ich eigentlich noch hier? Ich fühle mich nur noch benötigt für die Erziehungskiste, als derjenige, der Geld ranschafft, meine Frau arbeitet Teilzeit.

Mit meinem Vorstoß: *keinen Sex mehr*, wollte ich durchaus ein frostigeres Klima zwischen uns schaffen, ich dachte, dass das die Sache beschleunigt. Aber so frostig ist das Klima nicht geworden. Ich bin mir auch sicher, dass meine Frau mit niemandem darüber spricht, höchstens mit ihrer einen Arbeitskollegin, bei der ist mir aufgefallen, dass die in letzter Zeit so reserviert ist, kühler, die umarmt mich nicht mehr zur Begrüßung.

Mein Aufbruch in die Welt der Erotik hat mein Leben umgekrempelt. Das mit dem Bezahlen war nur eine gewisse Zeit, heute weiß ich: Wenn man Hobbyhuren trifft, ist das, wie wenn man ein Tier in der Zoohandlung aussucht, Kontaktanzeigen, das ist wie ein Tier aus dem Zoo. Die Königsdisziplin, das ist die freie Wildbahn. Dahin habe ich mich irgendwann ausgewildert.

In einer bestimmten Phase habe ich mir auch Plattformen im Internet angesehen, *firstaffair.de*, *neu.de* und wie die alle so heißen. Ich war da drauf, wollte einfach mal sehen, ob das möglicherweise eine Alternative ist zu den Kontaktanzeigen. Ich habe mich dann für ein Vierteljahr kostenpflichtig angemeldet, um das ausprobieren zu können. Ich habe gecheckt, wie viele Frauen im Umkreis im passenden Alter, so fünfunddreißig bis fünfundvierzig, denn erreichbar wären, dann habe ich ein Schreiben formuliert und nach dem Gießkannenprinzip an fünfundzwanzig Frauen geschickt. Mit diesem Schreiben hab ich mir wie immer die größte Mühe gegeben. Natürlich hab ich jede mit ihrem Nickname angesprochen, im ersten Absatz bin ich auf das eingegangen, was in ihrem Profil stand, Charaktereigenschaften, Wünsche, Besonderheiten. In den zweiten Absatz hab ich was über die Plattform, das Fremdgehen allgemein und über mich geschrieben. Das waren sehr anspruchsvolle Schreiben. Vielleicht zu anspruchsvoll, denn die Rücklaufquote war nicht der Hit.

Daniela war nicht unter den Frauen, die ich so angeschrieben hab. Ich hatte in ihrem Profil gesehen, dass sie gerade versorgt war, hab ihr dazu drei Zeilen geschrieben, dass sie sich in so einer Situation auch für eine Weile abmelden kann, dann hat sie nicht das Problem, angemailt zu werden, wenn sie das nicht will. Sie schrieb zurück, hat sich für den Hinweis bedankt. Das Ganze hat dann irgendwie 'ne Eigendynamik bekommen, sie schrieb mir, sie fände meinen Schreibstil toll. Wir sind dann raus aus der Plattform und haben per Mail weiterkommuniziert. Sie hat mir geschrieben, dass sie gerade zwei Liebhaber habe, ich hab geschrieben: *Ich auch*, obwohl es in

Wirklichkeit kurzzeitig sogar drei Frauen waren. Ich dachte: Sie scheint dein weibliches Pendant zu sein. Ich habe ihr dann vorgeschlagen, dass wir uns ja mal zu einem Erfahrungsaustausch treffen könnten.

Wir haben uns in einem Traditionsbierhaus in der Innenstadt getroffen und sofort gemerkt: Da ist so ein Funkenflug, wir senden auf einer Wellenlänge, als hätten wir uns schon immer gekannt. Wir mussten uns ja auch nichts beweisen. Schon oft habe ich mich gefragt, wann man einer Frau den ersten Kuss geben kann, wann sie so viel Nähe verträgt und wann nicht. Als wir zusammen noch ein Stück durch die Fußgängerzone gegangen sind, hab ich sie spontan in einen Hauseingang gezogen und sie individuell verabschiedet, der Kuss hat bestimmt zehn Minuten gedauert, so richtig mit weichen Knien. Wenn der erste Kuss gut ist, ist das äußerst vielversprechend. Und dazu noch Danis Attraktivität. Ich dachte: Jetzt haben wir ein Problem. Ein Luxusproblem. Ich meine logistisch. Sie hatte ja schon ihre zwei Männer, ich hatte meine Frauen. Mir war dann schnell klar: Wenn das mit ihr tatsächlich was werden sollte, unverhofft, dann muss ich mich von einer anderen trennen, wohl oder übel. Ich hab mich damals gegen Julia entschieden, da war schon zu viel Routine dabei, und Routine ist auch beim Fremdgehen der größte Feind der Lust.

Bei Dani und mir war die Neugier aufeinander groß, wir wollten beide wissen: Wie ist sie? Wie ist er? Unser erstes richtiges Date zwei Wochen später war absolut genial. Wir haben uns dann die Selbstdisziplin auferlegt, uns nur vierzehntägig zu sehen, schon allein aus Zeitgründen. Das haben wir nicht durchgehalten, es hat sich schnell gesteigert, es hatte sich im Kopf was geändert. Bei beiden. Ein Vierteljahr später hat sie mir eine SMS geschickt: *Jetzt weiß ich wieder, wie man das Wort Sehnsucht buchstabiert.* Sie hat bis heute noch zwei andere Männer, die sie gelegentlich trifft, mir macht das nichts aus, ich finde es o.k. Und sie kann gut damit leben, dass ich zu Hause sozusagen gut aufgehoben bin, sie will nicht schuld sein daran, dass ich mich trenne. Wenn ich bei meiner Frau ausziehe, würde ich nicht mit Dani zusammenziehen, da sind wir uns einig, getrennt wohnen, gemeinsam genießen. Wenn wir zusammenziehen würden, würde doch wahrscheinlich durch unsere Promiskuität, durch die anderen Männer und Frauen in unserem Leben, das Lügen beginnen, was keiner wirklich haben will.

Dani und ich, wir verstehen uns blind, von Anfang an. Neulich hat sie mir eine SMS geschrieben: *Liege gerade in der Sonne, lasse das letzte Jahr Revue passieren* – sie hat einen Jobwechsel hinter sich, die Trennung von ihrem Mann, sie schrieb: *Es ist so schön, sich angenommen zu fühlen, verstanden, geliebt – das machst Du mit mir.* Ich war so gerührt. Unsere Ehepartner hatten beide in ihren Hirnen nie ein Areal für Sex, sie finden alles, was damit zusammenhängt, überbewertet. Nicht zuletzt darum hat es für uns auch wie eine Bombe eingeschlagen, als wir uns kennengelernt haben. Das ist eben so, wenn von Anfang an alles stimmt, die Leidenschaft, das Vertrauen, das Verständnis. Ich habe jetzt Zugriff auf die Ferienwohnung eines Kollegen an einem See hier in der Nähe, sie ist praktisch immer frei, und wir haben einen Schlüssel. Das ist bei Dani und mir Hals über Kopf entstanden, dass wir uns ineinander verliebt haben.

Mit ihr bin ich so im Gleichklang, dass wir auch Dinge miteinander ausprobieren können. Swingerclubs waren eigentlich nichts für mich, da sind mir normalerweise zu viele Einzelmänner, die hocken dann wie die Kakerlaken an den Pärchen, dafür gehe ich da nicht mit einer Frau hin, dass ich dann einen fremden Mann unterhalte. Aber mit Dani hab ich das gerne noch mal probiert. Wir waren in einem Club, da war gehobenes Publikum, auch eher jüngere Leute, da gehörten wir schon zu den älteren. Da war ein Paar, das wir am schönsten fanden. Als Dani und ich nach oben gegangen sind auf die Spielwiese und uns miteinander beschäftigt haben, waren die plötzlich auch da und haben sich zu uns gelegt. Es ist komisch: Die andere Frau war wirklich attraktiv, richtig hübsch, aber sobald ich merke, ein anderer Mann macht sich an meiner Partnerin zu schaffen, geht bei mir plötzlich gar nichts mehr, auch wenn ich die andere Frau noch so anziehend finde. Das hätte ich früher nicht gedacht.

Ich habe mich im sexuellen Bereich komplett verändert, ich habe jetzt andere Wünsche, ich habe ja auch andere Fähigkeiten entwickelt, o ja, ganz andere. Früher ging es auch bei mir schnell, zugegeben, auch oft nach Schema F, und es hat vielleicht drei, vier Minuten gedauert, jetzt geht's auch mal eine halbe, eine Dreiviertelstunde. Und das mit viel Fantasie. Ich bin dafür geboren irgendwie, das sagen mir die Frauen, und mit Dani erlebe ich das besonders intensiv, geradezu traumhaft. Das Stichwort heißt Freiheit. Als Dani mir diese SMS geschickt hat, als sie in der Sonne lag, schrieb sie auch: *Ich genieße unsere Freiheit.* Und ich genieße sie auch, die Freiheit.

Dagegen zu Hause – die Luft ist raus. Der Hochzeitstag mit meiner Frau ist dieses Jahr das erste Mal komplett untern Tisch gefallen. Ich habe ihn nicht mal verdrängt, sondern schlichtweg vergessen! Unglaublich. Früher unvorstellbar! Meine Frau hat auch nichts gesagt. Ich hab ihr früher Schmuckstücke geschenkt, 'ne Kette, ein Armband, das hat ihr gefallen. Ich habe keinen Drive mehr, in diese Beziehung zu investieren, also jetzt nicht materiell, ich fühle mich nicht mehr richtig da, bei ihr.

Meine Frau will mich gewiss nicht verlieren, das ist mir schon klar. Ich weiß nicht, ob sie mich noch liebt. Und wenn, dann auf eine sehr spezielle, auf ihre Art. Mir jedenfalls geht es wie so vielen Frauen auch, die plötzlich ihren Partner nicht mehr sehen mögen. Plötzlich stören dich Sachen am anderen, die dir vorher gar nicht aufgefallen sind, du magst es nicht mehr, wie er isst, dich stören die Geräusche, die er beim Schlafen macht. Wenn einem so was auffällt, ist eine Grenze überschritten, dann fühlt man sich von dem Partner nicht mehr angezogen. Ich fühl mich in meinem eigenen Haus nicht mehr zu Hause, ich bin in 'ner Käfigsituation. In einer Kontaktanzeige hab ich mal gelesen: *Lebst du auch im goldenen Käfig?* Genauso ist es.

Ich muss meiner Frau demnächst erklären, warum diese physische Entfremdung da ist, warum wir nicht mehr miteinander schlafen werden. Darauf wartet sie. Sie hatte in unserem Gespräch gefordert: »Erklär mir das.« Ich hatte mir vorgenommen, ihr erst mal nichts dazu zu sagen, ich wollte mich nicht verzetteln in einem Gespräch, das möglicherweise emotional aus dem Ruder läuft. Ich habe versprochen: »Ich schreibe dir einen Brief.« Sie hat gesagt: »Gut, wann?« – »Sobald wie möglich.« Sie hat's ja wirklich nicht verdient, über meine Gründe im Unklaren gelassen zu werden. Ich werde mir den Brief von meiner Freundin Silvia absegnen lassen, sie ist ja nun schon lange meine Vertraute, auf deren Rat ich viel gebe. Ich weiß, was ich schreiben will: Ich werde nicht auf den Sex abheben, ich will meine Frau ja nicht verletzen, ich will sie aber auch nicht von jeder Verantwortung, von jeder Schuld freistellen. Ich denke zwar durchaus, ein Frauenversteher zu sein, aber bei diesem Brief werde ich mir helfen lassen – das ist dann doch die hohe Schule. Silvia hat schon ein paarmal, wenn ich was erzählt habe, zu mir gesagt: »Eine Frau sieht das nicht so«, oder »Eine Frau empfindet das anders«. Ich frag mich also: Was schreib ich? Stufe eins war der Aufbruch zur Trennung, Stufe zwei baut darauf auf, dass das physische Zusammenleben nicht mehr möglich ist. Wenn du mir das vor zehn Jahren gesagt hättest, dass es dazu kommen würde, ich hätte dich ins Irrenhaus geschickt.

Für mich war es ja bis vor wenigen Jahren noch unvorstellbar, dass Frauen sich in mich verlieben könnten. Drei, vier, fünf haben das in den letzten Jahren getan. Dani hat mir jetzt gesagt: »Ich liebe dich.« Und ich habe es ihr auch gesagt. Ich habe das nicht oft in meinem Leben über die Lippen gebracht. Bei meiner Frau ist es jedenfalls ewig her. Und wenn ich mir's richtig überlege, frage ich mich: Hast du deine Frau überhaupt jemals richtig geliebt? Wenn ich das wüsste.

Ich kann vorhersehen, wie sie reagieren wird, wenn ich mit ihr über eine Trennung spreche. Mir ist völlig klar, was das für sie bedeutet. Sie wird mit Sicherheit versuchen, die Beziehung zu retten, sie wird vermutlich auch vorschlagen, dass wir zur Beratung gehen, aber da ist jede Paartherapie sinnlos. Ich hab's für mich beschlossen, dass ich die Trennung will. Sie hat ja auch ganz deutlich gesagt: Sie kann aus ihrer Haut nicht raus. Ich habe nie das Gefühl gehabt, von ihr als Mann gesehen oder beachtet zu werden, ich meine als sexuelles Wesen. Ich könnte vor meiner Frau einen Kopfstand machen und dabei einen Ständer haben, sie würde das ignorieren. Während unserer *Wiederbelebungsphase* bin ich mal mit einer Morgenlatte aus dem Bett gesprungen. Nach dem Gang ins Badezimmer hab ich zugesehen, dass ich ihn oben behalte und bin so zurück zu ihr ins Bett, sie hat das mitgekriegt, aber so getan, als wenn nichts wäre. Mit Dani ist das unvorstellbar, sie würde sich sofort auf mich stürzen. Ich mein, ich weiß ja, dass es für eine Frau nicht unbedingt erregend ist, wenn sie einen Mann mit einem Ständer sieht, ich kann bei meiner Frau so wohl kaum Lust erzeugen. Das ist anders, als wenn du als Mann eine Frau mit schönen, nackten Brüsten siehst. Wenn ein Mann Brüste sieht, na hallo ... Aber das scheint wohl auch nicht für alle Männer zu gelten.

Jürgen, 53,
Schauspieler, 7 (eigentlich 32) Jahre verheiratet, 3 Kinder

Mit kecker Zuversicht

Frauen schwärmen für Schauspieler, auch für ihn, den ewigen Typ mediterraner, jugendlicher Liebhaber mit grünen Augen. Aber einen Schauspieler als Partner? Noch dazu einen, der sich nie nach einer Film- und Fernsehkarriere drängelte, der das freie Theater den staatlichen Bühnen vorzog? Und drei Kinder mit einem solchen Mann? Seine Frau hingegen machte nach über zwanzig Jahren ohne Trauschein den entscheidenden Schritt ...

Als wir mal so 'ne krisengeschüttelte Phase hatten, haben wir eine Praxis eingeführt des Einanderzuhörens. Diese Idee hatte meine Frau aus der Familientherapie mitgebracht. Einer darf 'ne halbe, 'ne Dreiviertelstunde lang reden, der andere hört zu. Es war zum Teil unheimlich schwer. Das Zuhören ist mir leichtgefallen, aber das Sprechen? – »Was soll ich dir denn sagen? Ich hab nichts, ich hab kein Problem.« Wenn da aber einer sitzt und wartet ... Fünf Minuten, zehn Minuten kommt vielleicht nichts, plötzlich sagst du doch einen Satz, von dem du nicht wusstest, dass er in dir ist. Vieles liegt einem nicht auf der Zunge, das kommt erst nach und nach, wenn man spricht. Und wenn der andere nur zuhören darf, traut man sich auch mal auszusprechen, was sonst vielleicht nicht ginge. Probleme mit dir, mit dem anderen, mit was weiß ich … Das ist eine Mühle, es ist hart, zu sprechen, aber auch, schweigend zuzuhören. Ich habe gerade einen guten Satz von Clint Eastwood gelesen: Wenn eine Frau schweigt, darfst du sie auf keinen Fall unterbrechen. Für Männer ist es schwer zu lernen, eine Dreiviertelstunde lang zu reden. Das ist zum Lachen, ich weiß, denn ich bin ja Schauspieler, aber das heißt noch lange nicht … Ich bin nicht so der Mitteilsame.

Als ich fünfzehn war, habe ich ein Buch gelesen mit Novellen von Thomas Mann, *Bajazzo* heißt die eine. Ich habe darin eine Maxime gefunden, ganz fantastisch: *Sei, wie du willst, lebe, wie du willst, aber zeige kecke Zuversicht und kein böses Gewissen, und niemand wird moralisch genug sein, dich zu verachten.* Das hab ich mir rausgeschrieben und an die Wand gehängt. Ich glaube, diese Worte haben mich sehr geprägt. *Mit kecker Zuversicht …*

Als ich das erste Mal Theater spielte an meiner Schule, hatte ich einen ganz existenziellen Gedanken. Man las damals Sartre, Camus, da habe ich erkannt: Die größte Freiheit, die ich habe, ist, mir die Rollen, die ich spiele, selbst zu wählen – und eine Rolle spielt man eigentlich immer. Ich habe mir in meinem *Sosein* nie voll und ganz getraut, aus diesem Kerngedanken heraus.

Im Alter von siebzehn Jahren bin ich weg aus dem kleinen Moseldorf, wo wir wohnten, ich habe in A. Abitur gemacht. Ich war wie der junge Held in der *Bajazzo*-Novelle: auf der Suche, lebenshungrig, begeistert von Literatur, Theater, Kunst, ich hatte etwas vor wie Frankfurt, Hamburg oder Berlin. Mit einundzwanzig kam ich als Jungdarsteller für mein erstes Engagement ans Theater in S. – und ich habe meine heutige Frau kennengelernt.

Sie fiel mir bei einer Party auf, ich habe Freunde gefragt:

»Wer ist denn das? Die würde mich interessieren.« Ich war seit ein, zwei Monaten in der Stadt. Die Freunde haben gefragt: »Wann trittst du wieder auf? Wir kucken mal, ob wir sie beim nächsten Mal mitkriegen.«

Ich hatte meine erste Rolle hier, das Stück, das wir spielten, hieß *Der Ackermann und der Tod* von Johannes von Tepl, ein Dialog zwischen dem Tod und einem böhmischen Ackermann, dem seine junge Frau vom Tod genommen wurde. Mein Freund und Lehrer Wolfgang S. hat die Regie gemacht, er war auch der Chefdramaturg, und er hat diesen mehr als fünfhundert Jahre alten Text in eine moderne Fassung gebracht. Ich spielte den Tod, so einen jungen, flippigen Typen. Zum Stadtfest war eine Aufführung in einer Kirche angesetzt. Der herrliche romanische Bau war voll bis auf den letzten Platz – sie saß in der ersten Reihe.

Als der Tod naht, bin ich an die erste Reihe herangegangen, habe sie rausgepickt und direkt angesprochen:

»Nimm die schönste aller Frauen
und zieh von ihr die Form und die Farbe des Schneiders ab,
dann siehst du eine Puppe,
eine Blume, die welkt,
ein Erdenkloß, der zerfällt ...«

Sie ist immer tiefer auf ihrem Stuhl versunken – sie war schön, sie sieht immer noch toll aus, damals hat sie auch als Model gearbeitet. Nach der Vorstellung kam sie zu mir und den Freunden in die Garderobe, es stellte sich heraus, dass sie gar nicht gewusst hatte, wer ich bin. Die Freunde hatten ihr etwas von *Jürgen* erzählt, »Jürgen spielt Theater«, sie dachte aber, es ginge um Jürgen M., der war damals sehr populär.

Es fing dann an mit uns, nach dieser Vorstellung, irgendwie hab ich sie berührt. Zwei, drei Monate später zog sie in eine neue Wohnung, mir gefiel es auch nicht in meiner WG, da bin ich bei ihr eingezogen. Das sollte nur kurz sein, übergangsweise – war es nicht. Seitdem bewohnen wir eine Wohnung, natürlich nicht mehr dieselbe wie die erste.

Unsere Beziehung, unsere Liebe, die stand schon von Anfang an unter anderem Vorzeichen als vielleicht bei anderen. Wir hatten beide gerade eine große Liebe hinter uns, das heißt: Eigentlich kann ich da nur von mir sprechen, bei ihr war es wohl so, dass die große Liebe nicht der Mann unmittelbar vor mir war, aber das weiß ich nicht so genau. Ich hatte mich mit dreizehn ganz furchtbar verliebt in eine Frau, ein Mädchen, M., sie war zwei Jahre älter als ich. Ich habe meinen Idealtyp, meine Idealvorstellungen auf dieses Mädchen konzentriert. Wir sind dann erst ein paar Jahre später zusammengekommen, als ich in meiner Vorbereitungszeit für die Aufnahmeprüfungen an den Schauspielschulen war. Ich bin damals viel rumgereist, die Liebe zu M. lief parallel, es war ein heftiges halbes Jahr, dann war es vorbei, sie hatte die Sache beendet.

Für mich kam mit dem Ende dieser Beziehung die Vorstellung abhanden, dass es die *ideale Frau* gibt, ich habe diese Vorstellung also sehr früh verloren. Ehrlich gesagt war mein Ideal damals stark bestimmt von Haar- und Augenfarbe: der dunkle Typ, das war meiner – meine Frau ist blond. Ich will das mal so sagen: Sowohl vom Aussehen als auch von der konkreten Art her war sie anders als die Mädchen und Frauen vor ihr, die waren eher der dunkle, der mütterliche Typ, meine Mutter ist auch eher ein südlicher Typ, braune Augen, braune Haare.

Wenn Leute von der *wahren Liebe* sprechen, dann verbinden sie damit doch meistens eine Vorstellung von Symbiose. Von solchen Vorstellungen war ich schon himmelweit entfernt, als ich meine Frau kennenlernte, sie auch, wir waren in der Hinsicht beide desillusioniert. Es war nicht diese große Verliebtheit, die es so oft am Anfang gibt. Aber unsere Beziehung hat sich in dreißig Jahren kontinuierlich angereichert. Vor sieben Jahren Jahre haben wir geheiratet. Als Freunde gefragt haben, warum, haben wir gesagt: »Aus Liebe.« Ja, es war eine Liebesheirat.

Es gibt heute noch Kulturen, in denen ist es wie in früheren Jahrhunderten bei uns: Da wird eine Ehe nicht von Verliebten beschlossen, sondern die Eltern arrangieren das. Ich habe schon oft gedacht: Dass in diesen Ehen dann Liebe entsteht, das deckt sich nicht mit unserem Ideal von Beziehung, von Liebe, aber warum soll es nicht funktionieren? Natürlich war bei uns Anziehung da, es war Erotik da. Aber das war nicht verbunden mit der Vorstellung, jetzt den idealen Partner gefunden zu haben. Das finde ich ohnehin heikel, zu denken, es gibt den idealen Partner.

Wenn ich unsren Exaußenminister sehe, die x-te Ehe, immer 'ne jüngere Frau, so was fand ich schon immer langweilig, ich fang doch nicht alle fünf Jahre von vorne an. Es geht doch nicht nur um andere Haut – nicht, dass ich an anderer Haut kein Interesse gehabt hätte, die kannst du auch erleben, ohne gleich alles Bestehende umzuschmeißen. Das Bedürfnis, mit einer anderen neu anzufangen, ist mir fremd. Ich habe bis heute das Bedürfnis, mit *meiner Frau* Neues zu erleben, in jeder Hinsicht.

Viele Dinge waren bei uns eben von Anfang an anders als bei anderen. Bei uns gab es immer Neues, Veränderungen, Dinge, die wir gemeinsam angefangen haben. Es hat aber auch jeder für sich immer ein sehr erfülltes Leben gehabt. Mir wäre es ein Gräuel, eine Frau *zu Hause* zu wissen, wir waren immer gleichwertig in dem, was wir gemacht haben. In unserer ersten Zeit habe ich neben der Theaterarbeit sieben Jahre Komparatistik, also Allgemeine und Vergleichende Literaturwissenschaft, studiert, meine Frau hat ihr Erstes Staatsexamen fürs Lehramt gemacht, in der Erwachsenenbildung, auch therapeutisch gearbeitet.

Heiraten wollten wir nie. Obwohl, ich muss sagen, als das erste Kind kam, wurde es ganz stark thematisiert, auch von Elternseite, für uns war klar, dass wir nicht heiraten. Wir haben nie Nachteile gehabt dadurch, auch nicht dadurch, dass wir unsere Kinder nicht getauft haben. Es gab höchstens mal Einspruch von Gleichaltrigen: »Wie könnt ihr euren Kindern das antun?« Ich hatte kein Problem damit, unsere Kinder trotzdem im katholischen Kindergarten anzumelden, ich bin hingegangen – mit kecker Zuversicht – und habe gesagt: »Aber getauft sind die nicht.« Meine Frau ist nicht mehr in der Kirche, ich bin noch drin. Ich bin noch in der Kirche aus Dankbarkeit. Die rheinisch-katholische Kirche ist bunt, farbenfroh, feierfroh, ich verdanke ihr meinen Sinn für Theatralik.

Unsere drei Kinder haben den Nachnamen meiner Frau, den mögen sie sehr, er ist frech, aufrührerisch. Die Vornamen, die kommen stärker aus meiner Familie. Der erste heißt Max – heute ist der Name sehr beliebt, damals, als Max geboren wurde, hieß es: »So ein Katzenname.« Ebenso bei Minka, unserer älteren Tochter. Unsere jüngste Tochter heißt Karla – ich selbst hatte keine Großmütter, die mich gern hatten, die eine war tot, die andere hat mich nicht gerade mit Zuneigung überschüttet. Aber ich hatte eine Tante, die mich gern hatte, Karla.

Unsere jüngste Tochter hat das erste Mal mit vier Jahren zu uns gesagt: »Ich reise um …« Wir waren offenbar unzumutbar, wir waren anders, und unsere Kinder passen zu uns, so unterschiedlich sie sind: Mit dreizehn, vierzehn hat Karla ihren Rucksack gepackt und ist richtig losgelaufen, unsere ältere Tochter Minka hat sie zurückgeholt. Mit sechzehn war Karla ein Jahr in Frankreich. Sie hat sich mehr und mehr abgekoppelt, vor anderthalb Jahren ist auch sie ausgezogen, sie war eben immer sehr selbstständig.

Uns geht es als Paar insgesamt gut, nach dem Weggang der Kinder ist niemand von uns auf irgendeine Weise in ein Loch gefallen. Jetzt ist gerade 'ne Phase, da stellt sich die Paarproblematik gar nicht, es gibt mehr Familiengezwiste, unschöne Erlebnisse im Verwandtschaftsumfeld, bei denen meine Frau und ich zusammenstehen, was sehr wichtig ist. Beruflich starten wir beide durch. Das Verbindende, die Kinder, fällt weg, es fällt auch vom Zeitlichen her weg. Ich bin erstmals seit fünfundzwanzig Jahren nur mit meiner Kunst beschäftigt, wie ich es seit Ewigkeiten nicht mehr kannte. Das ist was Tolles. Meine Kunst hatte ich zurückgestellt, weil ich die Familie, die Erziehung mit demselben zeitlichen Aufwand betrieb wie meine Frau. Es gab Zeiten, da habe ich regelmäßig zehn Wochenstunden nur mit Fahrdiensten verbracht, Hausaufgaben, Gespräche sind da nicht mitgerechnet. Ich kann im Moment drei, vier Projekte abwickeln, ich habe Zeit zu schreiben, das war früher immer mühsam. Auch wenn alle aus dem Haus waren – bis Ruhe eingekehrt war, bis man in Schreibstimmung war … Jetzt habe ich den ganzen Vormittag Stille, nichts und niemand ist im Haus.

Ich war nie und bin nicht vergleichbar mit Schauspielern an einem großen Theater, die zehn, zwölf Rollen spielen im Jahr. Ich bin Freiberufler, ich hab ein Projekt im Jahr, wo ich Regie führe, das sind meist kleinere Stücke, die ich umgeschrieben oder selbst geschrieben habe, alleine oder mit Partner. Ich weiß schon, dass viele den Beruf Schauspieler toll finden, aber eigentlich wissen sie gar nicht, was den Beruf ausmacht. In der Öffentlichkeit gibt es ein Bild, das von den Medien produziert wird. Viele sind enttäuscht, wenn sie mitkriegen, dass ich im Hinblick auf Fernsehen, Film nichts mache. Quasi *nur* Theater: »Ach, und nicht am Staatsschauspiel?« Nein, freies Theater, eigene Produktionen, Arbeit mit Laienschauspielern, Theater-Workshops. Die Bewunderung schrumpft im Zweifelsfalle mit jeder Nachfrage. Meine Frau hat mich nie bewundert, sie fand es immer o.k., was ich mache, sie hatte von Anfang an bis heute Respekt in Hinblick auf meine Arbeit, so wie ich Respekt für ihre Arbeit habe.

Es gab unterschiedliche Phasen, in denen wir verschieden engagiert waren. Meine Frau hat zum Beispiel eine Ausbildung zur Familientherapeutin gemacht, das war sehr aufwendig, zeitlich, finanziell. Ich habe das voll mitgetragen. Hinterher haben wir beide gesagt: Klasse, das hat sich gelohnt. Es hat so viel Neues in die Beziehung gebracht. Wenn jemand sich voll auf eine Sache konzentriert, dann ist er 'ne Weile weg, aber ich hab die Erfahrung gemacht, er kommt vollbepackt wieder.

Vor zehn Jahren hatte ich vehemente gesundheitliche Probleme, wo es nicht sicher war, wie es weitergeht. Ich hatte damals einen Krankheitsschub, ich war stark eingeschränkt, ich war gehbehindert, meine Feinmotorik war gestört. Für die Diagnose gab es drei, vier verschiedene Prüfungen, Untersuchungen. Es wurde eine Rückenmarkpunktion gemacht, eine Computertomographie, es gab ein EEG, die physischen Reflexe wurden geprüft. Ich nahm die Ergebnisse zur Kenntnis, auch die Diagnose, auf die sie hindeuteten: Multiple Sklerose. Es gibt teure medizinische, pharmazeutische Therapieverfahren – ich beschloss für mich: null medizinische, pharmazeutische

Therapie. Ich habe einen guten Psychotherapeuten gesucht, den auch gefunden, ansonsten … Ich habe mein Leben umgestellt, ich wollte den Stress rausnehmen, und das ist mir gelungen. Innerhalb von einem halben, Dreivierteljahr bildeten sich alle Symptome komplett zurück. Ich hatte seitdem nichts mehr. Wenn man mich wieder in eine Röhre schieben würde, würde man vielleicht Entzündungsherde im Körper ausmachen können. Ich weiß nicht … Ich hab nie wieder einen Neurologen gesehen. Es gibt Tage, da plagen mich kleine Wehwehchen, ich denke dann: Das könnte vielleicht … Aber hätte ich nicht dieses Wissen, dass da was war, würde ich es für ganz normale Alterserscheinungen halten.

In dieser Krankheitssituation damals gab es zwei Menschen, die ganz Wichtiges getan haben. Der eine war meine Frau. Sie hat gefragt: »Willst du mich heiraten?« Das hatte nichts zu tun mit Materiellem, Lebensversicherungen … Der andere Mensch war meine Schauspielpartnerin B., mit ihr habe ich ganz viele Zweipersonenstücke, Kabarettaufführungen erarbeitet, sie hat gesagt: »Unser Projekt – jetzt erst recht.«

Unsere Hochzeit war ein Riesenfest. Was sie unterschied von anderen Hochzeiten, die in erster Linie Familienangelegenheiten sind, war sicherlich: Es waren hauptsächlich Freunde und Wegbegleiter der vergangenen vierzig Jahre da, aus ganz verschiedenen Lebensphasen, die sind für uns sehr wichtig. Unsere Familien sind klein: unsere Mütter, unsere Geschwister – unsere Väter sind beide bereits gestorben. Die Standesbeamtin war eine ganz Nette, sie sagte, sie mache das schon seit fünfundzwanzig Jahren, aber unsere Eheschließung sei ein Novum: Es war das erste Mal, dass das Stammbuch schon vor der Ehe vollgeschrieben war, da waren drei Kinder eingetragen, für mehr war gar kein Platz vorgesehen. Unsere Hochzeit … Ich habe keine Änderung festgestellt seitdem, es gab Ereignisse, die prägender waren, die Geburt der Kinder, dass die Kinder jetzt aus dem Haus sind.

Manchmal ist es ja so, dass der Partner geht, wenn der andere krank wird. Eine Beziehung, die nicht flexibel genug ist, hält wirklich ernsthafte Erkrankungen nicht aus. Bei MS-Kranken gibt es ganz oft diese Konstellation, ich arbeite mittlerweile sehr viel mit MS-Erkrankten, wir machen Theaterarbeit zusammen. Ich lerne in dem Kontext sehr viel. Die Körperausscheidungen, die Funktion der Sexualorgane – das ist kein Grund zu Heiterkeit, wie sich das entwickeln kann … Das ist kein Thema, über das du normalerweise in größerer Runde sprichst, aber ich habe gelernt, darüber zu reden, um mit den Menschen umgehen zu können, mit ihnen arbeiten zu können. Wenn man zur Kenntnis nimmt, dass es so sein kann, dass die Beeinträchtigungen zunehmen, ob nun durch Krankheit oder durch Alter, dann werden Fantasien in Gang gesetzt.

Mein Leben, das hat auch mit Verzicht zu tun. Ich bin viel weg, zehn, zwölf Wochen im Jahr bin ich in der Schweiz. Vor zehn Jahren haben wir damit angefangen, regelmäßig dorthin zu fahren, das war, nachdem ich krank war, auch ein Schritt, den Stress zu verringern. Zum Jahresanfang plane ich meine Zeit in der Schweiz, andere sagen: »Das kannst du doch nicht machen, das geht doch gar nicht.« Doch, das geht, ich plane diese Tage, und dann bin ich weg. Nach Möglichkeit ist meine Frau auch da, als Lehrerin hat sie ja Ferienwochen, die sie nicht unbedingt am Wohnort verbringen muss. In der Schweiz haben wir ganzjährig einen Wohnwagen stehen, in der Nähe von Interlaken. Im Winter verbringe ich da die Zeit mit Skifahren, Kochen, Trinken, Lieben. Im Sommer mit Wandern, Kochen, Trinken, Lieben. Wir haben im Alltag Zeiten, Wochen, in denen wir keinen Sex haben, durch den Beruf, sonstige Aktivitäten, es ist nicht mehr so sehr das Bedürfnis da nach einem Quickie. In der Schweiz ist das anders, dort, in der Ruhe ...

Ich stehe gerne früh auf, meine Frau nicht. Wenn sie sich dann dazugesellt, habe ich schon richtig was geschafft am Schreibtisch. Ich hab mein Notebook dabei und ein paar Manuskripte, ich arbeite ad libitum. Ich schreibe dort viel, es geht dort besser als überall anders. Wenn ich hier bin, also hier in Deutschland arbeite, habe ich kein freies Wochenende, da wird sieben Tage die Woche durchgearbeitet. Ich möchte dahin kommen, dass ich durch die Einkünfte vom Schreiben mehr leben kann, also von Drehbüchern, Theaterstücken, und ich sehe, das geht auch.

Vor ein paar Jahren, mit Ende vierzig, hat meine Frau noch eine Referendarzeit durchgezogen, damit sie an der Schule, an der sie gearbeitet hat, bleiben kann. Das war eine furchtbar anstrengende Zeit, aber sie ging in diese Referendarzeit mit großer Lebenserfahrung, sie hatte in den verschiedensten Zusammenhängen gearbeitet, sie hatte keine Sinnprobleme. Jetzt ist sie seit knapp zwei Jahren durch, fest angestellte Lehrerin und hat die Aussicht, noch fünfzehn Jahre in diesem Beruf zu arbeiten. Sie ist glücklich als Lehrerin, sie macht viel Elternarbeit, es geht um die Frage, wie man die Eltern mit einbeziehen kann, ich finde es toll, was sie da macht.

Natürlich hat sich jetzt durch ihre feste Anstellung unsere finanzielle Situation entspannt im Sinne von: Es gibt jetzt mehr Sicherheit, Sicherheit, die wir früher nicht hatten. Geld kann ja nicht nur zum Problem werden, wenn es zu wenig ist, bei manchen Paaren ist es ja auch ein wichtiges Thema, wer was verdient. Meine Mutter war Gemeindeschwester, sie hat so hundert, dreihundert Mark bekommen im Monat dafür, dass sie die Leute versorgt hat. Dann kam die moderne Sozialstation ins Dorf, meine Mutter wurde gefragt, ob sie da arbeiten will. Sie wurde eingestuft nach ihrer Ausbildung, das war ja eine sehr gute. Plötzlich hatte sie bei der ersten Gehaltsabrechnung eintausendsechshundert Mark auf der Abrechnung. Mein Vater hat gestaunt, er konnte es nicht fassen, er hat gesagt: »Das ist wohl gleich für mehrere Monate.« Meine Mutter hat gesagt: »Nein, für einen.« Mein Vater war Kellereiarbeiter, wenn er viel verdient hat, waren das mit allen Zulagen, Überstunden so tausend Mark. Und nun das Geld von meiner Mutter – er hat nie wieder darüber gesprochen.

Wir haben immer gegenseitig beim anderen die Zeiten mitgetragen, in denen es bei einem von uns nicht so lief. So konnte es immer weitergehen, bis heute. Es gab bei uns keine Phasen, in denen von Trennung die Rede war. Es gab Ausbrüche, Konflikte, Streit, der wird dann ausgetragen, lautstark und kräftig, das sind starke Entladungen. Als wir dieses Reden-und-Zuhören-ohne-Unterbrechung eingeführt haben, hat das unsere Gesprächskultur über die Beziehung nachhaltig geändert, das war ein Umgang, den ich so nicht kannte, der mir anfangs sehr schwerfiel, mir unangenehm war, der aber letztlich unglaublich produktiv war, gerade für mich. Wir haben uns auch durchaus therapeutische Unterstützung geholt. Meine Frau weiß besser als andere, wie gut es ist, manchmal von draußen draufzukucken. Die meisten Menschen leben mit der Hybris, selber zu sehen, was wirklich wichtig ist, aber das schafft man oft nicht. Es gibt wenige Instanzen in der Gesellschaft, die einem den Spiegel vorhalten, viele sehen es als Scheitern, wenn man sich Hilfe holt, wir nicht.

Meine Frau und ich haben gelernt, die jeweiligen Veränderungen des anderen positiv zu sehen. Wir haben bis heute nicht aufgehört, uns zu entwickeln. Das Gefühl der Verliebtheit kommt in langjährigen Beziehungen wieder. So viele Männer verlieben sich in Autos. Bei mir sind es andere Dinge, aber eben auch immer wieder Menschen. Ich bin jetzt in dem Alter über vierzig, wenn man da neue Leute kennenlernt, dann ist es so: Die Männer sind meist gesettelt, die erleben viel Langeweile, die sind auch langweilig. Bei Frauen ist das anders, sie sind die interessanteren Menschen in fast jeder Beziehung, ich bin fast nur mit Frauen befreundet. Umgekehrt ist das bei meiner Frau genauso: Sie hat sehr viele gute, nahe Freundschaften mit Männern aus ihrem Sport. Die fahren zum Beispiel auch zusammen zu ihren Meisterschaften, bundesweit, europaweit. Ich kenne die Namen von denen, die dabei sind, sie erzählt mir ja viel. Manche, die aus der Kante sind, kenne ich auch persönlich.

Mein Verdacht hat sich bis heute bestätigt: Es scheint nicht so zu sein, dass es den idealen Partner gibt. Das Ideal ist doch mehr ein Puzzle, es ist wohl nicht so, dass ein Partner oder eine Partnerin alles erfüllen kann, alle Vorstellungen, die man vom anderen Geschlecht hat.

Meine Frau hat gerade ein Sabbatjahr beantragt, in sechs Jahren machen wir das, das ist genau in der Mitte der Zeit, die noch bleibt bis zu ihrer Pensionierung, das ist mittendrin. Da wollen wir so 'ne richtig große Tour machen. Diese Situation, gemeinsam ungeplant Zeit zu haben, die kennen wir ja gar nicht. Vielleicht machen wir eine Weltreise, vielleicht bauen wir uns ein Haus in der Schweiz?

Ich finde toll an ihr, dass sie, wie ich, auch mehr *vor* sich sieht als hinter sich. Die Gedanken projizieren sich bei mir nicht nach hinten. Was gewesen ist, ist richtig gewesen. Nach vorne sehe ich immer einen Potenzialtopf, ein Möglichkeitskörbchen, ich weiß, dass es da ist, ich mache Pläne für die

Zukunft, ich habe Visionen, an denen ich mich orientiere, ich gerate nicht ins Trudeln, wenn Dinge mir den direkten Weg versperren. Ich habe für mein Leben, für meine Partnerschaft kein Programm, man handelt nach den eigenen Erfahrungen.

Bei ihr sind die Dinge, die die Zukunft betreffen, konkreter, bei mir verschwommener. Früher hat das zu stärkeren Irritationen geführt, weil ich zu versponnen dachte, sie zu straight, wir haben uns schön angenähert, der Blick geht nach vorne, nach vorne auf Gemeinsames. Jetzt arbeiten wir beide dran, gemeinsame Dinge, die wir machen wollen, in unseren Alltag zu kriegen. Wie sagt man so schön – wir sind gut aufgestellt.

Ich hatte immer die Vorstellung, dass vieles möglich ist, und das Spektrum der Möglichkeiten wird nicht kleiner, eher größer. Ich habe nicht diese typische Midlife-Crisis, wo die Welt enger wird, enger im Sinne von: Was noch vorstellbar ist. Ich kann mir vieles vorstellen, ich denke, dass ich noch viel Neues entdecken werde. Ich werde nicht mehr den Romeo spielen in Berlin, ich werde gar keinen Romeo mehr spielen, aber warum sollte ich nicht noch Theatererfahrung machen in Berlin, Frankfurt, München? Ich bin sehr lebenshungrig geblieben. Für bestimmte Dinge brauche ich finanzielle Grundlagen. Für andere gar nicht.

Ich denke bis heute sehr viel über den Beruf nach. Ich sehe mich oft in der Zwickmühle, ich kann selber oft nicht entscheiden, was ist *Ich* – oder möchte ich einem Bild entsprechen, das mein Gegenüber vielleicht von mir hat? Dabei ist es doch so: Es gibt kein festes Bild, das ist doch mehr so etwas Oszillierendes. Ich weiß nicht, ob ich da naiv bin, ich freu mich auf die nächsten fünfundzwanzig Jahre. Gestern träumte ich, dass ich hundertzwei Jahre alt werde. Und davon gerne möglichst viele mit meiner Frau.

Heiko, 60,
Manager im Ruhestand, 38 Jahre verheiratet, 2 Kinder

Mallorca? Schön, wie immer

Männergruppen – wer da an softes Lasst-uns-mal-drüber-Reden denkt, liegt bei dem agilen Heiko falsch. Mit Managerkollegen geht's zum Segeltörn ins Baltikum, im Mai oder September steigt er mit der Mallorcatruppe in den Flieger, und zu Hause trifft er die Nachbarn auf dem Tennisplatz. Zum Unwillen seiner Frau pocht Heiko auf seine Freiräume. Aus seiner Sicht hat sie schlicht den Anschluss verpasst – aber nie würde er Susanne fallen lassen und das Leben in dem gemeinsamen Haus im Rheinland aufgeben ...

Neulich hieß es in einer Umfrage: Das deutsche Paar spricht im Durchschnitt acht Minuten am Tag miteinander. Manche reden sicher auch nur zwei Minuten, andere eine Stunde. Für uns käme das mit den acht Minuten wahrscheinlich sogar hin, ich kann nicht sagen, dass ich je viel geredet hätte, so war das eigentlich schon immer. Als ein Bekannter mal nachfragte: »Sprecht ihr eigentlich viel miteinander?«, musste ich gar nicht nachdenken: »Nö.« Was soll ich also groß erzählen von unserer Ehe?

Ich hab mit zweiundzwanzig geheiratet, sie war zwanzig, das war damals nicht ungewöhnlich. Ich hatte die Überlegung: Wir sind sowieso zusammen, du musst zum Bund, wenn wir heiraten, kriegst du sechshundert Mark extra. Das war natürlich nicht mein offizieller Heiratsantrag, verlobt waren wir ja schon. Man kriegte ja auch keine Wohnung, wenn man nicht verheiratet war. Bei den anderen in unserem Alter war es genauso: Man war verlobt, man hat geheiratet, dann hat man Kinder bekommen.

Wenn man sich kennenlernt, arbeiten ja meistens beide, man ist an einem gemeinsamen Punkt, so war das bei uns auch. Sie hatte Erzieherin gelernt, ich hatte nach der Bundeswehr einen guten Einstieg in der Stahlindustrie. Es kommt das erste Kind, die Frau bleibt zu Hause, und es wird alles anders. Es wird anders, wenn man nicht sagt: »Ich bleibe dran an der Welt.« Irgendwann schließt sich sonst die Arbeitswelt vor dir.

Ich hab ihr damals gesagt: »Du brauchst nicht zu arbeiten, wenn du nicht willst.« Sie hat sich eingerichtet mit den beiden Kindern, ihrer Volkshochschule, ihrem Sport. Meine Frau war schnell in so einem Schema drin: Kinder, Montag, Dienstag Sport, Donnerstag Zeichengruppe oder wie auch immer. Über viele Jahre gab es bei ihr nichts Neues, vielleicht noch mal ein bisschen Kartenspiel.

Ich war meistens nicht vor neun zu Hause. Man hat seinen Job gemacht, durchaus auch Karriere. Ich liebe den Erfolg, für mich galt immer: Man muss mehr tun als der Normale. Dinge, die bei der Arbeit passieren, Dinge, die man in der Freizeit so macht, das ist und war zu Hause kein Thema. Vor allem, weil bei ihr kein Interesse da war. Sie hat immer nur gesagt: »Bist du schon wieder unterwegs?« Ich hab gearbeitet, war am Wochenende auf dem Sportplatz, bin mit den Leuten vom Sport weggefahren, das mochte ich nie missen.

Meine Frau hat über die Jahre immer wieder gesagt, wenn es darum ging, mich zu irgendwas Beruflichem zu begleiten: »Ach, was soll ich da, da kenn ich ja niemanden, da ist alles fremd für mich.« Ein sehr guter Bekannter von uns, der kennt uns, seit wir ein junges Paar waren, der sagt: »Als ihr euch kennengelernt habt, seid ihr beide Ente gefahren. Heute fährst du Porsche, und sie sitzt immer noch in der Ente.« Ich finde diesen Vergleich sehr passend. Aber ich würde meiner Frau davon nie erzählen, aus Rücksicht. Denn das ist schon diskriminierend: Sie ist irgendwie zurückgeblieben, stecken geblieben in den Siebzigerjahren, während ich durch die Gegend gebraust bin und bis heute brause.

So was ist bei meiner Frau und mir aber natürlich nicht die Thematik, wenn wir reden. So was nicht, auch nicht Wirtschaft, Politik, Gesellschaft. Es ist bei ihr kein Interesse da, und zum Diskutieren muss man Wissen haben, sich eine Meinung bilden ... Letzten Mittwoch waren wir zusammen bei einer Abendveranstaltung, Anlass war ein Geburtstag: Es waren viele interessante Leute da, viele Journalisten, es gab gutes Essen, gute Weine, es wurde über Staat und Wirtschaft geredet. Das waren spannende Gespräche, Susanne sitzt bei solchen Gesprächen, die doch Spaß machen, meistens nur stumm daneben.

Als ich im Frühjahr in den Ruhestand ging, hat meine Frau vielleicht etwas anderes erwartet, davon gehe ich aus, so genau rede ich mit ihr darüber nicht. Sie hat sicher gedacht: Die Kinder sind aus dem Haus – nun betüter ich ihn. Unsere Tochter war ein Nachzügler, sie hat hier studiert und lange zu Hause gewohnt, sie ist erst letztes Jahr ausgezogen.

Ich weiß noch, ich war den ersten Tag zu Hause, ein Donnerstag. Beim Frühstück hat meine Frau mich gefragt: »Was möchtest du zum Mittagessen?« – »Mittagessen?« Ich will kein Mittagessen, ich will frei sein, unterwegs sein! Gut, morgens lange beim Frühstück sitzen, ein, zwei Stunden Zeitung lesen, das mach ich, da bin ich zu Hause, aber dann ... Ich bin wirklich ziemlich oft unterwegs. Dieses Leben, die Kontakte, das Eingebundensein, etwas bewegen können – das ist meine Welt. Ich such mir für jeden Tag was, auch um mich abzulenken vom Stress zu Hause, wenn man mit anderen Menschen zusammen ist, befreit man sich davon. Einfach nur noch zu Hause sein, so wie meine Frau es wohl erwartet hat, das kann ich überhaupt nicht, da würde ich lieber wieder richtig arbeiten gehen. Aber das muss ich nicht, ich mach noch ein paar Stunden für das Unternehmen, bestimmte Projekte. Außerdem mach ich viel Ehrenamtliches, viel mit Jugendlichen, und dann natürlich weiter jede Menge Sport und Reisen, ich hör doch nicht plötzlich auf, zum Sport zu gehen, Leute zu treffen.

Ich bin dieses Jahr schon auf der Ostsee Richtung Baltikum gesegelt, auf Mallorca, den Kanaren, da war ich gerade fünf Tage. Dass ich alleine fahre, hat sich über Jahre so entwickelt, das ist schon ewig so. Ich habe mit Golf angefangen – das brachte zusätzlich Gelegenheit wegzufahren. Ich spiele mittlerweile sicher, heute war ich schon um neun auf dem Platz, ich hätte bis achtzehn Uhr bleiben können – eigentlich ist Golf zu zeitintensiv. Ich bin schon gefragt worden: »Wieso macht deine Frau nicht mit?« Stimmt ja, das ist ein guter Sport für Paare, man muss ja nicht die ganze Zeit zusammen über den Platz laufen, aber man könnte es gut. Ich habe versucht, meine Frau dazu zu bringen, wenigstens mal mitzukommen, aber sie sagt: »Ach nein.« Kein Interesse.

Familienurlaub hat es auch immer gegeben, aber der war mit Stress verbunden, weil man von morgens bis abends zusammen war. Du musst ständig Rücksicht nehmen – sie hat keine Lust auf Sport, Klettertouren, Segeln, einfach mit dem Bike irgendwohin fahren. Die Interessen sind unterschiedlich, das hat man ja sehr häufig. Es ist aber nicht so, dass meine

Interessen einfach so durchgehen, in Ordnung sind, sie fragt bis heute: »Spielst du schon wieder Golf?« Ich bin bei uns der Kontaktfreudigere, ich habe immer gerne Sport gemacht, und beim Sport lernt man ja auch bestimmt Leute kennen. Ich werde heute noch von den Kollegen angerufen: »Du, Heiko, hast du gehört …« Ich sag: »Noch hab ich nichts gehört, aber ich frag mal Müller – morgen spiel ich mit dem wieder Golf.« So geht das.

Pro Woche bin ich bestimmt zwei Tage tagsüber zu Hause, dann red ich auch mit meiner Frau. Aber wir entfernen uns immer mehr voneinander. Schon vor Jahren hab ich vorgeschlagen: getrennte Schlafzimmer. Die haben sich bewährt, das ist ein Trend, wir sind nicht die Einzigen. Das bringt auch wirklich eine gewisse Entspannung in die Beziehung, du kannst lesen, so lange du willst, vorm Schlafen fernsehen, schnarchen, ohne dass es stört, wer zuerst aufsteht, muss keine Angst haben, den anderen zu wecken.

Ich brauche auch zu Hause Raum für mich. Als unsere Tochter ausgezogen ist, haben wir ihren Bereich für Gäste eingerichtet, ein großes Zimmer im oberen Stockwerk, eigenes Bad, Aufgang zum ausgebauten Dach mit Terrasse. Wenn ich mal alleine sein will, zieh ich mich dahin zurück. Wie oft ist Susanne dann da hochgetapert gekommen und hat mich gestört! Aber was willst du machen?

Nach außen wird noch der Schein gewahrt. Denke ich, ich merke das ja nicht so richtig, ich weiß nicht, was sie wem erzählt, was die Kinder wissen. Ich halt mich zurück. Ich denke ja auch nicht an Trennung. Viele leben sich auseinander, genau wie meine Frau und ich.

Meine Frau hat Freundinnen, vielleicht sechs, sieben. Was sie denen erzählt, ob sie sich beklagt, weiß ich nicht. Neulich war ich bei einem Weinfest, meine Frau kam später mit der Freundin nach, wir haben uns begrüßt, die Freundin hat sich ganz schnell von mir weggedreht, ich hatte das Gefühl, sie wollte nichts mit mir zu tun haben. Die beiden sind dann auch weitergezogen, um Mitternacht waren sie dann doch bei uns in unserer Runde dabei. Ich hatte das Gefühl, die Freundin will meine Frau irgendwie beschützen. Aber wie gesagt: Ich weiß es nicht.

Ich kenne viele Gruppen, also Gruppen, in denen Männer zusammenkommen, zusammen unterwegs sind. Da sind einige Konstellationen dabei, da kannst du nicht im Ansatz über wirklich Privates reden. In anderen Gruppen gehen die Männer offen mit allem Möglichen um. Unsere Mallorcagruppe zum Beispiel, mindestens einmal im Jahr fahren wir zusammen weg. Wir sind fünfzehn, zwanzig Mann, man verteilt sich auf Doppelzimmer, so, wie man zusammen auskommt. Da gibt es keinen Zwang, kein festes Programm. Die Frage ist: »Wollen wir was zusammen machen?« Früher haben wir viel Tennis gespielt, das gibt es heute noch, aber es fährt eben auch eine Gruppe nach Palma, eine wandert in den Bergen. Nachmittags um drei, vier treffen sich welche beim *Bierkönig*, da wird dann auch schon mal nachmittags ein bisschen Gas gegeben. Was wir immer machen, das ist ein richtiges Ritual: Wir gehen essen beim Spanier, achtzehn Uhr, es werden Tische reserviert. Da wird schön gegessen, getrunken. Der eine sagt vorher: »Ich hab da noch zwei Mädels.« Der andere sagt: »Ich hab drei. Können wir die mitbringen?« Klar, wenn die fünfundzwanzig Euro bezahlen. Da sitzen dann so achtzehn bis fünfundzwanzig Leute am Tisch. Es wird viel gelacht. Da würde keiner sagen: »Trink nicht so viel.« Das ist anders, als wenn man mit seiner Frau unterwegs ist.

Früher waren wir auch morgens um fünf noch in der Tapas-bar. Manchmal ergeben sich Dinge … Was wer dann macht, mit wem, das wird registriert, aber das ist es auch schon. Es ist doch so: Im September tummeln sich bestimmt fünfzehn-tausend Menschen auf Mallorca, zwei Drittel sind verheiratet, aber die meisten sind alleine da. Da wird alles Mögliche ge-macht, wir erzählen uns auch viel, aber wenn man zu Hause aus dem Flugzeug wieder aussteigt, lässt man das alles hinter sich. Wenn von den Ehefrauen die Frage kommt: »Wie war's?«, dann sagt man: »Schön, wie immer.«

Susanne macht Sprüche: »Was du für Freiräume hast, das hat keiner.« Also, das stimmt natürlich nicht, ich fahr ja schließlich nicht alleine. Ich leg nur die Karten auf den Tisch und sage: »Ich will das, ich fahre.« Andere machen das anders, einer sagt zu seiner Frau: »Für hundert Euro nach Mallorca – da muss ich mitfahren.« Er überweist dann offiziell hundert Euro, und fünfhundert Euro drückt er Karsten, der die Reise für alle organisiert, so in die Hand, das kriegt seine Frau gar nicht mit. Einige von uns sind ja auch schon das zweite oder dritte Mal verheiratet, da wird von vornherein mit der Frau abgemacht: »Meine Mallorcareise, die Segeltour – das geb ich nicht auf.« Das ist dann eine feste Vereinbarung.

Machen wir uns nichts vor: Es gibt richtige Treffpunkte in Deutschland, wo sich die Leute, sagen wir mal ab fünfund-vierzig, fünfzig, häufen, und zwar gruppenweise. Ob das nun Tennisfreunde sind, Kegelclubs, Handballer, Männergruppen, Frauengruppen, die treffen sich auf Mallorca, auf Norderney, in dieser Hotelanlage *Sauerland-Stern*, am Rhein.

Männer in unserem Alter, um die sechzig, haben so mit vier-zig ihren ersten Schub gekriegt. Da waren die Ehen in der Krise, da kamen die ersten Scheidungen. Mit fünfzig kommt

dann der zweite Schub: Was mach ich noch mit meinem Leben? Viele haben im Beruf auch noch mal richtig losgelegt. Ich
kenne viele, die auch mit fünfundsechzig noch weiterarbeiten,
nicht weil sie müssen, einfach, weil sie das brauchen. Und um
weiterhin von zu Hause, von der Frau weg zu sein. Man will
nicht zu Hause sitzen und sich fragen: War das alles? Man will
was bewegen, erreichen. Ein bestimmter Teil meines Freun-
des- und Bekanntenkreises, da sind die Männer alle in dieser
Situation, die sind alle so zwischen fünfundfünfzig und fünfundsechzig.

Auf den Kanaren stand ich letztens mit einem Mann an der
Bar, er sagt: »Du musst hier mal auf den Platz gehen.« Wir
reden über Golf, über Thailand. Natürlich kann man da auch
noch was anderes machen, und er fängt an zu erzählen. Plötzlich kriegt er große Augen: »Achtung, meine Frau kommt.« Sie
steht plötzlich neben uns, und ich sage: »Und dann fährst du
wirklich alles mit dem Caddie?« Er: »Bevor ich mich da über
die Hügel schleppe …« Als sie weg ist, sagt er: »Mensch, Heiko, das hast du richtig gut gemacht.« Männer, ich kann nur
sagen: Wenn die die Kohle haben, machen die alle so was …

Ich lasse mich bestimmt nicht scheiden, ich kann doch nicht
einen Menschen einfach wegtun. Ich gelte als harter Hund,
ganz bestimmt, aber ich habe einen weichen Kern, ich möchte,
dass es allen gut geht.

Natürlich spielte in unserer Ehe immer Eifersucht 'ne Rolle:
»Hast du was mit der?« – »Nein.« – »Und die? Ihren Namen
erwähnst du jetzt schon zum dritten Mal.« – »Nein, ich hab
nichts mit der.«

Ich hab noch so eine Runde, wir haben uns lange nicht mehr
regelmäßig getroffen, jetzt hat das einer wieder in Schwung
gebracht. Was früher bei uns los war! Einmal sagt einer: »Sol-

len wir nicht mal 'ne Party machen, also, 'ne Party mit Frauen?« Ich sag: »Ja, warum nicht mal mit unseren Frauen.« Er sagt: »Mensch, doch nicht mit unseren eigenen Frauen!« Super Idee, war nur noch die Frage: Wer bringt wie viele mit? Eine kleine Bar, sehr exklusiv, sehr schön, wurde gemietet, und dann kamen sie alle: fünfzehn Männer, fünfzehn Frauen – kein Mann hatte seine eigene Frau dabei. Das war wirklich sehr witzig.

Erstaunlicherweise wird unter guten Sportkollegen ganz locker und offen über so was gesprochen. Auch darüber, wenn man mal traurig ist. Was anderes ist unsere Managerrunde, das sind lauter ehemalige Vorstandsmitglieder, Aufsichtsräte, Exverkaufsdirektoren, Europachefs. Nur einer aus der großen Runde ist geschieden – wenn da mal einer was erzählt, also meist ja nur andeutet, also was Außereheliches, wird es nicht gut gefunden, aber es wird dazu geschwiegen.

In der Tennisrunde ist es wieder anders, das ist ein anderer Kreis, die meisten sind hier aus dem Viertel, man kennt sich untereinander, viele Frauen spielen auch im Club, die Kinder sind zusammen zur Schule gegangen. Das ist dichter dran an zu Hause, sobald du da irgendwas erzählen würdest, wird es den Frauen weitererzählt. Denke ich. Neulich saßen wir nach einem Doppel, gemischtes Doppel, noch zusammen, da sagt die eine Tennispartnerin: »Manfred ist zu den Kindern nach Bayern gefahren. Mensch, bin ich froh, dass er mal weg ist.« Das war ein Höchstmaß an Offenheit – was sollte man da machen, nachfragen? Lieber nicht.

Ich glaube, meine Frau liebt mich. *Ich* würde nicht wieder mit einer Frau zusammenleben wollen, also, wenn wir getrennt wären, was ja nicht passieren wird. Ich kenne viele Männer, die leben nach der Scheidung alleine, die haben eine Freundin, sie treffen sich zwei-, dreimal die Woche, sehen am Sonntag zusammen den *Tatort*.

Unsere Ehe ist in den letzten Jahren soooo auseinandergegangen, ich krieg die Arme kaum so weit auf, um das zu zeigen. Mit dem Auszug der Kinder ist es noch extremer geworden, aber wir hatten vor Jahren schon das Gefühl: Unsere Ehe ist in einer Krise. Wir sind dann sogar zur Beratung gegangen. Ich hab mich erst dagegen gesträubt. Dann dachte ich: Warum nicht, im Job lässt du dich ja auch beraten.

Erst waren wir bei einer Psychologin, drei Sitzungen. Die hört zu, gut, aber was hat das für einen Sinn, hat das überhaupt Sinn? Nö. Wir haben wieder aufgehört. Dann lasen wir etwas über Coaching, zweimal gemischtes Doppel, ein Psychologe, eine Psychologin und ein Paar. Gut. Da sind wir siebenmal hingegangen, das hat mich tausend Euro gekostet.

Beim ersten Mal ist es ja diese Kennenlernrunde, auch die Fragen: »Willst du was ändern, willst du nicht?« Die Treffen waren hilfreich, durchaus. Aber nach dem vierten Mal bin ich richtig ausgeflippt. Es gab schon mit den Coaches so eine angespannte Stimmung, dann kommen wir raus, steigen ins Auto, ich fahre los Richtung nach Hause. Auf der langen Geradeausstrecke durch die Allee steht plötzlich Polizei, winkt uns an den Rand, meine Frau sagt: »Was hast du denn nun wieder für'n Mist gemacht?« Ich sage: »Ich weiß nicht, was die wollen, wieso meinst du gleich, *ich* hab Mist gemacht?« Die Polizisten ließen uns dann sofort weiterfahren, ohne Papiere sehen zu wollen oder so. Das war das, was wir gerade eine halbe Stunde vorher mit den Coaches besprochen hatten: dass alles um uns rum als Vorwurf an mich verarbeitet wird …

Dazu gehört auch Susannes Eifersucht, darum ging es auch im Gespräch immer wieder: »Da gibt's 'ne andere Frau.« Ich denke, dass ich argumentativ ziemlich gut bin, auch überzeugend was erklären kann, das hab ich dann auch in der Runde gemacht: »Ich will meine Frau nicht verlassen, es gibt keine andere Frau.« Susanne fing immer wieder damit an, sogar der Coach hat dann gesagt: »Ich verstehe Sie nicht, diese Frage hat Ihr Mann doch ausführlich beantwortet.« Im Coaching wurde deutlich: Ich habe immer meine Freiräume gehabt, das war so in Ordnung, das kann ich nicht ändern, das will ich nicht ändern, das werde ich nicht ändern. Ich habe später noch oft zu meiner Frau gesagt: »Denk doch bitte an die Coachingphase.«

In der Beratung haben wir gelernt: Reden in Ichform. Nicht: »Du hast wieder das und das gemacht«, oder »Immer willst du ...« Nein. Nicht: »Du rennst immer zum Sport«, sondern: »Ich bin der Meinung, wir sollten mehr zusammen machen, ich würde gerne Theaterkarten bestellen, willst du lieber diesen Donnerstag oder Freitag?«

Die Coaches haben gesagt: »Nehmt euch einmal die Woche was vor.« – »Da wirst du auch mal das Feuilleton lesen müssen«, hab ich zu ihr gesagt. Es muss ihr doch möglich sein, einmal die Woche einen Vorschlag zu machen, da gibt es so viele Dinge, die möglich sind: Theater, Musical, Kabarett. Wir haben es zweimal geschafft, ein Vorschlag kam von ihr, einer von mir, dann ist es verpufft. Sie hat gesagt: »*Du* hast doch immer die guten Ideen.« Ich konnte nur antworten: »Du musst doch auch mal zu was Lust haben.« Da ist Kreativität gefragt ... Wenn ich sage: »Lass uns ins Elsass fahren«, sagt sie: »Ja, schön.« Aber bei uns ist es so: Die Vorschläge hat immer Heiko gemacht.

Wenn man nicht versucht, aus den Vorsätzen was umzusetzen, hat es doch nichts gebracht, ich versuche, wenigstens zehn Prozent daraus umzusetzen. Immer diese Negativdiskussionen mit ihr, diese Streitereien. Sie schreibt mir Briefe, wenn sie nicht weiterweiß, sie schreibt dann, sie liebt mich. Ich weiß nicht.

Wir streiten uns immer noch über die kleinsten Kleinigkeiten. Wenn ich sage: »Die Wand ist gelb«, sagt sie: »Die Wand ist rot.« Wir einigen uns nicht, dass die Wand vielleicht orange sein könnte. Nein, ich muss ihr *beweisen*, dass die Wand gelb ist.

Neulich sage ich: »Ich muss mir neue Sneakersocken kaufen«, diese Socken, die man in Sportschuhen trägt, die oben knapp rauskucken. Sie sagt: »Du hast doch noch welche.« Ich sage: »Nein, sonst würde ich nicht sagen, ich muss mir neue kaufen.« Sie: »Im Keller, der ganze Sportschrank ist doch voll.« Wir geraten in einen Clinch ohne Ende, ich renne in den Keller, ziehe die Schuhe aus, die Strümpfe, ziehe eins von den Sockenpaaren aus der Schublade an, laufe wieder ins Wohnzimmer hoch. »Sind das Sneakers?« Da kuckt doch normalerweise höchstens der Rand aus den Sportschuhen raus, aber die Dinger gingen bis zur halben Wade. Sie sagt: »Die hast du lang gezogen.« Das sind Dinge, über die wir uns streiten können, nicht über die Frage, wer im Moment die sinnvollste Wirtschaftspolitik im Land macht. Da frag ich mich: Sind wir bekloppt?

Man sagt ja auch viele Dinge, um den anderen mal zum Nachdenken zu bringen. Ich geh da manchmal mit Absicht ein bisschen aggressiver, provokanter ran, mit dem Ziel: Vielleicht denkt sie mal über was nach. Es kann schon sein, dass ich dabei manchmal ihre Gefühle außer Acht gelassen habe. Dabei ist es beim Geschäftlichen so, dass ich immer versuche zu ergründen, was in dem anderen vorgeht. Ich denke: Der andere hat auch sein Ziel, der hat seinen Performance-Kontrakt, was denkt er, wie kriege ich das geregelt, dass wir uns einigen. Ich versuche, mich in sein Denken einzufühlen, auf die Situation einzugehen. Aber das sind Sachfragen, das ist Geschäft. Bei meiner Frau und mir geht es um Gefühle, das ist für mich was ganz anderes. Zu ihr hab ich schon gesagt: »Ich weiß genau, was du denkst, aber es stimmt nicht, was du denkst.« Sie grummelt dann: »Kannst du Gedanken lesen?«

Ich hab Ja gesagt, ich merk, da ist eine gewisse Hilflosigkeit. Also bei Susanne. Bei ihr war da mal was, eine Beziehung, ich weiß das, also das heißt: Eigentlich weiß ich nichts. Ich hab sie nicht drauf angesprochen, nicht gefragt, es interessierte mich nicht. Es ging ja auch vorbei – wenn da überhaupt was war. Eigentlich ist es bitter, wie man so miteinander umgeht. Dass man so wenig voneinander weiß.

Andererseits – wie sehen die Konsequenzen aus, wenn man mehr weiß? Neulich, beim Barbecue-Lagerfeuer, eine schöne Party, sagt die Gastgeberin, die mit ihrem neuen Freund eingeladen hatte: »Die Scheidung von meinem Ex, die wäre doch gar nicht nötig gewesen. Warum musste er das machen – fährt auf die Philippinen, lacht sich eine an, bringt die auch noch mit? Hätte er sich amüsiert, wäre nach Hause gekommen, hätte drei Wochen gewartet, einen HIV-Test gemacht, und gut wär's gewesen, wir wären heute noch verheiratet.«

Susanne ist die klassische Erzieherin-Mutter-Hausfrau, wie es sie früher gab. Sie kocht sehr gut. Sie hat eine gute Kindererziehung gemacht, sie hat heute noch ein gutes Verhältnis zu den Kindern. Sie hält den Haushalt top in Schuss. Meine Frau hat immer gesagt, von Anfang an: »Ich will nicht so ein Leben wie meine Mutter. Ich will nicht so alleine dastehen wie sie.« Das ist eine panische Angst von ihr, Susanne ist nicht mutig. Ich weiß das, ich wusste das immer. Ihre Mutter hat immer gearbeitet, sie war alleinerziehend. Die Bindung ist stark zwischen den beiden, die Mutter wohnt heute in unserer Nähe, Susanne kümmert sich sehr um ihre Mutter, da habe ich durchaus Hochachtung.

Im Frühjahr ist meine Frau achtundfünfzig geworden. Zu ihrem Geburtstag war sie mit drei Freundinnen vier Tage auf Sylt. Als sie zurückkommt, hole ich sie vom Flughafen ab. Zu Hause hatte ich ihr Geschenk liegen: ein Gutschein für einen Wellness-Tag mit mir in einem Fünf-Sterne-Hotel, Massagen, Kosmetik, Candle-Light-Dinner, alles. Ich seh die Frauen aus dem Gate kommen, da zieht sie schon 'ne Fluppe. Ich sage: »Hallo! Guten Flug gehabt?«, und leise zu ihr: »Was ist denn nun schon wieder los?« Keine Antwort. Sie zieht weiter ein Gesicht. Zu Hause geb ich ihr den Gutschein, keine Reaktion, keine Freude. Ich sage: »Was ist los?« – »Ich hätte zumindest erwartet, dass du mit einer Rose am Flughafen stehst.« *Mit einer Rose.* Ja, gut, hab ich nicht gemacht. Hätte ich mit 'ner Rose dagestanden, hätte die wahrscheinlich die falsche Farbe gehabt, 'ne weiße, 'ne gelbe, sie hätte Rot erwartet.

Da ist sie vier Tage auf Sylt, hat 'ne gute Zeit mit den Freundinnen, kriegt den Wellness-Sonntag, und dann das. Ich hab gesagt: »Vielleicht hast du das erwartet oder deine Freundinnen, ich hab's nicht gemacht, gut, kann ich nicht ändern.« Aber ich hab auch gesagt: »Wie kann man neunzig Prozent Gutes vergessen, nur weil zehn Prozent fehlen?«

Christian, 43,
Handelsvertreter, 13 Jahre verheiratet, geschieden,
1 Kind, neue Lebenspartnerin (mit 2 Kindern)

Andere leben auch so ...

Dass seine Frau Sandra nach dreizehn Jahren die Scheidung wollte, hat
Christian zwar überrascht, aber nicht getroffen. Er war sich immer si-
cher: Sie würden eine Trennung gegebenenfalls gut hinkriegen. Die neue
Patchworkfamilie mit seinem Sohn und den beiden Kindern seiner neuen
Freundin Nicole steckt noch in den Anfängen und funktioniert gut – auch
und weil die Ursprungsfamilien ihre Spuren hinterlassen haben ...

Gestern steh ich mal wieder da mit Benni: Brust an Brust,
wie zwei Hähne, er ist einen halben Kopf kleiner als ich.
Benni ist fünfzehn. Er sagt zu mir: »Du bist nicht mein
Vater.« Hat er recht, er ist der Sohn meiner Lebenspartnerin Nicole. Ich sage ihm trotzdem, wie das hier bei uns zu
Hause ablaufen soll, dass eben jeder seinen Teller abräumt und
nicht auf dem Esstisch stehen lässt. Ich hab das Gefühl, Benni
braucht diese Auseinandersetzung, diese Konfrontation mit
mir. Ich glaube, mit seinem Vater Wolfram hat er die nicht, der
Vater nimmt sich an den Wochenenden, an denen Benni mit
seiner Schwester bei ihm ist, nicht groß Zeit für die Kinder. Seit
Nicole bei Wolfram ausgezogen ist, führt die Oma das Regime
im Haus, und die verwöhnt die Kinder nach Strich und Faden,
sie müssen dort im Haus gar nichts helfen.

Wenn ich Benni auf etwas aufmerksam mache, kommt oft erst mal Abwehr. Lustig ist, dass er dann manchmal später Sachen gegen mich verwendet, die ich ihm gesagt habe. Neulich hab ich einen Text, fünfundzwanzig Seiten, aus Versehen dreimal hintereinander ausgedruckt. Benni nimmt die drei Packen aus dem Drucker und sagt zu mir: »Christian, weißt du eigentlich, wie viele Bäume dafür sterben mussten?« Mit denselben Worten hatte ich ihm ein paar Wochen zuvor eine gefühlt hundertseitige Gebrauchsanweisung für irgend so ein Computerspiel hingeworfen, die hatte er sich ausgedruckt, obwohl man sie immer aktualisiert im Internet lesen kann. Natürlich hatte er da wieder rumgenickelt: »Du hast mir gar nichts zu sagen«, aber ich merke: Es kommt bei ihm an, er braucht das geradezu. Und davon lasse ich mich auch von Nicole nicht abbringen – ich sehe, dass sie die Augenbrauen hochzieht, wenn ich mit ihrem Sohn clinche, sie will Frieden. Den will ich auch, aber nicht um jeden Preis. Ich erwarte von ihr, dass sie den Kindern Grenzen setzt, ihren wie meinem Sohn Leon, der ist dreizehn und auch nicht ohne. Das ist manchmal nicht so einfach, weil wir beide so eine kleine Beißhemmung haben, gerade, wenn es um ein Kind geht, das nicht das eigene ist. Aber das ist Quatsch. Ich möchte vor allem, dass Nicole sich nicht alles gefallen lässt.

Schwieriger als der Umgang mit den Kindern ist die Frage, wie wir mit dem jeweils anderen Expartner umgehen – das heißt: Meine Ex Sandra, Leons Mutter, ist völlig unproblematisch. Ganz anders Nicoles Ex Wolfram! Es bringt mich auf die Palme, wenn Nicole für Benni einen Praktikumsplatz in einer Tischlerei organisiert hat, und Papa Wolfram sagt dann: »Wie, Bau? Dafür ist Benedikt doch viel zu unpraktisch.« Hätte *er* sich ja kümmern können! Und überhaupt, was soll das – wenn

Benni sagt, er möchte das gerne machen in der Tischlerei, dann ist doch alles in Ordnung.

Was mich im Grunde am meisten anpiekt: Wenn ich mitkriege, wie Nicole mit Wolfram am Telefon rumstreitet und sich nicht traut, sich durchzusetzen. Ich stell mir dann vor, was früher bei denen zu Hause abgegangen ist. Noch im Nachhinein tut sie mir dann leid, ich möchte sie schütteln und sagen: »Wehr dich.« Gleichzeitig frag ich mich, ob es mit mir auch manchmal Situationen gibt, in denen sie sich unterbuttern lässt, denn das will ich auf gar keinen Fall, sie unterbuttern, dafür ist sie mir viel zu wichtig.

Es ist so: Nicole und ich leben erst seit einem halben Jahr hier zusammen in diesem Haus mit unseren Kindern. Das hätte ich mir vor gut zwei Jahren nicht vorstellen können – da hatte ich ja auch keinen blassen Schimmer, dass Sandra mir die Ehe aufkündigen würde. Wir waren damals zwölf Jahre verheiratet, unser Sohn war elf. Der Grad meiner Unzufriedenheit mit unserer Ehe war gering, unsere Ehe war nicht schlecht, sie war einfach normal, so wie es eben ist nach über zehn Jahren. Gut, ich hab mich durchaus manchmal gefragt: Ist das alles richtig, so wie Sandra und ich zusammenleben? Ich konnte die Frage nicht uneingeschränkt mit Ja beantworten, aber ich habe das für ganz normale Zweifel gehalten, die einen nach einer gewissen Zeit überkommen. Wenn Sandra mir in den letzten Jahren gesagt hat: »Ich lieb dich« – was sie getan hat –, dann war das wahrscheinlich Gewohnheit – so absolut sicher war ich mir da andererseits auch wieder nicht. Ich dachte: Sie denkt, es ist Zeit, es mal wieder zu sagen. Ich konnte mir nicht vorstellen, dass es aus tiefstem Herzen kam, es hatte auch etwas Beschwörendes. Wenn sie mich gefragt hat: »Liebst du mich noch?«, hab ich gesagt: »Na klar.«

Ich dachte manchmal, dass meine Frau nicht hundertprozentig glücklich ist mit mir. Es ist ja keiner dran schuld, dass wir verschieden sind. Denn das war mir im Laufe der Jahre schon aufgegangen: Mir fehlte was mit ihr. Man ging nicht ins Theater, nicht in Ausstellungen. Sie hat in der Freizeit am liebsten auf der Couch gelegen und in Frauenzeitschriften geblättert. Ich habe *3sat* gekuckt, Sandra *RTL*. Mir fehlte es auch, gemeinsam genießen zu können, ein gutes Essen, einen guten Rotwein. Zeit allein zu haben und dann wieder zusammenzufinden, einfach spazieren gehen. Das war auch schon so, als wir uns kennengelernt haben, aber ich habe dem anfangs nicht so eine große Bedeutung beigemessen, das war mir ehrlich gesagt Gurke. Es gab anderes, das wichtiger, verbindender war, das für mich stärker zählte.

Wir waren sehr schnell zusammengekommen, ich war siebenundzwanzig und hatte zwei Beziehungen hinter mir, die jeweils zwei Jahre gedauert hatten, sie war auch gerade getrennt, wir waren beide mehr oder weniger auf der Suche. Es war die große Liebe, wir sind in null Komma nichts zusammengezogen, ein Jahr später haben wir geheiratet, ein Jahr später kam unser Sohn, wieder ein Jahr später haben wir das Haus ausgebaut, das ich von meiner Großmutter geerbt habe. Ich sag mal: Alles, was ich bis dahin so an Erfahrungen gesammelt hatte mit Beziehungen, mit Freundinnen – Sandra war die beste. Wir hatten eine ähnliche Auffassung vom Arbeiten, die haben wir bis heute. Wir haben beide eine familiäre Ader, sie wollte damals alles, was ich in dieser Hinsicht wollte, und wir wollen heute noch beide dasselbe. Auch der Haushalt, wie der aussehen muss, dass man sich eben nicht kaputtputzt, sondern lieber eine Hilfe nimmt und selber freie Zeit hat.

Gefühle, Liebe … Es funktionierte, nein, das ist falsch, ich kann sagen: Es war sehr gut bei uns. Aber es ist normal, dass sich die Gefühle verändern. Als Leon geboren wurde, habe ich mich ein bisschen zurückgesetzt gefühlt, wie das bei Männern so ist. In unserer Firma war gerade Expansionskurs, ich musste mich beruflich mehr reinhängen, da ist alles gut gelaufen, da dachte ich, es läuft auch privat von alleine. Meine Frau hat mir später gesagt, dass sie sich in dieser Zeit sehr alleine gefühlt hat.

In den letzten Jahren unserer Ehe hatte ich einiges geändert für mich. Das hängt mit den Büchern von Paolo Coelho zusammen, ich habe bestimmt elf, zwölf Bücher von ihm gelesen. Letztlich geht es doch darum: Was ist der Sinn des Lebens? Wenn man einmal erkannt hat, dass es den eigentlich nicht gibt, siehst du deinen Alltag viel entspannter. Diese Bücher haben mich über die Jahre dazu ermutigt, im Beruf so zu leben, wie ich es richtig finde. Wenn eine Gruppe von zwölf Leuten zusammensitzt, elf sagen: »Wir machen das so«, und ich finde, nein, wir sollten das anders machen, dann sage ich das. Und wenn es geht, mache ich es auch anders. Ich sage mir oft: Ich probiere das einfach mal. Ich habe ein Bauchgefühl für das, was funktioniert, was nicht funktioniert. Ich hatte mich also verändert, und Sandra hatte das durchaus registriert, sie hat gesagt: »Du bist anders, du hörst zu, du bist mehr zu Hause.« Sie hat das auf Coelho zurückgeführt – für sich da leider aber keinen Zugang gesucht.

Wir hatten sicher eine gute, eine sehr gute Ehe, das sah nicht nur so aus nach außen, das war so. Ganz wertvoll war eben auch, dass wir arbeitsmäßig ähnlich ticken, Sandra leitet eine Abteilung in einer Versicherung, ich bin in leitender Position im Außendienst für Gastronomiebedarf. Also wenn es um Menschenführung geht, darum, wie man mit den Mitarbeitern umgeht, wie man das Tagesgeschäft sieht, den Erfolg, denken wir absolut ähnlich. Wir haben viel darüber miteinander geredet. Diese Gespräche über die Arbeit, unser gemeinsamer Sohn, unser Familiensinn – das hat überdeckt, dass unsere Interessen so unterschiedlich sind.

Ich fand immer, dass die positiven Dinge bei uns überwiegen, auch wenn das Gefühl zu meiner Frau, dieses Wohlgefühl der Liebe der ersten Jahre, die Leidenschaft, irgendwie nicht mehr da war. Was nicht heißt, dass wir nicht mehr miteinander geschlafen haben, das haben wir durchaus. Ich vergleiche diesen Zustand, den wir hatten, gerne mit einem Gummiband, wenn das einmal gerissen ist, kann man es wieder knoten, aber es ist nicht wie ein neues Gummiband. Für mich stand fest: Die anderen leben auch nicht anders. Ich wollte so leben, mit Frau, mit unserem Sohn. Gedanken, dass wir vielleicht einen guten gemeinsamen Lebensabschnitt hinter uns haben könnten, die hab ich gut weggedrückt. Vielleicht ist Sandra mir einfach zuvorgekommen.

Sie saß eines Abends in unserer Küche, es war ein Freitag, unser Sohn war bei einem Freund zur WLAN-Party, also Jungs-Nacht, ohne Schlaf, jede Menge Computerspiele. Sie hatte kein Abendessen vorbereitet, ich wollte eigentlich ein paar Nudeln kochen, das geht ja immer, sie meinte, wir sollten Pizza bestellen. Gut, warum nicht. Sie erschien mir verdruckst. Sie kam dann ziemlich direkt zur Sache, bevor die Pizza geliefert war: »Ich weiß nicht, ob es noch gut genug ist mit uns, ich habe drüber nachgedacht, ob wir nicht besser jeder für sich leben würden.« Ich fiel aus allen Wolken, merkte aber: Ich war nicht erschüttert, entsetzt, schon gar nicht beleidigt. Ich habe sofort gefragt: »Hast du einen anderen?« Sie hat Nein gesagt, da war offenbar wirklich keiner. Ich hatte während unserer Ehe mal das Gefühl gehabt: Sie büxt aus, da läuft was. Das war nach sechs, sieben Ehejahren. Ich hab dann aber auch gemerkt, wie sie wieder zu mir zurückgedriftet ist. Wenn die Frau von sich aus zurückkehrt, muss man nicht fragen: »Was war?« Es gab dann eine Phase, in der wir uns wieder angenähert haben.

So, und nun wollte sie also nicht mehr. Man denkt ja manchmal über so was nach: Was wäre, wenn …? Ich hatte gedacht: Auszuschließen ist es nicht, dass sie irgendwann geht, sie ist selbstbewusst, selbstbestimmt, sie könnte es sich auch finanziell völlig unabhängig von mir leisten. Ich musste mich auch nicht fürchten vor ihrem möglichen Schritt, ich war mir sicher: Wenn sie sich trennen wollte, hätte sie kein Problem damit, in eine Wohnung zu ziehen. Ich hatte auch die Gewissheit, dass eine Trennung nie auf dem Rücken unseres Sohnes ausgetragen werden würde, ich hätte kein Problem damit, Unterhalt zu zahlen, und meine Frau käme nie mit überzogenen Forderungen, vor allem würde sie mir im Fall des Falles nie, nie, nie unseren Sohn streitig machen.

Das waren alles Gewissheiten, die ich natürlich gut fand – es gab viele Dinge, die bei uns absolut stimmten. Es war dann wirklich so, dass Sandra ausgezogen ist, in eine Dreizimmerwohnung in der Stadt, für die hatte sie sogar schon länger einen Vorvertrag, ich bin vorerst in unserem Haus geblieben. Das Auseinanderdividieren war unspektakulär, es gab keinen Streit, keine hässlichen Worte, wir haben uns weiter getroffen, alles für Leon besprochen, der nun auch ein Zimmer in ihrer Wohnung hatte, wir haben auch zu dritt zusammen was unternommen. Parallel lief die Scheidung, wir hatten einen gemeinsamen Scheidungsanwalt. Es war eigentlich alles ähnlich wie vor ihrem Auszug: Für meine Frau hatte ich schon lange Gefühle wie für einen Freund, sie ist der Partner, mit dem man viel mitgemacht hat.

Vor zwei Jahren ist Sandra ausgezogen, ein Jahr später hatten wir die Scheidung durch. Und zu der Zeit habe ich Nicole kennengelernt. Eigentlich muss ich sagen: Ich habe sie das *dritte Mal* und *richtig* und *endgültig* kennengelernt. Das klingt merkwürdig, trifft die Sache aber.

Mit Nicole, das war keine Liebe auf den ersten Blick. Vor fünf Jahren hatte sich ein Freund mit mir verabredet, wir gingen in eine Kneipe, wo dann sehr schnell zwei Frauen dazukamen, die eine kannte er offensichtlich. Die kannte er sogar *sehr gut*, wie sich später rausstellte – er war in der Kneipe mit ihr verabredet, ich und die andere Frau waren sozusagen nur Alibi. Die andere Frau war Nicole. Wir haben uns notgedrungen miteinander unterhalten, was auch sehr interessant war. Sie wollte nicht nur reden, sie wollte auch tanzen. Das hat Spaß gemacht. Ich hatte nur leider schon zu viel Bier getrunken, hab das auch gemerkt, und ich hab ihr dann gesagt: »Lass uns doch nächste Woche weiterreden.« Wir trafen uns zum Spazierengehen am See. Wir haben uns dann zwei-, dreimal in größeren Abständen verabredet, immer, wenn sie es einrichten konnte – sie war verheiratet und stand zu Hause sehr unter dem Pantoffel. Ich glaube, sie hat sich sehr gewundert, als sie verstanden hat, dass es mir keinesfalls um Sex ging, dass ich keine Affäre mit ihr wollte, dass mir unsere Gespräche wichtig waren. Ich habe schnell gemerkt, wie dicht wir beieinander sind mit unseren Gedankengängen. Sie ist Rechtsanwalts- und Notargehilfin, hat aber eigentlich Gesang studiert, sie interessiert sich für Musik, Kunst, Theater. Sie hatte dieselben Bücher gelesen wie ich! Auch Paolo Coelho. Wir haben dann aber gemeinsam beschlossen, dass wir uns besser nicht mehr sehen – unsere drei, vier Treffen waren total anregend, aber ich fand sie auch belastend, Nicole war immer voller Angst, ihr Mann könnte davon etwas erfahren, obwohl es ja wirklich ganz harmlos war, und ich wollte sie diesem Druck nicht aussetzen. Ich bin ein Typ, der Klarheit mag und Ehrlichkeit, ich hab es normalerweise nicht nötig, mein Tun zu verstecken.

Wir sind uns dann tatsächlich nicht mehr über den Weg gelaufen, sie wohnte am anderen Ende der Stadt. Aber dann hab ich mit meiner Frau und einem befreundeten Paar eine Kreuzfahrt gemacht, von Barcelona aus nach Frankreich, Italien, zurück nach Spanien. Mit an Bord war – Nicole mit ihrem Mann Wolfram. Manchmal ist das Leben besser als ein Film … Eigentlich hab ich ihren Mann zuerst kennengelernt, er und ich waren morgens ganz früh zusammen im Pool, außer uns schwammen da noch zwei ältere Damen, da grüßt man sich, wenn man sich tagsüber auf Deck begegnet. Und dann stand beim Abendessen plötzlich Wolfram mit Nicole an unserem Tisch, wo ich mit Sandra und den Freunden saß, wir haben ihnen Plätze angeboten, die beiden setzten sich dazu. Nicole hat nicht gesagt, dass wir uns schon mal begegnet waren, und ich auch nicht. Das wuchs sich zu einer zwanglosen Urlaubsbekanntschaft aus. Es gibt Fotos von uns allen sechsen auf dem Schiff, wir stehen bunt durcheinander an der Reling, also nicht paarweise, Nicole und ich in der Mitte – ich hab neulich eins dieser Fotos wiedergefunden und war versucht, ein Herz um uns beide drumzumalen. Als die Kreuzfahrt zu Ende war, haben die Frauen Adressen getauscht, wie man das so macht. Und wir Männer hatten locker verabredet, wenn Frank und ich zum Vatertag mit Kumpeln auf dem Leine-Heide-Radweg fahren, nehmen wir Wolfram mit.

Wir Jungs sind dann tatsächlich mit dem Rad los, die Mädels sollten uns am Sonntag mit Autos und Radgepäckträgern in Hamburg abholen. Das war in dem Jahr, in dem meine Frau dann Schluss gemacht hat … Nicoles Mann war auf der Tour der absolute Stoffel. Als Frank in Lüneburg vorgeschlagen hat, wir könnten unseren Frauen doch etwas Schönes kaufen, meinte Wolfram: »Wieso das denn, die können doch froh sein, dass sie einen Ausflug nach Hamburg machen dürfen.« Haben wir anderen unseren Frauen also auch nichts gekauft. Ich hab das meiner Frau erzählt hinterher, sie meinte: »Und Nicole, die hat im *Tafelhaus* die Speisekarte angekuckt und gesagt: Mensch, ist das teuer hier.« Hallo? Wir hatten uns überlegt, dass wir uns zum Abschluss mit den Frauen ein Edelessen bei einem Spitzenkoch gönnen, wir natürlich nicht in unseren Radtour-Klamotten, sondern umgezogen, frisch gemacht. Und ausgerechnet die Frau von dem Mann, der wahrscheinlich am besten von uns allen verdiente, denkt darüber nach, was das Menü kostet? Wolfram ist Rechtsanwalt und ein alter Knauser, auf unserer Tour hatte er rumgejammert: »Die Kanzlei ist geschlossen Christi Himmelfahrt und Freitag, es ärgert mich schwarz, dass wir die Mitarbeiterinnen fürs Nichtstun auch noch bezahlen müssen.« Die Gehilfinnen verdienen einen Bruchteil von dem, was Wolfram und seine Kollegen einstreichen, die haben supereinträgliche Mandate, ich dachte, ich fall vom Glauben ab. Und vor allem: Ich hab nicht verstanden, wie eine so feinfühlige Frau mit so einem Klotz zusammen sein konnte. Sie tat mir leid. Als sie mit Sandra und einer anderen Freundin mal zu einem Wellness-Wochenende war – ein Schnäppchen, sonst hätte Wolfram sie nie mitgelassen –, hab ich organisiert, dass die drei Ladys zu ihrem Romantikdinner eine Flasche Champagner serviert bekamen, die Kellnerin brachte die an den Tisch mit den Worten: »Von Ihrem Mann«, woraufhin Nicole laut meiner Frau losgeprustet hat: »Von meinem war die bestimmt nicht.«

Ein bisschen was wusste ich ja über die Ehe von Wolfram und Nicole, ein bisschen was hat Sandra erzählt, einiges konnte ich mir denken, einiges habe ich im Nachhinein erfahren – ein Mann, der seiner Frau weniger Gehalt zahlt als den anderen Mitarbeiterinnen, der sie alle gemeinsamen Ausgaben von ihrem Konto bezahlen lässt, der die Kinder lieber stundenlang allein zu Hause weiß statt seine Frau Feierabend machen und fahren zu lassen, das würde ja doppeltes Benzingeld kosten … Sie hatte ihn geheiratet, als sie Anfang zwanzig war, er war Ende zwanzig, und seine Familie hat zu ihr gesagt: »Du hast es doch nur auf sein Geld abgesehen.« Er verdiente damals noch gar nicht gut, das kam dann aber bald. Sie hatte ihn aus irgendeinem Grunde unbedingt gewollt, wahrscheinlich, weil er so spröde war, so unnahbar. Sie hat für ihn von Gesangslehrerin auf ReNo-Gehilfin umgesattelt, und sie hatte sich damit eingerichtet, dass sie an seiner Seite ein Nichts und er der große Zampano war. Nie hätte sie sich getrennt – schon aus Angst, dass er ihr die Kinder wegnehmen könnte, das hat er immer durchblicken lassen. Man muss es mal so sagen: Er hatte ihr den Schneid abgekauft.

Sandra und ich waren gerade ein Vierteljahr auseinander, die Scheidung lief, ich wollte Leon fürs Wochenende abholen, da sitzt eine völlig verheulte Nicole in Sandras Wohnzimmer. Nicole hatte rausgefunden, ihr sauberer Herr Gemahl hatte etwas mit einer Mandantin. Da gab es Anrufe am Wochenende, spätabends – das hatte nichts mit Mandantenberatung zu tun, das war sonnenklar. Nun wollte Nicole noch Gewissheit haben und hatte vor, sich ihrem Mann an die Fersen zu heften, wenn er am Mittwoch um fünf zu einem Termin fahren würde – komischerweise hatte Wolfram nämlich seit Monaten immer jeden zweiten Mittwoch gegen fünf einen Termin, das ließ sich nachverfolgen, der Mann führt, knickerig, wie er ist, ein Fahrtenbuch, immer mittwochs um fünf war Ausflugszeit. Ich kam ja nun dazu, zu den beiden Frauen im Wohnzimmer, und ich hab gesagt: »Warum konfrontierst du ihn nicht einfach mit deinem Verdacht?« Nicole war perplex, das war offenbar außerhalb ihrer Vorstellungswelt, dafür fehlte ihr der Mut.

Sie hat diese Detektivnummer am Mittwoch schließlich nicht durchgezogen – aber sie hat Wolframs Mandantin angerufen. Die hat auch alles zugegeben. Und natürlich Wolfram von diesem Anruf erzählt. Dem ging der Arsch auf Grundeis – was so eine Scheidung kosten könnte, wusste er ja genau als Anwalt, wie er das abbiegen kann, natürlich auch … Das Erste, was er gemacht hat, war absolut atypisch: Er hat Nicole ein paar Ohrringe gekauft, solche, die sie schon lange haben wollte. Und er hat mit Engelszungen auf sie eingeredet, aber Nicole hat sich die Kinder geschnappt, ist zu ihren Eltern und hat in deren Haus die Einliegerwohnung bezogen. Sie ist über sich hinausgewachsen – nie hätte sie sich getraut, ihren Mann einfach so zu verlassen, was hätten da die Leute gesagt, wie hätte seine Familie triumphiert, die ja von Anfang an der Meinung war, sie hätte es nur auf sein Geld abgesehen. Wahrscheinlich hat sie begriffen, dass das eine einmalige Chance war, superschnell und supergut aus allem rauszukommen. Wolfram hat dann auch keine Sperenzchen gemacht, seine Mutter hat das Regiment in seinem schnieken Haus übernommen – und er hat sich in Windeseile mit Frauke, der Mandantin, zusammengetan.

Es war Nicole, die sich nach ein paar Wochen bei mir gemeldet hat: »Wollen wir noch mal spazieren gehen?« Sie hat sich

bei mir bedankt, weil ich sie in die Spur gesetzt habe: Geh
Wolfram direkt an, sag ihm, was du weißt. Ich fand das irre,
sie frei, ich frei – es hat dann ein Vierteljahr gedauert, bis wir
miteinander geschlafen haben. Einmal – noch vorher – waren
wir zu einem Konzert vom Schleswig-Holstein-Musikfestival
in Hamburg in der Laeiszhalle, wir haben zusammen im Hotel
Hafen Hamburg übernachtet, in einem Doppelzimmer, in einem Bett, aber es ist nichts passiert – wir haben sowieso die
halbe Nacht am Fenster gesessen und die Schiffe, die vielen
Lichter im Hafen beobachtet und dabei geredet. Ich hab in
diesem Hotelzimmer zu ihr gesagt: »Wenn jetzt Wolfram rein-
kommt, dann sag ich: ›Es ist nicht, wie du denkst.‹« Ich fühlte
mich unglaublich hingezogen zu ihr.

Ich hab ja schon gesagt, mein Denken hat sich in den vergangenen Jahren verändert, mit Coelho frag ich: Was ist der
Sinn des Lebens? Das Heute? Das macht einen mutiger. Es war
klar, dass Nicole nicht ewig bei ihren Eltern in der Einliegerwohnung bleiben würde, ich hatte auch das Gefühl, dass wir
ohnehin über kurz oder lang zusammenziehen, wieso also
nicht das Zwischenstadium überspringen? Ich wollte ihr das
aber nicht aufdrängen, ich fand: Sie hat schon viel zu lange
nach der Pfeife eines Mannes getanzt. Aber weil ich das eine so
sehr wollte … Wir haben drüber gesprochen, ganz offen und
ehrlich, und sie ist mit Lena und Benni hier eingezogen, die
kannten mich ja schon, aber eben nur so, wie man eine Urlaubsbekanntschaft der Eltern halt kennt.

Meine Gefühle für diese Frau müssen echte sein, sonst
könnt' ich doch auch nicht ihre Kinder so annehmen. Neulich
hat mich eine Kundin gefragt, wie viele Kinder ich denn hätte.
Ich habe ganz spontan gesagt: »Drei.« Benni und Lena leben
mit uns, mein Sohn Leon ist die Hälfte der Zeit bei uns und die

andere Hälfte bei seiner Mutter. Ich bin wirklich froh darüber, dass das alles so möglich ist, ich bin ein Familienmensch, schon immer gewesen.

Es ist fast ein Wunder, dass sich Nicoles Kinder so positiv entwickeln. Die Kinder sind früher oft von vierzehn bis achtzehn Uhr alleine zu Hause gewesen – Wolfram brauchte seine Frau ja in der Kanzlei, und sie hat sich nicht dagegen gewehrt. Sandra und ich haben immer versucht, es einzurichten, dass einer von uns gegen halb vier nach Hause kam, Leon war ja immer an einer Ganztagsschule.

Benni und Lena lernen jetzt allmählich, was der wahre Luxus im Alltag ist. Mit Wolfram war wichtig: alles Mögliche anschaffen, also große Dinge, Auto, großer Flachbildfernseher, Designereinbauküche. Neulich waren wir mit allen Kindern unterwegs, wir kamen am Gutshaus Sowieso vorbei, das ist wirklich toll ausgebaut, man kann herrlich unter Bäumen sitzen. Ich sage: »Da setzen wir uns jetzt hin und essen Eis.« Lena sagt sofort: »Aber da kostet die Kugel Eis wahrscheinlich zwei Euro.« Ich sage: »Du, und wenn, man muss sich auch mal was gönnen, und kuck dir mal an, wie schön die hier alles gemacht haben, das kostet doch was, die müssen ein bisschen mehr Geld fürs Eis nehmen.« Das ist doch schlimm, dass auch die Kinder Wolframs Knausern schon verinnerlicht haben.

Sandra und ich, wir hatten die gleichen Vorstellungen für die Erziehung von Leon, welche Freiräume wir ihm lassen wollten, wer was bei ihm wie begleitet. Ich fand es sehr gut, wie viel Zeit Sandra sich für ihn genommen hat und auch noch nimmt. Nicole war da im Zusammenleben mit Wolfram anders, sie erkannte zwar: Meine Kinder brauchen mich jetzt eigentlich, für die Schulaufgaben, für was auch immer, aber sie hat sich nicht getraut, sich gegen ihren Mann durchzusetzen oder ihm gar etwas abzuverlangen. Das kann ich überhaupt nicht verstehen. Meine Frau Sandra war strikt, sie hat gesagt: »Das machst du jetzt, da bist du dran.« Natürlich hab ich auch keine große Lust zum Elternabend, aber sie hat drauf bestanden, dass ich mich da nicht ausklinke. Ich bin in der Schule einer der wenigen Väter, die da auftauchen. Nicole hat mich jetzt einigermaßen fassungslos angesehen, als ich sagte: »Ich geh übrigens morgen zum Elternabend von Leon.« Natürlich findet sie das gut.

Nicole arbeitet nicht mehr in der Kanzlei – allein das ist schon eine Befreiung für sie, sie hat sich oft für ihren Mann geschämt, für sein Verhalten gegenüber den Kolleginnen, sie ist ihm natürlich nicht in die Parade gefahren, wegen der Etikette, sie wusste ja, das wäre für ihn die absolute Katastrophe. Wolfram zahlt ihr jetzt notgedrungen Unterhalt. Ihre Kontoauszüge kennt das erste Mal in ihrem Leben nur sie – natürlich hat Wolfram früher zu Hause alle Ausgaben kontrolliert. Sie genießt es, wenn wir ganz entspannt im Café sitzen und sie bestellt, worauf sie Lust hat, ohne sich von ihrem Mann anhören zu müssen: »Was das jetzt wieder kostet!«

Nicole kämpft noch mit sich, wie es beruflich weitergehen soll. Durch die Babypause ist sie rausgekommen aus ihrem Musikstudium, dann kam die Arbeit für ihren Mann, die Erziehung der Kinder. Sie hat das Vertrauen verloren, dass sie selber für sich sorgen kann … Jetzt fragt sie sich: Schaff ich das, ein Studium durchzuziehen? Sie könnte mit relativ geringem Aufwand Musiklehrerin werden, die fehlen in den kommenden Jahren an den Schulen. Sie zögert noch, unterrichtet immerhin schon an einer privaten Musikschule. Ich bestärke sie natürlich, denn mir tut das weh, dass sie durch ihren Mann den Glauben an sich selbst verloren hat, weil sie nie Anerkennung gekriegt hat. Anerkennung kam von ihm, wenn Kollegen seiner Frau im hübschen Abendkleid Komplimente gemacht haben, dann hat er mit eingestimmt.

Es ist unglaublich spannend, noch einmal neu anzufangen. Mit Nicole kann ich Dinge genießen, wie ich es mir mit Sandra auch gewünscht hätte. Letztes Wochenende haben wir eine Radtour gemacht, mit den Kindern. Nicole hat ein richtiges Luxusrad – hat Wolfram angeschafft, als er sich auch so eins gekauft hat, aber Radtour mit Wolfram hieß: Er hat die Zeit für die Strecke berechnet, und die musste dann angepeilt werden. Radtour mit meiner Frau hieß: Fiel aus, wegen keine Lust. Nicole, die Kinder und ich, wir sind einfach losgefahren, haben die Landschaft genossen, hatten Picknick dabei, haben uns spontan auf einer Wiese niedergelassen und gegessen.

Essen, das ist auch so ein Thema: Mit Nicole hab ich Ostern eine Italienkreuzfahrt gemacht, die konnte ich mit ihr ganz anders genießen als mit Sandra. Die tollen Buffets – das ist doch herrlich, du kannst stundenlang essen, nimmst dir erst einen Salat, dann eine Suppe, redest ein bisschen, machst eine lange Pause, suchst dir dann Fisch aus. Für Sandra ist Essen bloße Nahrungsaufnahme, was ich immer schade fand, sie versteht nicht, warum ich drei Stunden Essen genießen kann. Ich war jetzt das vierte Mal in Rom, aber das erste Mal nicht allein unterwegs in der Stadt: Sandra ist in allen möglichen Häfen lieber an Bord im Liegestuhl geblieben, sie ist wahrscheinlich der einzige Mensch der Welt, der dreimal in Rom gewesen ist, ohne die Stadt gesehen zu haben. Sie hat natürlich toleriert, dass ich in jedem Hafen an Land gehe, die Stadt erkunde, ob nun zu Fuß oder mit dem Fahrrad. Aber es ist ganz etwas anderes, das mit einem geliebten Menschen zu tun, so wie jetzt mit Nicole.

Nicole und ich können über alles sprechen, sie weiß, dass sie manchmal Sachen macht, die eigentlich doof sind, die sie nur macht, weil das Zusammenleben mit Wolfram sie so geprägt hat. Sie lacht mittlerweile manchmal über sich selbst, neulich hat sie das ganze alte, benutzte Verpackungsmaterial weggeworfen, das bei Wolfram immer aufgehoben wurde, unter dem Motto *Bei Gelegenheit wiederverwenden.*

Ich kann mit Nicole auch wunderbar streiten, das ist für mich ganz ungewohnt, mit Sandra hab ich nie gestritten, das hat sich nie ergeben. Nicole und ich, wir sagen uns was, es wird auch lauter, aber wir vertragen uns auch sofort wieder. Mit Wolfram war es so, dass er irgendwann schreiend und türenknallend rausgelaufen ist und sich vor den Fernseher gesetzt hat, sie saß dann heulend in der Ecke. Ich finde es faszinierend, dass man mit einem neuen Partner die Möglichkeit hat, sich selbst anders zu erleben.

Ich sitze für die Arbeit viel im Auto, fahre lange Strecken, da telefoniere ich auch, organisiere sozusagen hinterm Lenkrad mein Büro, aber es bleibt trotzdem viel Zeit. Zeit, in der ich mir Gedanken mache. In dem Buch *Der Zahir*, natürlich von Coelho, da geht es um eine Langzeitbeziehung. Da ist es doch so: Zwei Menschen laufen wie zwei Eisenbahnschienen nebeneinanderher, immer parallel, bis der Prellbock kommt. Dann werden sie aus der Bahn geworfen. Es ist wichtig, von vorhersehbaren Dingen wegzukommen. Man denkt immer: Vater, Mutter, Kind, alle sind zusammen, da hat man festgesetzte Bilder im Kopf. Ich sehe jetzt, dass es auch anders geht, und es geht gut.

Vielleicht war alles zu einfach in meiner ersten Ehe mit Sandra, es fing an, wir sind zusammengekommen, haben die Familie gegründet – ich musste um meine Frau nicht kämpfen.

Nicole kann Gefühle bis heute schlecht in Worten ausdrücken, sie wird mir vielleicht nie sagen: »Ich liebe dich«, denke ich. Sie zeigt mehr mit Blicken, mit Gesten, dass ich ihr etwas bedeute.

Elf Minuten – noch ein Coelho-Titel. Da geht es darum – was ist wirklich wichtig im Leben, Gefühl und Liebe auf der einen Seite oder Verstand und Realitätssinn auf der anderen. Das hat mich sehr gefesselt. Ein ganz wesentlicher Punkt ist: Lebe deine Träume. Ich finde es gut, dass Nicole das auch nach und nach klar wird, sie ist so ein wertvoller Mensch, ich unterstütze sie gerne in allem, aber befreien, ihre Angst verlieren, das kann sie nur alleine.

Richard, 38,
Kellner/Verwaltungsangestellter, 9 Jahre verheiratet, kinderlos

Yoga für die Seele

Andere Männer würden jubeln: Bei Richard und Beate läuft der Alltag friedlicher, seit die forsche Pharmaverkäuferin ein paar Gänge
zurückgeschaltet hat. Schön für Richard, dass seine Frau ihn seltener
zum inquisitorischen Gespräch aufs Sofa oder den Balkon fordert. Und
nur gut, dass der Schwiegervater nicht weiß, was es mit dem Yogafreund auf sich hat – er würde triumphieren. Beates Sakral-Chakra
ist aktiviert ...

Meine Frau war letztes Jahr im Sommer zu einem Yoga-
Wochenende. Ihr Vater hat genau da angerufen, ich
weiß nicht, warum er nicht einfach vorbeigekommen
ist, er wohnt ja bei uns um die Ecke. Ich hab jedenfalls gesagt:
»Beate ist zum Yoga-Kurs.« – »So nennt man das jetzt«, hat er
losgepoltert und: »Kann sie nicht ganz normal in der Woche zu
diesem Yoga-Quatsch gehen, so wie andere Frauen auch?« –
»Das lass doch bitte unsere Sache sein, Werner. Und falls du
mal wieder die Sorge hast, irgendein Mann könnte sich an
Beate ranmachen – weißt du, das kann deiner Frau auch passieren, wenn sie am Freitagnachmittag zum Gemeinde-Kaffee
geht.« Ha, da geht's mir gut, wenn ich ihm so was beipule,
Beates Vater ist chronisch eifersüchtig, er gängelt seine Frau
und mischt sich auch in die Ehen seiner Töchter ständig ein.

Wenn ich ihm die Wahrheit sagen würde, das, was hier in unserer Ehe seit einiger Zeit läuft, dann wäre Sperrfeuer. Das würde ich meiner Frau nie zumuten.

Ich hab immer gedacht: Wenn mal was sein sollte mit einem anderen Mann bei Beate, dann geh ich hin, stell den zur Rede, notfalls hau ich ihm gepflegt eine rein oder schlag seine Windschutzscheibe ein, wenn sein Wagen teuer genug war und es sich lohnt. Nun ist schon seit anderthalb Jahren was, und ich, was tu ich? Ich koche Konny Kaffee, wenn er zu Besuch ist, und neulich hab ich mir mit ihm meine letzte Flasche Bier geteilt. Konny ist Beates Yogafreund, so haben wir ihn Bekannten und Freunden vorgestellt, alle finden es ganz normal, dass der Yogafreund bei uns mal übernachtet, wenn er in der Stadt ist, warum auch nicht, ich bin ja auch zu Hause.

Alles hat damit angefangen, dass Beate und ich Rückenprobleme hatten. Sie ist Pharmareferentin, sie fährt mit dem Auto durch die Gegend und schwatzt möglichst vielen Ärzten in möglichst wenig Zeit möglichst viel von ihren Medikamenten auf. Sie ist ziemlich erfolgreich in diesem Job, sie hat ein gutes Auftreten, zwei Drittel ihrer Opfer sind Männer, da zieht sie sich entsprechend an, macht auch mal einen Knopf mehr an der Bluse auf – kein Witz! Und bei den Ärztinnen macht sie zwei Knöpfe wieder zu und tut das, was andere Pharmareferenten offenbar nicht können: zuhören, ein Fachgespräch anbieten, nicht rumbetteln: »Nimm mir bitte, bitte was ab, sonst haut mich mein Chef.« Nö, sie argumentiert ganz sachlich, macht gute Vorschläge, auch über das bloße Verkaufen hinaus, das wirkt zusätzlich sympathisch, und die Produkte von ihrem Hersteller sind sowieso in Ordnung. Aber der Wettbewerb ist hart, sie hängt sich echt rein für ihren Umsatz, der mehr als überdurchschnittlich ist. Das heißt entsprechend: Kilometer schrubben, Auto fahren, ihr Gebiet ist gerade so groß, dass sie meistens abends wieder zu Hause sein kann, manchmal bietet es sich aber auch an, dass sie auswärts übernachtet. Sie hängt hinterm Steuer und katzbuckelt bei den Medikussen, ich sitz mir 'n Wolf im Katasteramt. Das Ergebnis ist das Gleiche: Rückenprobleme.

Beate kam irgendwann mit einem Flyer nach Hause: Yoga für jeden – auf Krankenkassenkosten, da haben wir uns zusammen angemeldet. Wir haben beide ein bisschen so eine Schnäppchenjäger-Mentalität, wir fanden das gut: Vorsorge auf Krankenschein, wir hatten auch schon Aquafitness und Autogenes Training so kennengelernt – hätt ich normalerweise nie gemacht, Beate hat das angeleiert, und wenn 's nüscht koscht … So ein Kurs hat auch höchstens zehn Stunden gedauert, das kann man ja mal machen.

Was wusste ich vorher von Hatha-Yoga? Beim Inder hab ich immer die Nummer hundertsechsundfünfzig bestellt, Bharati Baigan oder so ähnlich, Auberginen mit Käse gefüllt und einer klasse Soße, garantiert ohne Galgant, diesem Badewannenzusatz, den die Inder auch ins Essen tun – schmeckt wie Latschenkiefervollbad … Das war ein guter Kurs, den machte ein Arzt, so ein smarter, kleiner, die Kursteilnehmerinnen haben ihn angehimmelt, ich weniger. Er hat uns den schreienden Hahn und die Schlange bei Sonnenaufgang gezeigt, oder wie das heißt, die Übungen haben ja alle so komische Namen, was egal ist, wenn sie wirken, und das tun sie, einige mach ich heute noch.

Dann kam Beate mit dem Programm für dieses Yoga-Wochenende im Waldhaus. Kurzfristig, ich hatte meinem Bruder zugesagt, ihm beim Carport-Aufbau zu helfen, ich wollte ihn nicht hängen lassen, und ob ich wirklich achtundvierzig Stunden *Ommmmm*s und tiefes Atmen wollte … Nicht wirklich. Beate hatte Zeit und Lust dazu, da hab ich gesagt: »Selbst ist die Frau …« Beate und ich haben schon immer viel auch alleine gemacht, jeder für sich, wir finden das normal. Nicht nur mein Schwiegervater ist da anderer Meinung, viele verbieten es ihrem Partner ja geradezu, etwas alleine zu unternehmen, was ist dabei, wenn meine Frau abends oder am Wochenende was mit einer Freundin unternimmt oder auch mal alleine ins Kino geht? Manche haben Angst, da könnte was *passieren*, ich sag's immer so wie dem Schwiegervater: Gelegenheit macht Liebe, das muss nicht abends im Dunkeln sein, das geht auch in der Mittagspause – wir hatten im Amt mal ein Pärchen, das nicht in die Kantine ging, es sich dafür im Liebesnest auf dem Dachboden schmecken ließ.

Beate und ich waren immer recht eigenständig, und so machen wir auch nicht etwas dem anderen *zuliebe*. Als Mann würde man das eh nicht machen, darum verstehe ich es auch nicht, wenn die Frau sagt: »Dir zuliebe hab ich das und das getan – jetzt musst du mit mir shoppen gehen.« Oder irgend'ne andere Ausgleichsmaßnahme. Was für ein bescheuerter Kuhhandel! So war das bei Beate und mir nie, da sind wir uns einig, das finde ich schön. Überhaupt, wir beide waren immer ein Paar ohne großen Streit, böse Geschichten, ich hätte immer gesagt: »Also bei uns ist alles in Ordnung.« Das war's auch wirklich, eigentlich sehe ich das immer noch so …

Ich habe ehrlich gesagt nicht im Traum dran gedacht, dass Beate beim Yoga *jemand kennenlernen* könnte, wie man so schön sagt. Selbst wenn ich die Idee gehabt hätte – beim Yoga gibt's doch eigentlich sowieso nur Frauen. Bis auf die *special effects* – entweder völlig indiskutable Esoterik-Spökis, gläubige Wassertrinker oder eben – und die hatte ich irgendwie nicht auf der Rechnung – Frauenversteher. Konny ist so'n Frauenversteher. Bei dem Wochenende waren insgesamt zwanzig Leute dabei, davon zwei Männer. Konny hat Beate beim Yoga-Wochenende das Programm persönlich nahegebracht, sein Programm hieß: Yoga für die Seele, und praktische Übungen unterm Bauchnabel fürs Sakral-Chakra.

Ich habe gleich am Sonntagabend, als sie wiederkam, gemerkt, dass was anders war als sonst. Sie war so lalala und säusel, säusel, sie hat noch nicht mal gemeckert, dass die Spülmaschine nicht ausgeräumt und also schmutziges Geschirr nicht eingeräumt war, das ist sonst ihre erste Amtshandlung, wenn mir das durchflutscht. Mir fiel das auf, ich hab gesagt: »Sag mal, biste krank?« Da bringt sie diesen Hammersatz: »Nö, verliebt.« Ich denke: Hä? Hallo? Sie sagt: »Ich wollte es dir sowieso sagen, ich möchte ehrlich mit dir sein.«

Ehrlich mit mir sein, na toll! Sie macht Yoga für ihre Seele, und meine kriegt die Keule. Ich wusste gar nicht mehr, dass ich weinen kann. Ich hab geheult, und wie. Natürlich nicht, als sie da war. Ich hatte am Montag nach diesem Wochenende frei, sie ist früh zu ihrer Tour gestartet, ich bin vormittags im Bett geblieben, hab nachmittags mehr oder weniger nur auf dem Balkon gesessen und Sudoku versucht. Abends war sie wieder da und wollte mit mir reden, alles erklären. Ich hatte aber gar keinen Redebedarf, ich bin irgendwann aus der Wohnung raus, geflüchtet geradezu, und in die Dartkneipe.

Wir sind uns die nächsten Tage aus dem Weg gegangen, ich habe aber nachgedacht: Es war ja richtig und gut, dass Beate mir das erzählt hat, was da gelaufen war an dem Wochenende. Aber, es war ja nicht nur Sex: Sie hatte gesagt, sie hätte sich verliebt. Das hat ein anderes Bedrohungspotenzial als: »Ich war mit einem in der Kiste …«, so was hätte sie besser gleich für sich behalten. Als sie mit ihrem Bekenntnis rüberkam, war sie schon irgendwie auch geknickt, bedröppelt. Sie hat sogar geheult, was ich erst überhaupt nicht verstehen konnte, was gibt es da zu heulen, wenn sie sich verliebt? Sie wollte mir wohl unbedingt ihr Vertrauen beweisen – es wäre ihr ohne Probleme möglich gewesen, die nächsten Wochen immer mal ihre Auto-tour so zu legen, dass sie auswärts übernachten kann. Natür-lich dann mit Konny, der hätte damit kein Problem gehabt, seine Freundin ist Flugbegleiterin, die ist viel nicht da.

Sie hat dann die nächsten Monate immer mal 'ne Nacht auswärts gehabt und hat das gar nicht groß erläutert, ich wuss-te ja Bescheid. Was vielleicht tagsüber lief – keine Ahnung. Wenn sie Anläufe gemacht hat, mir was zu erzählen, hab ich das abgewürgt, ich musste mich dem nicht aussetzen. Ich fand nicht, dass unser Alltag nun groß anders war – das Einzige, was mir auffiel: Beate war wesentlich pflegeleichter als sonst, das muss ich sagen. Fand ich natürlich nicht schlecht. Nach vier, fünf Wochen stand Schwiegervater auf der Matte: »Stimmt was nicht?« Den Schwiegereltern war aufgefallen, dass wir seltener zu ihnen kamen, sonst war immer Beate diejenige ge-wesen, die gesagt hatte: »Komm, wir gehen mal rum zu denen auf 'nen Kaffee.« Oder ein Glas Wein trinken, oder Grillen oder Fernsehen – die Schwiegereltern sind Rentner und haben Langeweile. Für die fühlte Beate sich plötzlich nicht mehr so zuständig, sie hat auch mich nicht mehr getriezt: Ruf mal deine Mutter an, ruf mal deinen Bruder an, lass uns die einladen, wir müssen jene besuchen ... Schwiegervater hab ich beruhigt mit: »Beate hat fürchterlich viel zu tun.«

Irgendwann hatte ich Yogafreund Konny dann am Telefon, Beates Handy hatte eine Rufumleitung auf zu Hause, warum auch immer. Damit hatten wir beide nicht gerechnet, also weder er noch ich. Er hörte sich nett an, wieso sollte er sich auch bescheuert anhören? Er war in der Stadt. Wir haben dann gesagt, soll er doch abends vorbeikommen, wenn Beate wieder zu Hause ist. Er war aber vor ihr da, ich hab ihn in die Wohnung reingelassen – erst wollte ich ihm Tee anbieten, wir haben dann aber beide Bier getrunken. Ich konnte keine feindlichen Gefühle in mir feststellen, ich fand den nett – er ist klein, nur zwei, drei Zentimeter größer als Beate, er ist so der Typ tapferes Schneiderlein, so einem tut man nichts. Beate kam, wir haben zusammen gegessen, er ging dann so um zehn.

An dem Abend hat Beate mal wieder einen Anlauf gemacht, mit mir zu schlafen. Als sie Konny gerade neu kennengelernt hatte, war das ganz schlimm mit ihr, das waren regelrechte Attacken auf mich, fast jeden Abend, ehrlich gesagt war mir das zu viel, nach ein, zwei Wochen wollte ich gar nicht mehr – der Gedanke, dass sie mit einem anderen und mit mir … Mir fehlt nichts, wenn ich mal monatelang keinen Sex habe, das war schon immer so. Jedenfalls hab ich an dem Abend dann gesagt: »Wir sollten das lassen, solange du anderweitig engagiert bist.« Den Satz hatte ich mir schon vorher so zurechtgelegt, ich wollte auch mal ein bisschen austeilen. Das Klima war dann etwas kühler die nächsten Tage, das blieb aber nicht so.

Unser Zusammenleben im Alltag ist die letzten anderthalb Jahre nicht schlecht. Früher war es so, dass Beate ständig gefordert hat: Ich sollte mehr machen, konkrete Sachen erledigen, aber auch Ideen haben, mich einbringen, sie hat manchmal moniert: »Immer bin ich hier diejenige, die alles in die Hand nehmen muss.« Wenn es sich zugespitzt hat, hat sie nach Aussprache gedrängelt, das sah dann meistens so aus: Wir sitzen auf dem Balkon oder im Winter entsprechend auf dem Sofa, Flasche Wein auf, sie legt los – und ich sag irgendwann einfach gar nichts mehr, sie merkt nicht, dass sie den Alleinunterhalter macht. Bei mir sind dann die Schotten dicht, ich sitz da, sie redet, ich lasse alles abperlen. Wenn sie anfängt zu weinen, ist bei mir alles aus, dann sag ich zu allem Ja und Amen, nur um den Flüssigkeitsanfall einzudämmen – an meine Versprechungen halt ich mich dann natürlich nicht. Das ist natürlich suboptimal.

Was sie nicht alles bei solchen Gesprächen rausgekramt hat, manchmal Sachen, von denen ich null Ahnung hatte, da sollte ich vor sechs Wochen, sechs Monaten oder sechs Jahren das und das gemacht haben … Oder eben *nicht* gemacht haben. Ich kann mich an Ereignisse aus grauer Vorzeit nicht erinnern, wirklich nicht. Besonders, wenn ich etwas nicht gemacht hatte, war die Sachlage für sie klar. Sie hat gesagt: »Es ist Missachtung, es ist Desinteresse, dass immer nur ich hier einkaufe, mir überlege, was wir essen können, koche …« Nein, ist es nicht, das ist Arbeitsteilung. Ich wäre nie auf die Idee gekommen zu ihr zu sagen: »Es ist Missachtung, dass du dein Auto nicht selbst zum TÜV fährst.« Oder: »Ich ziehe deine Winterreifen auf, weil du es mir wert bist, ich stelle deine Telefonanlage ein, weil ich dich schätze, und dein Fahrtenbuch trag ich aufs Computerprogramm um, weil ich mich für dich interessiere.« Mein Gott, das sind Dinge, die macht man für den anderen, und dann ist gut. Gerade, wenn ich im Gespräch mit ihr auf Durchzug geschaltet hab, angefangen hab, mich auszuschweigen, hat sie mir oft so zugesetzt, dass ich ihr dann irgendwas versprochen hab, nur um Ruhe zu haben. Solche Versprechen sind nicht dafür gemacht, dass man sich dran hält – kurze Zeit später ging's dann von vorne los.

Vor ein paar Jahren war es noch krasser, damals hab ich noch Früh- und Spätdienste gehabt, ich hab als Gebäudeverwalter gearbeitet. Wenn ich da in bestimmten Phasen vom Spätdienst heimkam, hab ich mich schon im Treppenhaus gefragt: Was macht die werte Ehegattin, wie ist denn heute ihr Wohlbefinden? Ich schleich mich um zehn in die Wohnung – was mochte sich da bei ihr tagsüber wieder angestaut haben? Ich war manchmal froh, wenn sie im Sessel eingepennt war. Wenn sie wach war, hatte sie oft was auf Lager, was sie mir gleich, wenn ich reinkam, vorhielt, etwas, um das ich mich nicht gekümmert hatte, was ich übersehen hatte.

Frauen glauben, Männer ahnen, was Frauen wollen. Darum erwarten Frauen von uns bestimmte Handlungen. Ich sag mal ein Beispiel: Was machst du, wenn deine Frau einen Schwung Töpfe auf dem Küchentisch stehen lässt, abgewaschen? Du weißt, die Töpfe gehören in verschiedene Regale, die sind unterschiedlich hoch, zum Teil unter der Decke, deine Frau ist einen Meter fünfundsechzig groß. Sie hat nicht gesagt: »Stell die Töpfe weg«, du weißt ja auch nicht, welchen wohin, vielleicht ist ein Spargeltopf dabei, und der gehört in die hinterste Ecke, weil der nur im Mai und Juni gebraucht wird – aber ist das der Spargeltopf oder doch ein Spaghettitopf? Und will sie wirklich, dass du die Töpfe verstaust – wenn ja, hätte sie vielleicht einen Zettel hingelegt. Die Erfahrung sagt dir: Was du machst, es wird falsch sein, also machst du erst mal gar nichts, man kann ja drüber reden. Falls sie dir denn das Wort lässt, wenn sie das entdeckt, und nicht gleich anfängt: »Du achtest meine Arbeit nicht, ich schrubbe die Töpfe, da kannst du die wenigstens wegstellen.« So läuft das. So lief das.

Dieses Rumrechten ist ganz weggefallen. Ich darf jetzt sogar Wäsche aufhängen, wie ich will. Das war früher anders. Einmal hatte ich Wäsche ganz ordentlich auf die Balkonleine gehängt, so, wie ich sie aus der Maschine genommen hatte.

Beate kommt nach Hause, schaut auf den Balkon, nimmt alles ab und hängt um: Bettbezüge, Kopfkissen, Handtücher, die kleinen Teile. Ich hatte alles so auf die Leine gebracht, wie es kam, auch mal einen einzelnen Strumpf zwischen Handtücher. Na und? Als sie wieder reinkam, hab ich gefragt: »Trocknet die Wäsche nun besser?« Sie hat immerhin gelacht, im Grunde wusste sie ja, was das Problem war: »Nö, besser trocknen tut sie nicht, aber die Nachbarn von gegenüber denken wenigstens nicht, bei uns ist das Chaos ausgebrochen.« Ich muss sagen, dieses Denken, was sagen die anderen, was denken die von mir, das hat bei Beate auch sehr nachgelassen, seit sie ihren Yogafreund hat. Ich finde das gut, das macht sie freier, lockerer.

Konny hat bei ihr was bewirkt, er redet mit ihr anders, als ich das tue, das Stichwort ist: Frauenversteher. Er arbeitet in einer Buchhandlung, die so ein bisschen esoterisch angehaucht ist, er kennt sich auch mit diesen Büchern gut aus, Beate liest viel. Neuerdings interessiert sie sich auch nicht nur für Yoga, sondern auch für Wiedergeburt, Hellseherei, überhaupt übersinnliche Phänomene. Ich hab da höchstens ein technisches Interesse: Wie machen die die Effekte in den *Star-Trek*-Filmen? Im Ernst: Ich hab nichts dagegen, dass Beate ihre Interessen, die nicht meine sind, mit jemand anders teilt, meinetwegen auch mit dem Yogafreund. Dass das nicht überhandnimmt, dafür sorgt schon die Existenz von Konnys Freundin, die ahnt sicher auch, dass das mit der Yogafreundin Beate nicht rein platonisch ist, und Konny hat nicht vor, seine Beziehung aufzugeben, das macht er ziemlich deutlich. Beate sagt mir auch immer noch, dass sie mit mir alt werden will.

Für andere würde sich das merkwürdig anhören, vielleicht, aber ich red ja mit keinem darüber. Bei meinem Kumpel Jochen hab ich Anläufe gemacht, ich kenn ihn seit der Ausbildung, ursprünglich hatte ich mal Restaurantfachmann gelernt, vulgo Kellner. Ich saß bei ihm in dem Bistro, das er betreibt, und fing an, das mit Beate und Konny anzusprechen, da war alles noch ganz frisch, aber er hat schnell übergelenkt zu seiner neuen Flamme, seine Frau hat ihn verlassen, weil sie sich vernachlässigt gefühlt hat – er ist eigentlich mit seinem Büro verheiratet. Dass man mit ihm nicht wirklich reden kann, hab ich ja auch gemerkt. Ich hatte dann gar nicht mehr das Bedürfnis, mein Leidensdruck war wohl nicht hoch genug.

Ich bin nicht beunruhigt im Ganzen, bis heute, eigentlich hat sich nicht viel verändert, das hätte ich früher bestimmt nicht erwartet, da hätte ich wohl gedacht: anderer Mann – Trennungsgrund. Für mich wäre eine andere Frau nie infrage gekommen, ich war mit Beate immer glücklich, so wie ich das verstehe.

Ich habe ein Hobby, ich sammle alte Landkarten, Postkarten aus unserer Region, ich trag die zusammen, ich katalogisiere die, ich schreib was dazu, einmal habe ich auch schon eine kleine Zusammenstellung für unser Heimatmuseum gemacht, also, das ist mehr so eine Heimatstube. Beate hat für solche Dinge ja keine Geduld, das ist ihr zu tot, zu sehr Geschichte. Aber jetzt hab ich gerade wieder eine Postkarte mit einer hornalten Ansicht von dem Gasthaus gefunden, in dem Beate und ich uns kennengelernt haben. Hab ich bei eBay ersteigert, ich wollte die unbedingt haben und habe ein exorbitant hohes Gebot abgegeben, Gott sei Dank hat keiner so hoch mitgeboten, sodass ich die Karte für neun Euro kriegen konnte. Jedenfalls hab ich ihr die Karte hingestellt abends, einen Gutschein dazu gemalt: *Ich lade Dich zum Essen ein*. Ich hab gesehen, dass sie ein bisschen gerührt war ...

Es war auch wirklich etwas Besonderes, wie wir uns kennengelernt haben. Ich hab da vor zehn Jahren am Wochenende manchmal ausgeholfen als Kellner, es war ein Samstag, ich hatte gerade meine letzten Dienstminuten so gegen vier Uhr nachmittags, da sehe ich sie da an einem Tisch sitzen. Blond, zierlich, niedlich. Ich seh sie sitzen und sitzen, in einer Tasse Kaffee rühren, sie blickte immer wieder zum Eingang, dafür hat man ja einen Blick, dass da ein Gast sitzt und wartet ... Es kam aber keiner. Ich hatte nun eigentlich schon Dienstschluss, ich war auch für ihren Tisch gar nicht zuständig, ich bin trotzdem hingegangen und hab gesagt: »Ich hab den Eindruck, Sie warten auf jemanden, der nicht kommt – bevor Sie einfach gehen, könnten Sie sich doch spontan mit mir verabreden, ich hab hier jetzt Schluss und könnte in fünf Minuten bei Ihnen sitzen.« Sie hat gelacht, und dann saß ich bei ihr. Es hatte sie nur eine Freundin versetzt, kein Mann, sie hatte keinen Freund. Das fand ich vielversprechend. Wir haben uns über die Arbeit unterhalten, bei mir war alles im Umbruch, ich hatte gerade mit der Hausverwaltung angefangen, hauptsächlich Bürogebäude, und sie wollte weg aus der Arztpraxis, in der sie Helferin war, da gab's nur Mobbing. Unsere Bekanntschaft hat sich ganz schnell vertieft, wir waren eigentlich ab sofort ein Paar, ein halbes Jahr später hat Beate ihre Ausbildung zur Pharmareferentin angefangen, wir sind zusammengezogen, nach einem Jahr waren wir verheiratet. Wir haben immer ruhig gelebt, ohne große Differenzen.

In der Zeit vor Konny war die Frage *Kind oder nicht Kind* ein Thema, wir hätten es billigend in Kauf genommen, wenn sich da was getan hätte, ist aber nicht passiert. Beate nimmt jetzt wieder die Pille, das hat sie mir gesagt ... Ich meine, das ginge nun wirklich zu weit – auch noch Yoga für die Schwangerschaft. Beate ist erst sechsunddreißig, ich denke, wir haben noch ein bisschen Zeit ... Ich werde sie nicht unter Druck setzen, das ist nicht meine Art. Sie hat mir im Laufe der Jahre oft vorgehalten: »Damals, als du mich angesprochen hast, da hast du Initiative gezeigt.« Stimmt, und ich finde: Ich habe damals eine klare Entscheidung für sie getroffen, die bis heute gilt, was will sie mehr?*

* Nach Redaktionsschluss schickte Richard folgende Mail: Die Yogastunden sind vorbei – Beate hat die Pille abgesetzt, wir wollen es jetzt noch mal wissen ...

Moritz, 44,
Softwareentwickler, 7 Jahre verheiratet, 1 Sohn

Das Gesamtpaket ist o.k.

Egal, ob es um Bankenkrise, Rekord im Hundertmeterlauf oder Müll-
trennung geht – Moritz fällt immer ein Witz dazu ein, im Zweifelsfalle
einer, in dem Sex eine Rolle spielt. Hunde, die bellen, beißen nicht,
manchmal wollen sie einfach nur ein bisschen angeben oder gestrei-
chelt werden. Moritz' Frau bleibt gelassen, denn im verflixten siebten
Jahr hadert Moritz mehr mit sich selbst als mit seiner Ehe ...

W er wichst, wird taub.« Was hast du gesagt? – Es gibt
Sätze, die sind totaler Quatsch: Ich onaniere nicht, ich
spanne nicht, ich kucke keine Pornos. Unsinn! Wenn
sich ein Pärchen bei uns am Waldrand vergnügt und ich seh
das, dann schleich ich mich ins Haus? Wieso das denn?

Mein Freund Luten schreibt so schöne Mails, wir sammeln
schlaue Sprüche. Kennst du den Roman *Ein Gott der Frechheit*
von Nadolny? Da gibt es einen Graf Leifheit, der spricht nicht
viel, und wenn, dann kurz und knapp, der sagt: »Irgendwas ist
immer.« So geht es mir schon eine Weile mit meiner Frau.

Ich fasse das mal kurz zusammen, mein Leben in der Zeit
vor Henrike. Henrike ist im Grunde genommen überhaupt
nicht mein Typ. Es gibt vier wichtige Beziehungen in meinem
Leben, die erste und längste war Josi, das war Wärme und
Nähe. Die zweite, mit Kristina, das war Sexsucht. Die dritte,

Isa, wieder Wärme und Nähe. Und die vierte: spröde und Sex, das ist Henrike.

Ich hab früher tierisch rumgevögelt. Ganz früher, also bevor ich zwanzig wurde, war ich ein total Verklemmter, aber der wurde dann zum Typen, auf den die Frauen stehen. Ich hab in M. studiert, das ist fantastisch, was das anbetrifft: Da gibt's ja fast mehr Studenten als Einwohner.

Ich habe sieben Jahre gebraucht, um von Josi loszukommen, Kristina hat dabei geholfen, mit ihr, das war wirklich extrem, wir haben ein Jahr Studium verloren, weil wir aus der Wohnung gar nicht rausgekommen sind, wir haben den Kühlschrank gefüllt, und dann haben wir's getrieben. Kristina hatte nie eine wirkliche Chance, das war zu kurz nach Josi. Aus heutiger Sicht: schade.

Als ich mit Kristina zusammen war, hab ich Isa wahrgenommen. In der Stadt lief so ein Typ rum mit Fransenjacke, Typ Westernheld, Kristina und ich haben ihn den Cowboy genannt, der war der Einzige, von dem ich damals dachte: attraktiver Mann. Das heißt, es gab noch einen, Cowboy II, den fand Kristina interessant. Isa kam damals in meinen Aufmerksamkeitsfokus, weil sie die Freundin war von Cowboy II. An einem Tag schließe ich gerade an der Sparkasse mein Fahrrad auf, kucke hoch, sehe einen tierisch geilen Arsch auf zwei meterlangen Beinen. Da kuckt das Gesicht dazu mich an und lacht, die Frau wusste genau, was ich gerade gedacht hatte. Wir haben uns für abends in der Diskothek verabredet, wo wir dann aber nur ausgemacht haben, dass wir am nächsten Tag zusammen Pilze kochen. Da passierte auch noch nichts. Das nächste Mal kam sie zu mir und roch noch frisch gevögelt, sie kam von einem anderen Typ, ich hab sie nach Hause geschickt. Beim nächsten Mal war nichts zu riechen. Mit Isa, das war Wärme, ich war total verknallt. Sie war nicht wirklich schön, sie sah aus wie eine Mischung aus Jane Birkin und Angelina Jolie, die ich nie schön fand, aber aus anderen Gründen attraktiv. Also kurz: Ich fand, sie war eine unheimlich attraktive Frau. Sie war acht Jahre jünger als ich. Isa kam aus einem Beamtenhaushalt, Besitzstandswahrung war für sie wichtig, ich komme aus einem Unternehmerhaushalt, für mich war das nicht wichtig, sich um Kohle zu kümmern, Sicherheit, Geld war einfach da.

Ich zog um nach F., Isa kam von M. nach, zweimal haben wir damit gerechnet, dass sie schwanger war. Es hielt fünf Jahre, ging vor zehn Jahren in die Binsen, da war ich vierunddreißig. Bei mir waren alle Beziehungen so vier, fünf Jahre. Der Auszug von Isa hat mir schon zu schaffen gemacht, aber die Zeit danach war dann doch recht leicht zu verkraften. Isa ist Lehrerin geworden, im Sommer hat sie ihr erstes Kind gekriegt, erst hatte ich ganz warme Gefühle, dann hat es mich genervt.

Ich stelle meine Arbeit im Moment komplett auf den Kopf, dazu mach ich gerade ein Coaching. Der Coach hat mich gefragt: »Was fehlt Ihnen?« – »Im Grunde genommen hab ich alles«, hab ich gesagt, und ich denke, so sieht das nach draußen auch aus. Aber er hat noch mal gefragt: »Was fehlt Ihnen?« – »Ich bin nicht wirklich zufrieden.«

Ich habe meine sämtlichen Frauen demontiert nach einer gewissen Zeit, die konnten nicht wachsen an meiner Seite, die mussten aufgeben. Henrike war die stärkste, diese Frau hält sich am wackersten. Sie hab ich vor sieben Jahren geheiratet, wir haben vor vier Jahren unseren Sohn bekommen.

Ich bin ein hyperaktiver Mensch, in meinem Gehirn sind die Abläufe schneller als bei anderen, im Gespräch drängel ich oft: »Komm, sag das zweite Argument, das erste kenn ich schon.« Ich weiß, dass das oft arrogant wirkt, als hätte ich die Weisheit mit Löffeln gefressen, ich bin dran gewöhnt, ich hatte schon in der Schule eine Außenseiterrolle, hab gestört, wollte im Mittelpunkt stehen. Im Job hilft das, dass ich so schnell analysieren, reagieren kann. Für meine Beziehungen ist das nicht wirklich hilfreich, ich bin immer wieder an Grenzen gestoßen.

In meinem Freundeskreis haben es Leute, die dazukommen, schwer, Boden unter die Füße zu kriegen, gerade mit den Frauen war das früher auffällig, da hieß es schon mal: »Na, mit der Sprache hat sie's nicht so.« Ich habe echte Freunde, die ich schon seit Jahren kenne, einen schon seit fast immer, wir kennen uns aus der ersten Klasse. Luten ist der Weise, aber der weise Loser, er kriegt unheimlich viele Sachen nicht gebacken, weil er ein Chaot ist. Der zweite ist Ralf, den kenne ich, seit ich sechzehn, siebzehn bin, ich hatte seiner Angebeteten mal einen Strauß Rosen geschenkt, ich wusste nicht, dass sie einen Freund hat, der wurde dann meiner. Wichtig ist auch noch Roger, wir sind superenge Freunde seit dem Studium, er ist der Karrierebolzen, er ist der Meister der Analyse, intellektuell einfach höher getaktet. Roger ist so, wie mein Vater in der heutigen Zeit wäre, mein Vater ist als Unternehmer sehr erfolgreich, er hat den Erfolg auf den verschiedensten Geschäftsfeldern gepachtet. Als ich Henrike kennengelernt habe, haben meine Freunde gesagt: »Roger mit Titten.«

Dann ist da noch mein Freund Stevie. Stevie und ich haben gleiche Interessen, auch was Frauen anbelangt. Die Frauen, die Stevie damals gerne wollte, hab ich gekriegt und gevögelt. Vor neun Jahren kam er zu mir nach Hause mit einem Schnellhefter, in dem er E-Mails abgeheftet hatte: Mails von Frauen, mit denen er sich in so einem Kontaktforum im Internet schrieb. Bei mir setzte er sich an den Rechner, um ein paar Mails abzuschicken. Ich hab in der Zwischenzeit in seinem Ordner geblättert, er meinte: »Meld dich doch auch an.« Hab ich gemacht, und dann ging das los mit dem Gegockel: Morgens haben Stevie und ich am Telefon abgeglichen, wie viele Zugriffe auf unser Profil wir jeweils hatten.

Im Forum war eine, die mir gefallen hat, die schrieb mich an. Ich dachte: Das war doch eine aus dem Ordner von Stevie. Er hatte mir von ihrem ersten Treffen erzählt: Thüringerin, selbstständige Geschäftsfrau, aber es war nichts mit den beiden. Ich hab ihr nach vier, fünf Wochen geschrieben: *Kannst Dich ja mal melden.* Sie muss gedacht haben: Der Typ ist satt, sonst hätte er eher geantwortet.

Ich hab das mit dem Forum schnell aufgegeben, die Frauen, die ich da getroffen habe, waren meistens Enttäuschungen auf der ganzen Linie. Einmal saß ich am Rechner und musste mir schon den ganzen Tag permanent einen zupfen, da ruft eine Frau an, ich hatte ihr offenbar meine Telefonnummer gemailt. Wir haben uns an einer Shell-Tankstelle verabredet, ich komme, sehe da ein Weibchen in gebückter Haltung stehen. Ich bin noch mit ihr ins Café, hab dann aber meinen Freund Ralf vom Klo angerufen: »Ralf, hol mich hier raus. Ruf an, sag, ich soll noch mal ins Büro kommen.« Eine andere, vom Gesicht her total nett, Schauspielerin, die hatte auch einen schönen Namen, *Orangeblue* oder so, wir waren im Restaurant verabredet, ich komme rein, alle kucken mich an, ich sehe: Die wissen alle Bescheid. Warum, weiß ich nicht, jedenfalls haben die uns alle bespinxt – es war stinklangweilig mit ihr. Das Beste war noch so 'ne Hübsche mit Brilli am Zahn, mit der hab ich wenigstens ein bisschen rumgefummelt. Ich hab so'n Porno, *Die Tanzlehrerin* oder so. Ein Fotograf will in der Tanzschule Aufnahmen machen, die Tanzlehrerin hat Rückenschmerzen, sagt: »Kannst du mich mal ein bisschen massieren, ich bin verspannt.« Das geht dann gleich über in »Oh, ja, ah ...« So war das mit dieser großen, blonden Brilli-Frau, ich dachte, ich spiel in einem Porno mit, aber mehr als ein bisschen fingern durfte ich nicht.

Anderthalb Jahre, nachdem ich mich in dem Forum abgemeldet hatte, kam eine Mail – ich hab gleich erkannt, dass das die Frau war, die sich nicht mehr gemeldet hatte, sie schrieb jetzt unter dem Namen, mit dem sie in Stevies Schnellhefter abgeheftet gewesen war. *Kennst Du einen Stevie X.?,* hab ich ihr geschrieben. Sie: *Nein.* Aber irgendwann lag sie im Bett und las, da fiel ihr eine Visitenkarte von Stevie aufs Kopfkissen. Sie kam damals öfter nach F., sie hatte hier eine kleine, schnuckelige Wohnung, sie wollte weg aus Thüringen. In F. hat sie Typen getroffen, die sie übers Internet gefunden hat, sie hat manchmal ein Dutzend hintereinander abgearbeitet.

Ostern vor acht Jahren hatte sie die Faxen mal wieder dicke, es war kein Interessanter dabei gewesen, sie hatte meine Telefonnummer aufbewahrt und rief mich an. Helles Stimmchen, ich denk: Was ist das denn? Sie sagt: »Entweder wir treffen uns heute noch oder gar nicht.« Ich war am Abend vorher mit Torsten und Sven bei 'ner Party gewesen, das war ein totaler Scheißabend mit ziemlich viel Alkohol, da war ich nur hingegangen, weil eine Frau mir abgesagt hatte – die wollte sich an dem Tag Permanent-Make-up machen lassen und hatte Angst, dass sie abends total verquollen ist. Das war ein leckeres Weib, wieso wollte die sich im Gesicht sozusagen tätowieren lassen? Ich hab sie gefragt: »Was willst du mit Permanent-Make-up, was machst du, wenn du einen Typ kennenlernst, mit ihm die Nacht verbringst – der will dich doch am nächsten Morgen ohne Bemalung sehen.« Das habe ich noch nie verstanden, dass manche Frauen glauben, nur unter Farbe sind sie interes-

sant, ich mag das, wenn ich morgens aufwache und in ein un-
geschminktes Gesicht kucke.

Mit der mit dem hellen Stimmchen hab ich mich im Café
verabredet, Torsten, der stottert manchmal, wenn er aufgeregt ist, der sagte noch: »Treffen, von denen man am w-w-we-
nigs-t-t-ten erwartet, sind oft die b-b-b-esten.« Ich sitze schon
am Tisch, und es kommt ein Persönchen an – also ich stehe
ja, wie gesagt, auf große, schlanke Blonde, die, die kommt, ist
eine kleine, zierliche Brünette. Ich denke, ach, was soll's, kann
man ja mal mitnehmen. Sie war geübt in solchen Treffen, das
hab ich gemerkt, sie meinte: »Wir bestellen was, trinken, dann
können wir sehen und entweder zahlen oder nachbestellen.«

Wir waren die Letzten im Lokal, ich habe ihr noch mit einer
Taschenlampe ins Gesicht geleuchtet, um ihre Augenfarbe zu
erkennen. Das Licht war schon aus. Ich war nicht verliebt,
aber ich dachte: Die ist ja lecker. Ich hab sie zu ihrer Wohnung
gebracht, am nächsten Abend haben wir uns wieder getroffen. Da lief auch noch nichts, das dritte Mal bin ich zu ihr nach
Thüringen gefahren. Wir haben zusammen gegessen, danach
sagte sie: »Dann können wir ja jetzt nach oben gehen.« Sie
hatte eine Maisonettewohnung, das Schlafzimmer war die
Treppe rauf. So ging es los.

Andere Frauen haben mir manchmal erzählt: Sie fremdeln
bei mir, ich war ihnen anfangs nicht vertraut genug. Das hatte
ich selbst noch nie mit einer Frau erlebt, aber jetzt mit Henrike,
sie war die erste Frau, bei der ich gefremdelt habe. Wir sind
auseinandergegangen, und ich wusste nicht mehr, wie sie aussieht – als wir uns wiedergesehen haben, war natürlich alles
wieder voll da. Ich mochte sie, Sex war o.k., Reden war o.k.,
das Gesamtpaket war o.k. Für mich ist das wichtig, dass das so
ist. Als ich mich mal bei meinem Vater beklagt hab: »Mit Isa

kann ich nicht diskutieren«, hat der gesagt: »Lass die Frau damit doch einfach in Ruhe, zum Diskutieren hast du doch deine Freunde.«

Mit Henrike ging es so lange am besten, wie sie in E. ihr Café betrieb und ich hier meinen Softwareladen, ich bin zwei Jahre lang immer am Wochenende nach E. gefahren, manchmal war sie hier. Sie kam in mein Leben und hat die Sachen, die ich mache, infrage gestellt. Auch im Job, dagegen ist ja auch grundsätzlich nichts zu sagen, sie ist eine erfahrene Geschäftsfrau. Wir waren drei Gesellschafter in der Firma, einer hat uns betrogen, waren wir nur noch zwei, Herbert und ich. Henrike fing an: »Das ist doch ein Schwätzer.« Sie hat mich auf die Zweifelschiene gebracht, ich habe den Druck erhöht, die ganze Sache kippte, Herbert ist ausgestiegen, er schuldet mir heute noch Geld. Ich wohnte mit der Firma in einer hypermodernen Büroanlage, da hätte ich mit hundertdreißigtausend Euro Mietschulden rausgehen können, da wäre ich voll vor die Wand gefahren, aber ich konnte mit dem Vorstand der Immobilienverwaltung reden, der hat mir eine Tür geöffnet: »Zahlen Sie drei Monate die Miete nicht, dann kündigen wir Ihnen fristlos.« Ich hab dem erst nicht getraut, aber das lief dann, ich war dem Typ unglaublich dankbar.

Ich bin in ein winziges Büro gezogen, Ladenwohnung, Erdgeschoss, da saßen wir zu dritt auf zweiundzwanzig Quadratmeter. Ich fand: Nach E. umziehen bringt für mich nichts, da fang ich bei null an, und Henrike wollte gerne nach F. kommen, ihr Café läuft auch, wenn sie nicht vor Ort ist. Wir haben zusammen eine gemeinsame Wohnung gesucht und fühlten uns schnell verarscht: Über angeblich ruhigen Neubauwohnungen mit Dachterrasse am Stadtrand klappten die Flugzeuge im Landeanflug ihr Fahrwerk aus, in Altbauwohnungen mit angeblichem Traumblick ins Grüne konnte man die Fenster nicht öffnen, weil der Blick in den Park über eine mehrspurige Straße ging. Im Freundeskreis zogen Paare aufs Land, achthundert, neunhundert Euro Miete für ein Haus. Wir haben gesagt: »Lass uns doch auch mal kucken.« Henrike schickte mir einen Link für ein Haus: *Klick da mal drauf.* Ein großes Grundstück mit zugehörigen Feldern und Wald, schon fast eine Art Herrenhaus, noch viele Nebengebäude drauf. Ja, gut, konnten wir uns ja mal ankucken. Wir sind hin: Es hat mich nicht besonders gekickt. Wir sind ein zweites Mal hingefahren, ein drittes – immer, wenn wir wegfuhren, dachte ich, dass irgendwas nicht stimmt. Einmal waren es die Decken, die erschienen mir total niedrig – wir kommen wieder hin, nachgemessen, sie waren höher als in meiner Wohnung. Ein anderes Mal das Licht, war das da nicht total düster? Nee, war es nicht.

Wir haben sogar einmal ein Wohnmobil gemietet und vorm Haus übernachtet, um zu hören, ob man nachts Straßen hört, wie die Geräusche aus dem Wald so sind. Dann war die Sache klar: Wir probieren das, das wird unser Haus, angezahlt, Notartermin angeleiert. Das war im März, vier Wochen später hatten wir die Schlüssel. Ich hab angefangen, die Böden rausreißen zu lassen, die Balken zu erneuern. Im September haben wir geheiratet. Es war die schönste Hochzeit, die ich je miterlebt habe. Obwohl so viel improvisiert war, schiefging, weil alles sehr, sehr kurzfristig war. Ich hab am Tag vorher noch große Planen und Tarps gekauft und vom Haus zu den Bäumen über den Hof gespannt, falls es regnet. Die Hochzeitstorte wurde nicht geliefert, ich fuhr los, ein Sortiment Tiefkühltorten holen, die dann allen sehr geschmeckt haben. Der Meisterkoch aus dem Freundeskreis kochte zwar gut, aber leider viel zu wenig.

Es gab auch den üblichen Eklat, der offenbar bei keiner Hochzeit fehlen darf: Weil mein Vater nicht reden wollte, hat Roger das übernommen, und er ließ sozusagen meine ganzen Lebenslieben aufmarschieren, er hatte die ja miterlebt, seit ich zwanzig war: »Irgendwann hatte ich begriffen: Das Stöhnen aus Moritz' Zimmer war proportional zur Körbchengröße seiner Damen. Die Holländerin – 75 B, das war Zimmerlautstärke. Kristina – eine Granate im Bett und 75 C, ich musste mit Ohropax schlafen. Warum er die 80 C, wie hieß die noch mal, egal, nicht heiraten wollte, hab ich ja nie verstanden …« Als er so rumschwadronierte, »für gewöhnlich red ich vor internationalem Publikum«, rief einer dazwischen: »Mann, dann hör doch auf!« Ich hab auch überlegt, ob ich intervenieren muss, hab Henrike gefragt. Sie blieb ganz cool, sie hat: »Nee, lass man« gesagt. Alle fanden's grauenhaft, geschmacklos … Aber das gehört wohl dazu.

Wir hatten die Hochzeit mehrmals verschoben, irgendwas war immer dazwischengekommen. Ich würde nicht sagen, dass das eine Liebesheirat war, der eigentliche Höhepunkt der Beziehung kam nach der Hochzeit. Seit unser Sohn Lukas da ist, hat sich unser Sex reduziert, aber das ist eigentlich nicht wirklich ein Problem. Ein Problem für mich ist in letzter Zeit, dass ich irgendwie unzufrieden bin.

Als wir hergezogen sind, haben wir ziemlich gleich viel verdient, Henrike verdient immer noch, sie ist nach wie vor die erfolgreiche Unternehmerin, ihr Café läuft super. Bei mir ist das im Moment nicht doll, aber das ist normal. Ich werfe ihr ihren Erfolg auch in keinster Weise vor, sie ist einfach perfekt aufgestellt. Ich bin gerade in der Umbruchphase, sehe, dass meine Projekte in Gang kommen, auch wenn Henrike mir gerade meine betriebswirtschaftliche Auswertung auf den Tisch gelegt hat mit einem: »Sieht scheiße aus, der Kontostand ist so wie vor einem Jahr.« Ich sag: »Find ich in Ordnung so.« Weil ich ja weiß, was angeschoben ist. In unserer Beziehung ist es so, dass ich mehr den weiblichen Part übernehme und Henrike den männlichen, sieht nach außen nicht so aus, ist aber so.

Das Gesamtpaket mit Henrike stimmt, wie gesagt. Auch wenn sie nicht mein Typ ist – sie ist attraktiv. Auch wenn sie nicht studiert hat – sie ist eine toughe Frau. Auch wenn sie nicht die Kanone im Bett ist – es macht Spaß. Vielleicht hatte ich, als wir uns schon ein Jahr kannten, diese Torschlusspanik, von der man manchmal bei Frauen spricht. Für mich war siebenunddreißig immer ein Schlüsselalter, ich hab immer gedacht: Bis siebenunddreißig musst du das klarhaben mit Familie, wenigstens mit der Planung. Mein Vater hat mich mit siebenunddreißig gekriegt, ich fand das spät ... Kurz: Ich hab sie gefragt, ob sie mich heiraten will. Auch beim Heiratsantrag war sie wieder total tough. Wir waren dabei, was in die Wohnung hochzutragen, ich sage: »Willst du mich heiraten?« Sie sagt: »Du, Moritz, frag mich das später noch mal.« Das hab ich gemacht, während wir gevögelt haben, da ist sie abgegangen wie eine Rakete, das war die beste Nummer, die wir je hatten.

Hauskauf, Hochzeit, Umzug. Wir sind hierhergezogen, haben die großen Flächen alle behalten, erst hatten wir ja gedacht: verkaufen wir. Aber jetzt ist es ein schönes Gefühl zu wissen: Da ist ein Maisfeld, da eins mit Sonnenblumen, die große Wiese, der Wald, alles herrliche Natur. Die ist mir ganz wichtig, ich stehe auf dem Standpunkt: Die Bäume waren vor uns da. Henrike hat mich dazu gebracht, neun fette Bäume umzulegen, wir haben da jetzt sechs, sieben Apfel- und Kirschbäume stehen. Die wachsen langsam, aber im Frühjahr hat

Henrike die trotzdem total runtergeschnitten, sie hatte in einem Buch gelesen, dass man das so macht mit dem Obstbaumschnitt. Henrike wollte sie gesundschneiden, ich hab gedacht: So macht sie es auch mit mir.

Ich rede ja über alles, meine ich, sie nicht, im Zweifelsfalle missverstehen wir uns. Zum Beispiel: Wir hatten keine Vorhänge. Wir sitzen im Wohnzimmer, plötzlich sagt sie: »Was hältst du von blauen Vorhängen?« – »Ich weiß nicht, Vorhänge brauchen wir doch eigentlich hier nicht …« Anderes Thema. Zwei Wochen später: »Wir haben doch neulich über die Vorhänge gesprochen, ich hab da einen Stoff gesehen …« – »Wie, Vorhänge?« –»Du hast doch auch gesagt …« – »Nee, also …« Anderes Thema. Drei Wochen später, ich komme nach Hause: »Was sind denn das für Vorhänge?« – »Wieso, du wolltest doch blaue Vorhänge.«

Alle potenziellen Register, die ich vor Henrike hätte ziehen können, haben inzwischen auch Kinder. Alle reproduzieren sich, hätte ich nicht unbedingt gedacht, als ich mit ihnen zusammen war. Was ich total genieße, ist Lukas, unseren Sohn. Ich bin froh, dass er gesund ist, dass er intelligent ist – das ist mir ein Bedürfnis, ein kluges Kind zu haben, ja. Er ist zwar erst vier, aber man merkt, in ihm steckt was. Ich hab auch das Gefühl, dass diese Wachstumsmomente mit ihm immer ich erlebe, also, wenn er wieder einen kleinen Schritt macht, dann macht er den mit mir. Henrike geht ganz anders mit ihm um als ich.

Gestern Abend, sie hatte warmen Maiskolben gemacht, in Butter. Wir saßen auf der großen Wiese, ich hab meinen abgenagten Maiskolben in hohem Bogen ins Gras geworfen und gesagt: »So macht man das.« Henrike meinte: »Muss das sein?« Natürlich fand Lukas es super, den Maisrest durch die Gegend zu feuern, aber er kommt ja nicht so weit beim Werfen, also lag der Kolben in Sichtweite auf der Wiese. Henrike hat zu uns gesagt: »Lasst das lieber.« Ich habe meinen nächsten Maisrest dann Richtung Kompost geworfen. Lukas steht nach dem nächsten Stück Mais auf und läuft zum Kompost, kommt zurück, isst, rennt zum Kompost. Henrike sagt zu ihm: »Iss erst auf, dann bringst du die Reste weg.« Klar, dass er dann angefangen hat zu schlingen. Henrike hat mich vorwurfsvoll angekuckt – war mal wieder meine Schuld. Ich versteh das nicht, ich geh anders mit ihm um, aber ich sag da nichts mehr, weil … Ach.

Also, ich finde: Ich komme hier zu kurz. Ich könnte mit Henrike alt werden, sie ist für mich noch nicht verbraucht, das hört sich hart an, so meine ich das nicht, besser trifft es vielleicht: Unsere Beziehung ist für mich noch nicht erschöpft. Aber mir ist es in letzter Zeit zu kalt, mir fehlen Berührungen. Neulich Abend kam sie spät nach Hause, weil sie sich noch mit einer Freundin getroffen hatte, die beiden haben eine Schnitzeljagd für den Kindergarten vorbereitet bis spät in die Nacht. Ich finde das ja auch toll, dass sie sich da so reinhängt, was für andere macht. Jedenfalls: Sie kommt nach Hause, ich hab mich im Bett an sie rangelöffelt, und es hat sich gleich, sagen wir mal sachlich, eine Erektion eingestellt, die ging auch nicht wieder weg. So lieg ich da 'ne Weile an ihrem runden Hintern. Sie sagt: »Du, ich will schlafen.« Ich hab noch nie 'ne Frau genötigt, das mach ich nicht. Irgendwann bin ich aufgestanden und hab gesagt: »Ich muss mir einen zupfen, ich schlaf heut im Gästezimmer.«

So war das in der letzten Zeit öfter, wir schlafen miteinander, aber eben zu selten. Ich weiß ja, sie wirft mir vor: »Du willst nur Sex.« Das stimmt aber nicht, Sex ist für mich der verlängerte Arm von Wärme. Die Typen, die ich kenne, haben offenbar alle 'ne weibliche Komponente, sie sehnen sich alle nach Nähe und Geborgenheit. Was die Frauen heute falsch interpretieren, Nähe mündet manchmal in Sex, muss aber nicht. Wenn Henrike nur einfach nach hinten gefasst hätte, die Eier mal in die Hand genommen hätte: »Alles noch da, fein.« Aber sie tut so, als ob nichts wäre. Ich hab kein Interesse daran, in'n Puff zu gehen, Kumpel von mir machen das, das weiß ich, siebzig Prozent von ihnen, der eine bevorzugt Weißrussinnen, die anderen sind wahllos. Ich will nicht bezahlen und 'ne Dienstleistung kriegen, ich will dieses Begehren haben, ich will Nähe. Ich hätte keine Zeit, parallel 'ne Geliebte zu haben, will ich auch gar nicht, ich will ja Henrike.

Ich arbeite dran, dass ich in vier, fünf Jahren nicht mehr arbeiten muss, ich stelle mich komplett neu auf. Im Moment sag ich mir: Ich konzentrier mich jetzt erst mal auf den Job, dann auf die Beziehung. Ich hatte bisher immer das Glück, dass wenigstens eins von beiden richtig gut war, wenn alles super lief, sogar beides, dann ist mein Ich auch im Gleichgewicht, im Moment stimmt es leider vorne und hinten nicht.

Die meisten sagen ja, wenn ein Kind da ist, wird alles ganz anders. Ich sehe das so: Ein Kind wirkt wie ein Verstärker. Ein Kind offenbart die Schwächen, das was nicht gut läuft in der Beziehung, es zeigt dir aber auch die Substanz, die da ist. Bei uns überwiegen im Moment ein bisschen die Schwächen. Henrike spürt das auch, sie hat das auch gesagt, Moment, ich krieg das nicht mehr richtig zusammen, irgendwie so: Sie ist enttäuscht, dass Lukas uns nicht näher aneinander-, sondern eher weiter auseinandergebracht hat. Nee, das ist so nicht richtig, eher: Also da ist ein gewisser Frust, der sicher auch von der Anstrengung kommt, die ein Kind einem abverlangt, die man so nicht ahnt vor der Geburt. Meine Sicht ist: Was ich mache, ist selbstverständlich, ich bin acht Stunden weg, die sieht man nicht, ich bin ja nicht da. *Ihre* Stunden zu Hause, die sieht man. Die sechzehn Stunden, die ich zu Hause bin, wo ich mir den Arsch aufreiße, die werden nicht wahrgenommen. Sie sagt: Sie hat kein Problem, ich hab eins. Dadurch bin *ich* ihr Problem. Henrike ist eine Maschine, die auf Schienen fährt, und ich störe da von links und von rechts. Ich weiß: Wenn ich nicht wäre – sie würde ihr Leben auch alleine meistern, und das finde ich ja auch gut an ihr …

Meine Forderung nach gemeinsamer Muße, nach Zweisamkeit geht im Moment zu sehr ins Leere. Wir haben hier vor zwei Jahren für achttausend Euro die beiden Terrassen und die Holzgänge durch den Garten machen lassen, alles auf Podesten, damit man trockenen Fußes durchkommt, da, wo es zur Wiese geht. Die Baumaschinen haben tagelang gerödelt, das Holz war dann schnell installiert, ich hatte mir vorgestellt, dass wir uns abends eine Flasche Sekt aufmachen, und dann hätte ich sie am liebsten auf der neuen Terrasse durchgezogen – wir haben nicht mal den Sekt aufgemacht. Als Nächstes hat Henrike den Wintergarten geplant.

Ich werde krittelig, ich weiß das. Henrike hat den *Spiegel* abonniert – warum? Sie liest ihn nicht, neulich kam die Frage: Wer ist Hubertus Heil? Oder: Da war in letzter Zeit so viel drin über den Ausstieg aus der Atomkraft, wir kamen neulich drauf, sie hat nur mit den Schultern gezuckt. Ich denke: Wenn sie den *Spiegel* lesen würde, wir miteinander reden würden – dann würden wir uns auch auf der Terrasse durchziehen. Ich interessiere mich im Moment eigentlich nicht für Politik, im Grunde kotzt es mich an, was läuft, aber damit die Rechtsextremen nicht in die Parlamente kommen, muss man zur Wahl gehen, mir bleibt nichts anderes, als die Grünen zu wählen, für Henrike ist das wieder nicht nachvollziehbar. Diese Missverhältnisse führen für mich auch zu einem Näheverlust.

Was mir ganz wichtig ist: Unter den Freunden reden wir absolut Tacheles, und die sind alle frustriert. In ihren Beziehungen, wenn vorhanden, und im Job, überall gibt's Druck … Torsten, der ist wirklich ein attraktiver Typ, gebildet, das ist ein hochsensibler, qualifizierter Typ, der hat mehrere Berufe gelernt, Medizin und Philosophie studiert, der leitet jetzt ein Callcenter, er hat die Fingernägel runtergefressen bis aufs Nagelbett. Du kannst nehmen, wen du willst, die haben alle tierische Probleme, bis auf Roger. Dabei ist auch er letztlich nur eine Marionette.

Surfen, lesen, klassische Musik hören, malen, das mach ich alles nicht mehr, ich weiß nicht, warum, das, was mich ausmacht, mach ich alles nicht mehr. Immerhin: Ich find's für mich total beruhigend, dass mit meinem fortschreitenden Alter die Frauen auch älter werden können. Ich kenne Frauen, die sechzig sind, die sind attraktiv, die hätte ich in bestimmten Situationen auf der Stelle … Aber es geht nicht um die anderen Frauen. Auch wenn ich Henrike ankucke: Natürlich sind die Brüste nicht mehr so wie früher, der Bauch, die Haut – da mäkel ich aber nicht, sondern kucke an mir runter: Da ist das Gleiche, ich kriege auch ein Bäuchlein. Fremdgehen – selbst der Gedanke daran spielt nicht wirklich 'ne Rolle. Ich war neulich mit einem Freund im *Hooters*, klar sind die Kellnerinnen da lecker: rote Hotpants, dass es so was noch gibt, weißes Tanktop, weiße Stiefelchen. Denen steht ins Gesicht geschrieben: Wenn ich kein Playmate bin, bin ich wenigstens ein *Hooters Girl*. Aber solche Mädels interessieren mich nicht mehr. Irgendwann fingen die Praktikantinnen an, mich zu siezen, da hab ich auch aufgehört, sie zu vögeln. Ich hab das Gefühl, ich bin jetzt

180

auf dem zweiten Markt. *Second Age.* Vielleicht ist das das Problem? Ein Schiff ist im Hafen sicher, aber dafür ist ein Schiff nicht gebaut.

Neulich hat mich am Freitagabend der Typ von nebenan übern Zaun begrüßt: »Na, Herr Nachbar, kommen Sie auch gerade aus'm Baumarkt?« Jahrelang war ich im Surfladen, dann im Plattenladen, jetzt im Kinderladen. Und nun Baumarkt ... Ich werde wieder vögeln. Im Idealfall mit meiner eigenen Frau. Frauen haben dabei immer wieder gestöhnt: »O Gott.« Da sag ich: »Nenn mich einfach Moritz.«

Josef, 60,
Bauingenieur/Architekt in Rente, 28 Jahre verheiratet, kinderlos

Platon schlägt Playboy

Wenn sie durch die Landschaft radeln, erscheinen sie Beobachtern wie einem Werbeprospekt für Glück und Zufriedenheit in der dritten Lebensphase entsprungen: die mädchenhafte, rothaarige Barbara und ihr fröhlich dreinschauender Ehemann Josef. Schon glaubt man an die dauerhafte, traute Zweisamkeit – die fragile Balance dieser Ehe ist von außen nicht zu erkennen ...

Man kann sagen: Bis zum fünfzigsten Geburtstag meiner Frau erschien unsere Welt ziemlich in Ordnung. Damals waren wir, wie so oft, in Spanien, in unserem Appartement in C.. An einem Abend hatten wir einen Ausflug in den Nachbarort P. gemacht, gut Fisch gegessen, gut Wein getrunken in einem gemütlichen Lokal direkt am Hafen. Dann auf dem Rückweg: alles stockdunkel, die Olivenbäume ragen über die Straße, das kann auf einen schon bedrohlich wirken, Barbara sagt: »Du rast. Ras doch nicht so!« Ich sage: »Ich rase nicht, ich krieche hier mit achtzig lang.« – »Nein, du rast.« – »Tu ich nicht.« Ich konnte es noch nie leiden, wenn meine Frau mir beim Fahren reinquatscht, das mache ich bei ihr auch nicht, also sage ich: »Fahren tu *ich*, vielleicht bist du einfach mal ruhig.« Da schwenkt sie die Beine zu mir rüber, rammt sie mir an den Brustkorb, fällt dann mit allen zehn Fingernägeln über mein Gesicht her. Ich weiß nicht, wie ich den Wagen zum Stehen gebracht habe, ohne dass wir von der Straße gerutscht sind. Sie reißt die Tür auf und will abhauen. »Du bleibst schön hier!« Ich konnte sie gerade noch festhalten, dachte die ganze Zeit: Was war das denn jetzt? Ich bin irgendwie zurück zum Appartement gekommen, wir sind schlafen gegangen.

Am nächsten Morgen stand ich vorm Spiegel, ich hatte eine Beule, Kratzspuren. Den Nachbarn hätte ich gesagt, dass mir ein Ast ins Gesicht geschlagen ist, aber ich kriegte an diesem Tag niemanden zu sehen, ich bin in den Wagen gestiegen und losgefahren, ich musste nachdenken. Damals wusste ich noch nicht, dass sich einiges in unserem Leben ändern würde.

Unsere Ehe war immer eine glückliche Ehe, in dem Sinne, dass wir ein großes gegenseitiges Vertrauen hatten. Es war das absolute Verständnis da zwischen Barbara und mir, es gibt keinen Menschen in meinem Leben, mit dem ich so viel Zeit verdiskutiert habe. Wir haben uns oft übergangslos vom Frühstück bis zum Mittag ausgetauscht, vielleicht war das manchmal schon zu viel. Wo mir vielleicht immer etwas gefehlt hat, das ist die sexuelle Seite, die ich halt anders kannte, in der Zeit vor Barbara. Das leidenschaftliche Weib war sie nie, das kommt durch ihre verklemmte Erziehung, den Einfluss der Klosterfrauen. Man hatte nie das Gefühl, dass sie die körperliche Liebe wirklich mag, und ich war halt ein leidenschaftlicher Knilch, im Kopf bin ich das heute immer noch.

Als wir geheiratet haben, war ich zweiunddreißig, ich war mit Barbara schon drei Jahre zusammen und hatte mich vorher zehn Jahre lang als Junggeselle ausgetobt. Wahrscheinlich habe ich eine Frau wie meine Frau gesucht: den ruhenden Pol. Barbara war eine hübsche Frau, das ist sie immer noch: rotblond, zart, mehr der irische Typ, sie hatte eine Bombenfigur, und irgendwann wollte ich wirklich Kinder mit ihr. Bis zu dem Punkt war es für mich ein ordentliches Stück Weg.

Ich komme vom Dorf, da lief das volle Programm: katholischer Burschenverein, Sportverein, Theaterspielgruppe, Männerballett an Fasching. Es war das Glück meines Lebens, dass ich diesem Dorfleben so früh entkommen bin. Wir hatten ein Baugeschäft zu Hause, das ich später übernehmen sollte. Schulisch war ich ein ziemlicher Versager, nach vier Klassen Gymnasium war für mich Schluss, ich war in der Pubertät, ich bin fast durchgedreht, ich konnte nicht mehr klar denken. Schule – ich fand das alles grauenhaft. Irgendwann hatte mein Vater einen Maureranzug hergerichtet beim Mittagessen. Vormittags war ich noch in der Schule gewesen, nachmittags ging es auf die Baustelle. Da standen zehn Bauarbeiter, warteten auf den Sohn vom Chef, das halbe Hemd: Dem bringen wir jetzt mal was bei, und das ist Kleinmachen. Die ersten drei Schubkarren mit Beton hab ich umgekippt. Vielleicht ist das irgendwie der Weg zum Mannwerden, dachte ich, ich war vierzehn.

Bei uns zu Hause herrschte das Matriarchat, das Sagen hatte meine Mutter, sie verstand von Technik und vom Geschäft nichts, aber sie war die Stärkere. Ab meinem sechzehnten Lebensjahr verging kein Tag, wo ich keinen Krach mit ihr hatte. Ich wollte, dass wir uns mit jeder möglichen Mark an einem der neuen Frischbetonwerke beteiligen, das war die Zukunft, aber meine Mutter war dagegen, sie war misstrauisch bei allem Neuen.

Mit siebzehn ging meine Lehrzeit zu Ende, ich war nun Maurer und bin so schnell ich konnte auf die Ingenieurschule nach S.. Da hatte ich ein möbliertes Zimmer, ich bin aufgeblüht in der Stadt, alles war anders, alles war hochinteressant. Wochenends bin ich nach Hause. Nach vier Jahren hatte ich meinen Abschluss als Bauingenieur. Meine Mutter hat gesagt: »Du kannst den Betrieb bekommen, aber so und so viel Geld müssten wir dafür kriegen.« Ich war Berufsanfänger, ich hätte Geld gebraucht, um fürs Geschäft zum Beispiel einen Kran zu kaufen – es war ein Witz!

Da bin ich im Brass von zu Hause weg, in München hatte ich eine Bewerbung bei einem Planungsbüro für Industriebau laufen, die wollten mich sofort einstellen. Ich hab trotzdem wochenends weiter meinen Vater im Baugeschäft unterstützt, hab für ihn gezeichnet, er hat mir leidgetan, er ging am Stock, war auf meine Hilfe angewiesen.

In den Zeiten, in denen ich noch nicht verheiratet war, war München für mich eine Riesenstadt mit entsprechender Ablenkung. Mein Verdienst war mickrig, vielleicht tausendfünfhundert brutto, trotzdem bin ich schnell aus einer winzigen Bude, wo ich schon morgens im Treppenhaus über Junkies stolperte, in eine Zweizimmerwohnung gezogen, hatte ich mir selber ausgebaut im Speicher unterm Dach, ich hab die Arbeit gemacht, der Vermieter zahlte das Material. Drei Monate lang bin ich mit einem Zementsack auf den Schultern fünf Treppen rauf und runter dann mit zwei Zehn-Liter-Eimern Schutt. Ich hab 'ne Gasetagenheizung reingebaut, ein schnuckeliges Bad. Später hat der Vermieter Hunderte solcher Wohnungen nach diesem Muster ausbauen lassen – so ist das System, ich war ein armer Wicht.

Mein Start in der großen Stadt hatte hingehauen. Nun ging's richtig los mit den Frauen. Abends, wenn ich mit Freunden unterwegs war, haben wir viele Frauen getroffen, die waren allein auf Achse, allein streiften sie durch Schwabing, die suchten auch was. Aus heutiger Sicht kann man sagen: Das war eine generelle Aufbruchstimmung damals, eine sexuelle Befreiung sozusagen, die Frauen ausgestattet mit der Pille, neuem Selbstbewusstsein, die spießige Nachkriegszeit war endgültig vorbei. Alles war *easy going*, aber der Spaß ist für mich immer geringer geworden, weil es so einfach war, eine rumzukriegen. Aus männlicher Sicht ist das ein wichtiger Aspekt, wie man das Thema Frauen handelt, meine Quintessenz, die ich damals gezogen habe, war: Alle Frauen sind gleich. Was kann man erwarten, wenn jede mit jedem ins Bett hupft, aber nicht mit dem eigenen Ehemann? Ich habe damals das Vertrauen verloren in die Frauen, in ihre Treue.

Die erste wirklich schwerwiegende Frauengeschichte war die Frau meines Chefs, Renate. Sie hatte eine einseitige Liebe zu mir entwickelt, ich war fünfundzwanzig. Anfangs hab ich das weggedrückt, wollte davon nichts merken. Die Frau hatte durchaus Charakter, sie hatte Skrupel, aber – es entwickelte sich ein Verhältnis. Renate hat sich dann von ihrem Mann einen Tag in der Woche ausbedungen, an dem sie was für sich alleine machen wollte, am Freitag. Da traf sie sich nun mit mir. Sie hat es genossen, das hab ich gemerkt. Sie hat ihrem Mann immer gesagt, dass wir uns treffen – ich hatte montags immer ein blödes Gefühl, wenn ich mit ihm gearbeitet habe, er hätte ja mal fragen können: »Und, wie war das Essen?«, oder »Ihr wart im Kino …?« Er hat nix gesagt. Mir hat das zugesetzt, ich wollte nicht daran kaputtgehen, ich habe mich firmenintern versetzen lassen. Das mit seiner Frau lief unverändert weiter. Ihn sah ich nun nur noch ab und zu. Dieser Wechsel im Job war der erste Schritt, der zweite war: Ich wollte, dass Renate sich scheiden lässt, ich war verliebt in sie, nehm ich mal an.

Sie war damals vierundzwanzig, sie hat gesagt: »Warum willst du das, gefällt es dir nicht so, wie es ist?« Ich war ein naiver Bursche vom Lande, ich hatte Probleme mit der Konstellation. Ich habe dann begriffen: Diese Frau will beides, einen gut verdienenden Gatten, das Leben in der Villa – und was fürs Herz, mich. Irgendwann war ich mir dafür zu schade. Passenderweise rief da der Chef eines Wettbewerbsunternehmens an: »Haben Sie nicht Lust, zu uns zu kommen?« Doppeltes Gehalt, schnellstmöglich Umzug nach K., das war ein Riesensatz.

Ich traf mich immer noch mit Renate, nur sie wusste von meinen Plänen. In dieser Zeit hat sie die Pille abgesetzt, das ahnte ich natürlich nicht. Ich bin nach K., hab dort ein Riesenbauprojekt geleitet, nun waren wir kilometermäßig weit voneinander entfernt, wir haben uns lange nicht getroffen. Eines Tages bin ich auf der Baustelle, da läutet das Telefon, sie ist dran: »Ich möchte dich sehen. Magst du?« Natürlich mochte ich, wir haben uns auf halber Stecke verabredet, auf einem Parkplatz, ich steige zu ihr ins Auto, ich umarme sie, küsse sie, sie legt meine linke Hand auf ihren Bauch: »Ich bin im sechsten Monat.« Wir haben uns seitdem nie wiedergesehen, nicht miteinander gesprochen, gar nichts. Ich gehe davon aus, dass das Kind nicht von mir war, sie hatte keinen Grund, sich ein Druckmittel zuzulegen, sie wollte mich ja nicht. Trotzdem ist mir dieses Thema über die Jahre immer wieder durch den Kopf gegangen, vor allem, weil meine Ehe mit Barbara ja kinderlos bleiben sollte.

Renate war ich los, ich war sechsundzwanzig, als Bauleiter für siebzehn Millionen Bausumme verantwortlich, auf der Baustelle tanzten sechzig Firmen nach meiner Pfeife, ich fühlte mich großartig. Ich hatte in K. eine hübsche Wohnung, aber es ging mir finanziell nicht unbedingt besser als früher, ich habe über meine Verhältnisse gelebt, ich fuhr Porsche, ging in teure Discos, kaufte teure Klamotten …

Plötzlich war meine neue Sekretärin weg, nach zwei, drei

Monaten kündigte sie: Mutterschutz. Das war damals sehr üblich, kaum hattest du eine Frau eingestellt, war sie schwanger. Ich hab' die Buchhalterin gefragt: »Weißt du jemanden?« Sie meinte: »Wie wär's mit meiner Schwester?« Eine Studentin, sie konnte Schreibmaschine, Steno. Ich hab die blind engagiert. Es kam so was total Introvertiertes, Ängstliches, fast Stummes. Sie ist heute meine Frau. Ich habe Barbara anfangs, eigentlich sehr lange Zeit, als Frau gar nicht wahrgenommen, ich dachte auch: Da hat der Staatsanwalt noch die Finger drauf, damals wurde man ja erst mit einundzwanzig volljährig, sie sah so jung aus, wir waren gleich alt, aber sie wirkte wie sechzehn.

Mit Barbara lief – im Gegensatz zu anderen Frauen – nichts. Ich habe die totalen Hämmer gebracht, ihr nach einem Geschäftsessen, bei dem auch Wein getrunken wurde, die Schlüssel in die Hand gedrückt: »Fahr uns doch bitte nach Hause«, und ich hab mich mit so einem Mäuschen in den Fond verkrochen.

Eines Abends sitze ich in meiner Stammkneipe an der Bar, da kommt Barbara mit ihrem Freund rein. Ich wusste, dass sie einen hat. Die beiden gehen an mir vorbei nach hinten an einen Tisch. Irgendwann geht sie zur Toilette, kommt auf dem Rückweg zu mir, bleibt stehen und fängt das Quatschen an. Und dann merk ich auf einmal: Die geht gar nicht wieder! Sie stand da ewig lang, das wurde schon episch. Das war, wo sie mich das erste Mal interessiert hat. Später hat sie mir gesagt, dass sie genau das erreichen wollte.

Es kam dann mein Geburtstag. Die Feier war geradezu orgiastisch, es wollte auch keiner gehen, ich hatte alle Sofas ausgeklappt, die auszuklappen gingen, Decken ausgelegt, die Pärchen hatten sich gefunden, um vier Uhr früh lag alles verschmust rum, nur ich stand da, nackt bis auf die Unterhose, und fragte: »Und wer geht mit mir ins Bett?« Da hat die Barbara mich zur Sau gemacht: »Du in deiner schlupprigen Unterhose, du solltest mal ganz schnell alleine schlafen.« Ich konnte nicht landen bei ihr. Das hat mich gewurmt.

Übers Platonische, über viele, viele Gespräche ging es dann los, so fing unsere Ehe an, nicht übers Erotische, wie's üblich ist. Ich musste wirklich viel Vertrauensarbeit leisten, eigentlich ist unsere Ehe entstanden durch menschlich gutes Verständnis, das Bettgeschehen war da eher Beiwerk, also, das hat schon auch Spaß gemacht, aber war eben nicht so wichtig. Wir waren zwei arme Seelen, sie war der Meinung, dass ich anders sei, als ich wirke. Stimmt, damals viel mehr als heute, ich bin Sternzeichen Zwilling … Ich gab damals so den Playboy, dabei bin ich ein Sensibelchen mit zu vielen Gefühlen.

Wir sind Produkte der Achtundsechziger, in unseren Familien galten wir beide als Extremlinge, wenn wir Grün sagten, sagten die anderen Blau, wir hatten eine andere Lebensplanung. Es wäre der bequeme Weg gewesen, einfach konservativ zu sein, zum Beispiel zu Hause bei meinen Eltern die Schnauze zu halten, den Betrieb zu übernehmen – nein. Barbara und ich waren uns einig, ich war immer der Meinung, ich gestalte mein Leben, wie ich will. Der Preis dafür war: Ich hab in meinem Leben jede Mark selber verdienen müssen, ihr ging's genauso, da war nichts mit Erben.

Wir waren schon damals beide stur. Irgendwann ging mir dieser Sumpf aus Korruption und Vetternwirtschaft, in dem ich mich bei der Arbeit bewegte, so gegen den Strich, dass ich dachte: Schluss, wir bewerben uns beim Deutschen Entwicklungsdienst, ich als Ingenieur, sie als Bautechnikerin. Das war eine harte Prüfung, zwei Tage haben die uns durch die Mangel gedreht. Wir wollten nach Borneo, da eine Gewerbeschule gründen, aufbauen, leiten. Dann hieß es aber: »Nach Borneo können nur Ehepaare.« Hätten wir eben geheiratet, das wäre drin gewesen, aber: Die mitreisende Ehefrau durfte nicht arbeiten. Typisch Barbara, sie hat gesagt: »No. No way.«

Wir hatten unsere Jobs gekündigt, unsere Wohnung, unsere gesamte Habe passte in eine Einzimmerwohnung, die wir für die Borneo-Zeit gemietet hatten. In dieser vollgestellten Wohnung saßen wir jetzt. Wieder rief ein künftiger Chef an, es ging um einen Job, den ich nie gemacht hatte: technische geschäftliche Oberbauleitung im Tiefbau. Umzug, Haus in einer idyllischen Kleinstadt, großer, gepflegter Garten. Da haben wir auch geheiratet. Wir haben geheiratet, weil wir Kinder wollten, und ich wollte, dass die Kinder meinen Namen tragen. Meine Frau hat noch gefragt: »Wieso willst du heiraten, wir leben so doch auch ganz gut?« Heute würde ich sagen: Sie hatte ja recht. Aber damals?

Nach der Hochzeit haben wir angefangen, ihren Eisprung zu berechnen, die üblichen Dinge zu veranstalten, die man so macht bei Kinderwunsch. Es passierte zu lange nichts, wir haben das dann ärztlich abklären lassen. Mit meinen Spermien gab es teils Probleme – ich habe Hormone gefressen, jede Menge, da hat man früher nicht drüber nachgedacht. Bei Barbara waren beide Eileiter verwachsen, sie sollte operiert werden. Das war eine furchtbare Erfahrung, ich hab sie aus der Klinik abgeholt, und nachts hatte sie dann extremste Blutungen. Ich dachte, sie stirbt mir unter den Händen. Mit dem Rettungswagen wurde sie ins Krankenhaus zurückgebracht. Ich habe da ein Mordsspektakel gemacht. Es ist dann ausgeheilt, ich hab zu ihr gesagt: »Hör zu, wenn das der Preis für Kinder ist, dann doch lieber ohne Kinder.«

Wir dachten an Adoption. Auf dem Amt bei der Sozialarbeiterin hatte ich auf ihre Frage nach dem Beruf nur mit

»Bau-« angefangen, da fragte sie schon: »Wie viel trinken Sie?« Ich sage: »Nichts.« Sie weiter: »Sind Sie als Kind geschlagen worden?« Ich frage zurück: »Und Sie, sind Sie nicht geschlagen worden?« Erschwerend kam hinzu, dass wir ein Kind unter drei Jahren wollten, ich hatte mir vorgestellt, es sollte keine Erinnerung haben an die Familie, aus der es ursprünglich stammt. Wir kriegten ein vernichtendes Urteil. Die Träume vom Kind haben wir also aufgegeben.

Sonst waren wir eigentlich zufrieden damals. Barbara wechselte ziemlich oft den Arbeitsplatz, ich dachte mir nichts dabei, warum auch. Mit fünfunddreißig hatte ich eine Hüftoperation, danach war mein rechtes Bein vier Zentimeter kürzer, ich war behindert. Und das nach einer Operation, von der ich dachte, dass ich hinterher wieder Ski laufen kann, Tennis spielen. Pustekuchen. Ich konnte noch nicht mal mehr wandern, jegliche Art gemeinsamer sportlicher Betätigung mit meiner Frau war vorbei. Wenn wir zusammen spazieren waren, musste ich nach einer Viertelstunde sagen: »O.k., ich kann nicht mehr, gehen wir zurück zum Auto.« Ich konnte wirklich kaum krauchen, aber sie hat damals nicht gesagt: »Was bietest du mir schon noch?« Ich hätte mir durchaus eine Frau gewünscht, die stärker ihre Selbstständigkeit lebt, meinen Rockzipfel loslässt. Ich war schon ein bisschen enttäuscht, dass sie nicht alleine zum Skilaufen fuhr, das war nun für sie auch gestrichen, stattdessen hieß es für uns beide: Bad Wörishofen.

Mir ging es jahrelang nicht gut nach der OP, ich hatte Schmerzen, ich brauchte einen höheren Absatz, die Narbe hörte nicht auf zu eitern. Ich war wirklich kein attraktiver Mensch mehr, aber ich dachte: Noch mal operieren lass ich mich nicht, ich hupf dann eben so in die Kiste, wie ich bin.

Damals hätte ich auch schwerbehindert zu Hause bleiben

können, aber ich habe mir mein Terrain zurückerobert: Mit einem Vertriebsleiterjob bei einer Baustofffirma habe ich mich selbst rehabilitiert. Es dauerte nicht lange, und ich steckte im Dauerstress. Ich hatte oft Sechzehnstundentage, ich musste viel reisen, ich hatte über dreißig Millionen Umsatz zu verantworten.

Barbara hatte eine halbe Stelle im Bauplanungsamt der Stadt, besorgte alles in Haus und Garten, die beiden Hunde. Aber ich konnte mich nicht mehr so um sie kümmern. Als meine Frau vierzig war, kam mir einiges komisch vor, ich hab gedacht, sie liebt mich nicht mehr, da ist vielleicht ein anderer Typ. Ihren Chef, den Lothar, den kannte ich, der war immer ein Weiberheld gewesen. Ich dachte: Da musst du doch mal nachhorchen: »Wie findest du den Lothar denn so?«, frag ich, und sie wird rot. Ich wusste ja, dass ihr bestimmte Sachen unangenehm sind, ich hab die normalerweise auch vermieden. Ich hab mich dann beruhigt: Vielleicht sind das auch schon die Wechseljahre bei ihr.

Sie kam damals auf mich zu mit einem Plan für einen denkmalgeschützten Platz in der Innenstadt, da wollte sie ihre Ideen unterbringen, aber sie kam mit dem Konzept nicht aus dem Knick. Wie hat sie mich drangsaliert damit, das ging über Wochen. Ich hab gemerkt, dass sie's nicht mehr schafft, dass es zu viel ist. Irgendwann hab ich gesagt: »Morgen gehst du hin und schaust, ob du nicht andere Aufgaben kriegen kannst.« Da brach es aus ihr raus: »Du bist ja nie da, wann hab ich dich schon, du liebst mich nicht mehr.« Das, was ich da schließlich bemerkte, war ihre Angst, das war ganz schwierig festzustellen gewesen, dass das Angst war. Wie es so ist, man vertieft das nicht wirklich … Irgendwann haben wir besprochen, dass sie ganz aufhört zu arbeiten.

Wir haben uns in der Zeit richtig auseinandergelebt. Ich hab mich zugeknallt mit Arbeit, sie hat Schalen und Vasen getöpfert in unserem Keller, ist sechs Stunden am Tag mit den Hunden durch den Wald marschiert. Wie's bei uns aussieht, sollte keiner wissen, da brauchten wir keine Absprache, das passiert nicht wissentlich. So wie ich meine Ersatzdroge Arbeit hatte, hatte sie den Garten: Die Dinge, über die wir noch gesprochen haben, betrafen den Garten: »Brauchst du Humus? Ich hol dir welchen.«

Es war trotzdem – 'tschuldigung – eine geile Zeit. Ich hatte meine Bankverbindung bei unserer Regional-Sparkasse behalten, wenn da am Jahresende die sechsstelligen Tantiemen kamen, war das garantiert schnell rum im Ort bis zu meinen Eltern.

Ich hatte durchgehalten, mich bewiesen, aber ich war körperlich kaputt. Ich setzte meine Frühverrentung vor dem Sozialgericht durch, ich konnte mir das leisten, und das habe ich getan. Ich war wie befreit, wir haben das große Haus verkauft, sind umgezogen in ein kleines direkt am Park, haben uns das Appartement in Spanien zugelegt. Es wäre nur noch Sonnenschein angesagt gewesen, reisen, da hatte Barbara vor zehn Jahren ihre erste Psychose. Ja, die hatte sich nämlich angekündigt mit diesem Ausraster in Spanien, als sie mich im Auto attackiert und so wild zugerichtet hat.

An den Folgetagen sah ich meine Frau auf der Terrasse sitzen und geduldig Getreide mahlen, immer wieder durch die Mühle, bis der Wind den Mehlstaub wegblies. Wenn ich sie angesprochen habe, kam keine Antwort. Mir kam das komisch vor, aber andererseits: Barbara konnte schon immer schweigen, sie kann zehn Wochen lang die Schnauze halten. Zum Beispiel nach einem Streit. Ich kann das nicht, ich komm spätestens nach einer halben Stunde wieder an: »Wollen wir was machen, 'ne Runde spazieren gehen?« Ich bin so harmoniesüchtig, ich kann mit mieser Stimmung nicht leben. In der Arbeit hatte ich immer Power, absolute Stärke, auch bei Konflikten. Immer wenn Gefühle im Spiel sind, sieht das anders aus, da bin ich hilflos.

Ich habe also versucht, normal mit ihr Urlaub zu machen. An einem Tag wollen wir mit dem Auto los, plötzlich läuft sie noch mal auf die Terrasse und krabbelt in besten Klamotten unter die Sträucher. Ich hab gerufen: »Was machst du da?« – »Ich suche Wanzen. Die, mit denen man abgehört wird.« Es fiel schwer, das zu begreifen, irgendwann kam sie wieder raus, ich hab gefragt: »Und, hast du was gefunden?« – »Nein.« Aha. Wir fuhren los.

Im Wagen hat sie per Handy ihre Schwester in Deutschland angerufen: »Ich will nach Deutschland zurück, aber ich kann nicht so gut sprechen, der KGB ist hinter Josef her.« Es war mit ihr keine reale Unterhaltung mehr möglich, ich wollte sie ins Krankenhaus bringen. Sie springt unterwegs aus dem Wagen. Ich bin zur Polizei, es wurden die Funkstreifen alarmiert, irgendwann kam ein Anruf: »Sie ist hier in einer Bank.« Die Bankangestellte hatte Alarm ausgelöst, weil Barbara sich merkwürdig verhielt wie ein potenzieller Bankräuber. Es war klar, dass Barbara nicht freiwillig mitkommen würde, die Polizisten haben sie geschnappt, sie hat sich gewehrt, sie hat sich am Türrahmen festgeklammert, letztlich musste sie die sechzig Kilometer zur nächsten Klinik in unserem Wagen in Handschellen mitfahren. Ein Polizist fuhr auch mit, und ein netter Cafébesitzer, der bereit war, zu übersetzen, dem hat sie sich an den Hals geworfen, ihn fast abgeknutscht: »Du bist mein Liebster.« Zu mir hat sie sich von hinten zum Fahrersitz vorgebeugt und mir ins Ohr geflüstert: »Josef, überhol doch den Mistkerl da vor uns einfach, das kannst du doch, das weiß ich.«

Im Krankenhaus hat sie Spritzen bekommen, die sie ruhigstellten. Sie wollte nach Deutschland zurück, so viel war klar. Aber es stellte sich auch heraus, dass sie nur fliegen durfte, wenn ein Arzt ihr Reisefähigkeit bescheinigt. Sie war also einverstanden, in der geschlossenen Abteilung der Klinik zu bleiben, da habe ich sie täglich besucht. Am vierten Tag komme ich zur Klinik, meine Frau ist weg – man hatte sie auf die halb offene Station verlegt. Ich wusste nicht, wo sie ist, was sie macht. Einen Tag, eine Nacht, einen Tag. Das waren die längsten sechsunddreißig Stunden meines Lebens. Ich wusste ja, dass sie nach Deutschland will, die Polizei, Taxifahrer, Busfahrer, alle suchten nach ihr, ein Foto war schon verbreitet worden.

Sie hatte sich die Klamotten einer Mitpatientin geschnappt, drei Nummern zu kleine Segeltuchschuhe, so war sie los. Draußen war es kalt, es hatte sogar geschneit. Sie muss mit dem Bus zu einem Militärgelände gefahren sein, hat in einem Pavillon ihr Zeug hingehängt, sich eine Pilotenjacke in passender Größe vom Haken genommen, dann ist sie zu einem Helikopter, in dem ein Pilot saß. Sie ist eingestiegen und hat gesagt: »Ich bin jetzt da, Sie können jetzt losfliegen.« Die haben gedacht, das wird ein terroristischer Überfall. Als ich mit der Polizei hinkomme, sehe ich meine Frau am Boden sitzen, aus den zu kleinen Schuhen läuft das Blut wie bei Dornröschen. Ich nehme sie huckepack und bringe sie zum Auto. Sie war wieder für drei, vier Tage im Krankenhaus, dann konnten wir fliegen. Sie war dann zu Hause gut drei Monate in einer Klinik. Das war ihre erste Psychose, es folgten zwei weitere.

Die Ärzte hatten Schizophrenie diagnostiziert, Barbara ist

dann in einer Parallelwelt, fühlt sich verfolgt. Man kann die Patienten mit Neuroleptika einstellen, meine Frau führt zu neunzig Prozent ein normales Leben. Aber wenn es losgeht mit so einem Schub, auch, wenn es vorbei ist, das ist, als wenn ein Schalter umgelegt wird. Barbara kann sich später an die Ereignisse nicht wirklich erinnern. Es hat lange gedauert, bis sie nachgefragt hat: »Du, hör mal, mit der Bank, mit dem Helikopter, war das wirklich so?«

Sie hat mir gesagt, dieser Zustand in dieser ersten Psychose in Spanien, der war richtig toll, sie hat sich so wohlgefühlt wie noch nie in ihrem Leben. In der Psychose ist die Rücksichtnahme weg, sich selbst und anderen gegenüber, da gibt es keine Instanz, die achtgibt, welche Folgen das zeitigt, was du sagst oder tust. Ich finde es durchaus beruhigend, dass die Gründe für ihre Schizophrenie nicht in der Kindheit, in traumatischen Erlebnissen zu suchen sind, sondern hauptsächlich im Gehirnstoffwechsel.

Ich bin sehr offen umgegangen mit dem, was uns passiert ist, hab das Freunden erzählt. Und ich war so enttäuscht über die Reaktionen: »Mensch, kratz die Kurve«, »Sieh zu, dass du sie loswirst«, habe ich zu hören gekriegt von Männern. Das lässt doch tief blicken, da kommt man ins Grübeln, wie es in deren Ehen wohl wirklich aussieht.

Vor zehn Jahren haben wir aufgehört, miteinander zu schlafen. Barbara hat gesagt: »Du, horch mal, wenn du da mal ein Bedürfnis hast, ich hab da kein Problem.« Ich weiß nicht, wie das bei ihr ist, ob durch die Medikamente, die Krankheit die Libido wirklich total weg ist. Es ist schon so, ich bin nicht lieb und zärtlich, ich pack es einfach nicht, und wenn sie sagt, *sie hätte da kein Problem ...* Dieses Gerede über die Verfügbarkeit, das macht mich geradezu fertig.

Aber es geht noch einen Zacken schärfer: Über ihre Ärztin hat Barbara mir beim letzten Klinikaufenthalt ausrichten lassen, sie wolle die Scheidung. Wie sollte ich das verdauen? Wir haben jetzt zehn Jahre mehr oder weniger ein Partnerleben, ein Versorgungsleben. Wir sind nett miteinander, freundlich, wir reden über alles, nur ein Thema wird tunlichst ausgeklammert: dass wir kein gemeinsames Schlafzimmer mehr haben. Ich bin deswegen nicht wirklich unglücklich. Mir fehlt schon gewaltig etwas, aber ich kann es bei ihr nicht suchen und finden. Was soll ich machen, ich könnte mich nicht trennen von ihr, denn das, was sie hält, bin eigentlich ich. Es ist nicht einfach, mein, unser Leben heute, aber ich stehe zum Status Ehe. Ich habe also zu der Ärztin gesagt: »Meine Frau will die Scheidung, sagen Sie. Geben Sie mir schriftlich, dass meine Frau gesund ist, dass ihre Wünsche real sind?« Das kann ein Arzt natürlich nicht.

Ich kann mir vorstellen, dass Barbara sich überlegt hat, vielleicht hat da auch ihr Unterbewusstsein gearbeitet: Ich versaue ihm sein Leben, es ist besser, ich gebe ihn frei. Das wäre ihr zuzutrauen. Aber mir ist eben auch zuzutrauen, dass ich sage: Ich bleibe, wir bleiben zusammen. Wir haben eine gemeinsame, gute Vergangenheit, ich weiß sehr viel über sie, und wie war das denn, als ich meine Hüft-OP hatte, danach quasi behindert war, ist sie da weggelaufen? Nein. Wenn wir uns versingeln würden, wäre das finanziell kein Problem für Barbara, wir haben eine Zugewinngemeinschaft, wir haben Immobilien, ihr ginge es nicht schlecht. Aber sie kann mit Geld nicht umgehen, ihre Schwester würde sich wie ein Geier auf Barbara stürzen und nach dem Erbe der Eltern auch noch Barbaras Habe an sich raffen. Auch da spüre ich Verantwortung.

Es waren wirklich Zeichen da, dass Barbara die Ehe aufge-

ben will, sie hatte sich sogar schon nach einer Wohnung umgesehen. Meine Schlussfolgerung nach dem Gespräch mit der
Ärztin war: Du lässt deine Scheißhüfte richten, du musst fit
sein … Das Zweite war: Ich habe mich in Partnerforen im Internet umgesehen. Wenn du dich den ganzen Tag alleine fühlst
oder es bist, dann ist das eine interessante und tolle Sache,
du gehst rein, und schon bist du nicht mehr allein, wenn du
es willst, kannst du innerhalb von drei Stunden eine Frau für
ein Date finden. Aber darum geht es mir nicht. Ich verbringe
bis heute zu viel Zeit im Netz, suche mir Foren zum Artikel-
schreiben, Polemisieren, Kurzgeschichtenschreiben. Was es
intelligent und lustig macht, ist der Austausch, da ergibt sich
auch manchmal ein virtueller Flirt, und gleichzeitig kannst du
intelligente Schreiberei lesen, das gefällt mir, ich versuche stark,
mich abzulenken, auf diesen Freiraum bestehe ich.

Barbara und ich können noch immer spannende Diskussionen führen: Was macht eine hohe Lebensqualität aus? Belasten
wir uns gegenseitig mit etwas, was vielleicht gar nicht sein
müsste? Aber für mich ist nach wie vor klar: Wir bleiben zusammen. Ich freue mich, mit ihr mit unseren Elektrorädern
durch die Landschaft zu radeln, das ist herrlich, wir kommen
schnell voran, und es strengt wenig an. Ich freue mich, wenn
wir in unserem Appartement in Spanien sind, und ich sehe sie
da ganz gelöst im Liegestuhl liegen, über den Strand laufen, sie
liebt die Wärme.

Im Grunde haben wir die gleichen Streitpunkte wie eh und
je, letzten Sonntag zum Beispiel: Meine Frau kann prinzipiell
kein Fleisch braten. Schweinsbraten, das kenne ich schon von
zu Hause so: scharf anbraten, dann ins Rohr bei hundertfünf-
zig Grad. Die Ofenklappe lass ich offen, ich schiebe da einen
Kochlöffel zwischen, der Schuhbeck, dieser Sternekoch, macht

das auch nach meiner Methode. Wenn ich mit dem Braten um acht Uhr morgens anfange, ist der um zwölf fertig und schön knusprig. Um neun kommt dann aber das erste Mal meine Frau rangeschlichen: »Der Braten ist ja leichenblass, so kann man keinen Braten machen, der braucht Hitze.« Ich sage: »Nein, das mach ich immer so, das ist in Ordnung.« Ich sitze am Schreibtisch, da höre ich in der Küche ein Klappern: Kochlöffel raus, Klappe zu. Sofort hechte ich los und schmeiß sie aus der Küche, klemm den Löffel wieder zwischen und dreh die Temperatur runter: »Hausverbot, bis das Essen auf dem Tisch steht.«

Lars, 46,
Landschaftsplaner/Hausmann, 22 Jahre verheiratet, 1 Sohn

Mensch, drei Bier am Abend ...

Wenn Lars und Marion spazieren gehen, tun sie das Arm in Arm, die beiden besuchen Ausstellungen, genießen gemeinsame Zeit im Garten. Perfekt, könnte man denken. Doch während sich seine temperamentvolle, blond gelockte Frau mit Wonne in ihre Bibliotheksarbeit stürzt, hat Lars viel Zeit zum Nachdenken: Seit er arbeitslos ist, kümmert er sich um den Haushalt – und er fragt sich, welche Rolle der Alkohol in seinem Leben wirklich spielt ...

Ich begehre meine Frau wie am ersten Tag – fragen Sie das mal andere Männer, ob das bei denen auch so ist. Ich könnte jeden Tag mit ihr schlafen. Wenn ich morgens ins Bad gehe, meine Frau nackt sehe, wie sie unter der Dusche steht, dann kann es sein, dass ich sage – jetzt kommt ein ganz trivialer Satz, aber ich sage ihn so: »Du hast immer noch denselben hübschen Hintern wie damals, als ich dich kennengelernt habe.« Es ist mir egal, ob Marion ein Bäuchlein bekommen hat oder ob ihre Brüste größer geworden sind, das ist sicher so. Aber für mich war das nie ein Grund, mich nach einem Seitensprung umzugucken. Ich sehe meine Frau und liebe sie. Das Einzige, was sein kann, ist, dass Marion einen *Cut* macht, den Schnitt. Ich würde das nie tun.

Als ich siebzehn war, wollte ein Mädchen mit mir schlafen,

ohne Verhütung, sie hat gesagt, dass an diesem Tag ganz sicher nichts passieren kann, ich hab trotzdem gesagt: »Tut mir leid, ich hab keine Kondome dabei.« Ich hab das einem Kumpel erzählt, und der meinte: »Bist du blöde?« Ich hatte Verantwortungsgefühl, auch damals schon. Wobei es so war: Ich hätte alle Mädchen, mit denen ich zusammen war, auch heiraten können, so grundsätzlich. Ich wollte immer heiraten. Als ich Marion kennengelernt habe, waren wir beide dreiundzwanzig, wir haben in A. studiert, sie ist dort geboren, ihre Familie wohnt noch immer da. Meine Eltern hätten sich vielleicht die Frage gestellt, ob das geht, ein katholisches Mädchen und ich. Ich hab die Heirat also ohne das Wissen meiner Eltern in Gang gebracht, und seit unsere Hochzeit dann feststand, haben sie immer zu uns gestanden. Das ist mir schon wichtig, ich bin ein Familienmensch, ich möchte, dass unsere Familie wie die meiner Eltern, meiner Schwiegereltern lange hält. Es geht um Zusammengehörigkeit.

Wenn man sich in unserem Wohnzimmer umsieht, merkt man: Überall hängt was an der Wand, ein Haufen Schnickschnack. Aber zu jedem Stück gibt es eine Geschichte. Zu den vielen Fotos sowieso, und da, da hängen auch die Babyschuhe von unserem Sohn. Bei uns hat es nicht so reibungslos geklappt mit der Geburt. Meine Frau ist aus dem Krankenhaus ausgebüxt, sie kam nach Hause und hat gesagt: »Lars, wir müssen uns jetzt lieben.« Die hatten ihr im Krankenhaus gesagt, dass im männlichen Samen Prostaglandin drin ist, was die Wehen begünstigt. Ich muss sagen, das war nicht unser schlechtestes Mal.

Wir waren mit dem Baby vierzehn Tage übern Termin. Kann das sein? Waren es vierzehn Tage? Meine Frau wüsste das genau, als Mann ist man in der Beziehung ja oberflächlicher. Man kann als Mann die Schwangerschaft nicht richtig nachvollziehen, man kann mal horchen, man kann spüren, wie sich das Baby im Bauch bewegt, aber das ist doch etwas anderes als das, was die Frau erlebt, es ist etwas anderes, weil man es nicht selber fühlt. Vielleicht entwickelt sich da schon das engere Verhältnis der Mutter zum Kind.

Unser Sohn ist ja schon erwachsen, Tobias ist einundzwanzig. Er hat seine Ausbildung zum Industriekaufmann abgeschlossen und jetzt ein VWL-Studium angefangen. Er wohnt hier in der Stadt, in einer kleinen Wohnung. Als mein Sohn beschlossen hatte auszuziehen, hat er gesagt: »Papa, du müsstest mal meine Sachen rüberfahren.« Natürlich macht man das. Ich liebe meinen Sohn abgöttisch, aber bei meiner Frau – da ist das noch schärfer. Wir gehen bei ihm sauber machen, wir waschen die Gardinen, wir kochen ihm Essen – im Prinzip hätte er auch hier wohnen bleiben können, das kommt dabei raus, bei der antiautoritären Erziehung. Meine Frau ist die treibende Kraft bei diesen Aktionen, da muss man sie verstehen, sie ist eben eine liebende Mutter, ich akzeptiere das.

Aber manchmal könnt ich Tobias an den Hals springen. Als er sagte: »Hast du schon mal gehört, dass man auf dem Land immer noch gut Antiquitäten einsammeln kann, besonders im Ausland? Dafür bräuchte man allerdings einen Transporter ...«, da hab ich gesagt: »Und wer bezahlt den Transporter?« Gut, mir gefiel der Gedanke gar nicht, dass unser Sohn durch die Gegend gondelt, er hat die Fahrerlaubnis noch nicht so lange, und wir haben nur den einen. Wir wollen wissen: Wo ist er, wie geht's ihm? Tobias hat dann einen Moment ausgenutzt, als ich im Garten war, und hat seiner Mutter mit diesem Transporter in den Ohren gelegen, er hat ihr denselben Salm erzählt wie mir. Das muss er nur machen, dann klappt alles, nun hat er den Transporter.

Ich streite nicht mit meiner Frau, wenn es nicht sein muss, ich denke: Lass sie. Ich bin auch dabei, den Krieg gegen ihre Unpünktlichkeit aufzugeben. Seit ich sie kenne, kämpfe ich den. Meine Frau ist in ihrem ganzen Leben nie pünktlich gewesen. Man springt immer wieder drauf an, obwohl ich ganz genau weiß: Es führt zu nichts. Aber wenn man wirklich liebt, sieht man über vieles hinweg. Auch am letzten Sonntag: Wir hatten spät und lange gefrühstückt, das war mehr so eine Art Brunch, Mittagessen konnten wir ausfallen lassen. Am Freitag hatten wir abgemacht: Nachmittags nutzen wir den Tag des offenen Denkmals, wir wollten eine Spezialbibliothek besichtigen – meine Frau ist Bibliothekarin mit Leidenschaft. Ich sage also: »Um zwei geht's los.« Marion sagt: »Nun setz mich mal nicht unter Druck. Es ist so schönes Wetter, wir könnten doch auch in den Garten gehen.« *In den Garten gehen?* Ich sage: »Wir haben doch aber Freitag ausgemacht …«, und »Du wolltest da doch gerne hin.« Dieses ständige Schwanken von ihr, das ist schwer für jemanden wie mich, der einen festen Rahmen mag, feste Vereinbarungen. Es war vom Timing her perfekt: halbe Stunde hinfahren, zwei Stunden sich umsehen und spazieren gehen, halbe Stunde zurück. Als sie dann meinte: »Gut, fahren wir, dir zuliebe«, hab ich gesagt: »Lass gut sein, ist die Sache eben gestorben, gehen wir in den Garten.«

Das war für uns beide in Ordnung, ich habe ihr die Sonnenliege aufgestellt, da lag sie dann mit einem Buch, ich habe im Garten rumgepusselt. Wir haben schön Kaffee getrunken, Kuchen gegessen, man kann sagen, bis um sechs hatten wir einen Traumnachmittag. Um sechs stellt sie aber fest, dass ich in einem Blumenkasten eine Handvoll trockener Blüten und Blätter vergessen habe. Das wird dann zum wichtigsten Ergebnis des Nachmittags – dass ich, während sie auf der Liege lag, den gan-

zen Garten durchgearbeitet habe, das sieht sie nicht. Aber, wie
gesagt: Ich reg mich da nicht auf, ich frag mich immer: *Cui bo-
no*, wem nützt es? Keinem, denn ändern werd ich sie nicht mehr.

Marion ist im Vergleich zu mir ja eher der künstlerische Typ,
sie ist auch von der Veranlagung her eher so: Ruhig abends
arbeiten, nachts. Und geregelte Abläufe, das wäre für sie nichts.
Sie braucht diese vielen besonderen Dinge außer der Reihe, die
sie selber plant und gestaltet, die sie eigentlich gar nicht machen müsste, die viel Zeit und Kraft kosten. Sie liebt das: die
vielen Lesungen für Kinder, die Absprachen dafür mit den
Schulleitern und Lehrern, den Leseclub, bei dem sie auch selbst
Bücher vorstellt, dazu noch Ausstellungen in der Bibliothek,
Lesungen mit Autoren, Buchwochen. Zu Hause taucht sie
meist auf den letzten Drücker zum Abendbrot auf. Ich unterhalt mich gern mit ihr über ihre Arbeit, ich lese auch gerne, ich
gehe auch mit zu Veranstaltungen, ich bin auch schon mit ihr
zu Buchmessen gefahren, nach Frankfurt, nach Leipzig. Das
gehört nicht zu ihrer Arbeitszeit, da nimmt sie Urlaub, bezahlt
das auch selbst.

Wenn sie sich nach dem Abendbrot vor den Fernseher setzt,
ist sie oft so k.o., dass sie einschläft. Wenn ich sie anstupse,
sagt sie aber: »Ich bin wach.« Ist sie meist nicht. Früher hab ich
sie ins Bett getragen, jetzt lasse ich sie schlafen, sie kommt
manchmal erst nachts um drei ins Bett. Ich stehe am nächsten
Morgen mit ihr auf, mache Frühstück. Manchmal denke ich:
Einen Beruf mit Aufstehen um sechs und Arbeit von sieben bis
vier, das würde sie nicht in den Griff kriegen. Sie hat eine tolle
Arbeit, aber sie hat eben auch Stress, muss oft mit einspringen,
weil Kolleginnen fehlen.

Früher hab ich ihr zu Hause alles abgenommen, damit sie
in Ruhe ihre Arbeit machen kann. Ich habe das in letzter Zeit

ein bisschen eingeschränkt, weil ich gemerkt habe: Das hat oft nichts mit Liebe zu tun, für mich ist es Mehrarbeit, oft sinnlose Mehrarbeit, und ihr ist damit auch nicht wirklich geholfen. Neulich hatte ich Klamotten von Tobias von der Wäschespinne genommen und einfach zusammengelegt, sie kommt nach Hause und meint: »Kannst du die nicht gleich sortieren?« Warum, unser Sohn kann doch auch mal was machen? Sie geht hin und legt den Stapel neu zusammen. Es ist schon so: Ich mache sauber, räume auf, am Ende liegen noch drei Krümel auf der Tischdecke, die werden gesehen, da wird gemeckert. Ich hab sie schon gefragt: »Wie halten deine Kollegen das eigentlich aus mit dir?« Sie sagt: »Die kriegen Feuer.« Da müssen wir beide lachen.

In unseren ersten Ehejahren war ich sehr dominant, meine Frau war relativ weltfremd, sie hatte auf den Prinzen auf dem weißen Pferd gehofft, der war ich für sie, ganz bestimmt. Sie hatte nach der Geburt unseres Sohnes noch eine Schwangerschaft, die musste sie hergeben, weil eine Operation dringend gemacht werden musste, da hat sie, glaub ich, das erste Mal begriffen, dass im Leben nicht immer alles glattläuft. Wir sind zusammen hierher nach G. gezogen, Marion arbeitet seitdem als Bibliothekarin. Sie hat sich besonders im letzten Jahr entwickelt – nicht zuletzt durch meinen Klinikaufenthalt, dazu meine Augenoperation, sie war viel alleine, musste viel selbst erledigen und entscheiden, da hat sie gemerkt, dass sie gut klarkommt. Ich weiß, dass sie die letzten zwei Jahre keine leichte Zeit mit mir hatte. Wenn Säulen im Leben wegbrechen, ist das schwer. Also ich leg die Karten mal auf den Tisch: Ich bin im Moment arbeitslos, ich war in der Klinik zur medizinischen Rehabilitation. Das ist etwas, was meine Frau mit mir zusammen durchgestanden hat oder noch durchsteht.

Ich hatte lange Jahre im Referat für Landschaftsplanung gearbeitet und mich dann aus verschiedenen Gründen selbstständig gemacht, zum einen hatte mir die Arbeit schon ewig nicht mehr gefallen, zum anderen ergab sich eine günstige Gelegenheit, dass ich ein Geschäft übernehmen konnte. Vier Jahre hatte ich dieses Baugeschäft in A., mit zwei Mitarbeitern, sie sind rausgefahren, haben das Handwerk gemacht, ich habe organisiert, Trockenbau, Malerarbeiten, Abriss. Ich war die Woche über in A., am Wochenende bin ich nach G. gekommen, zu Marion, egal, wie kaputt ich war.

Vor zwei Jahren mussten wir mit dem Geschäft aus den Ladenräumen raus, der Mietvertrag war befristet, er konnte nicht verlängert werden. Gut, dachte ich, melde ich das Gewerbe ganz ab, die ganze Pendelei fällt weg, dann schaue ich in Ruhe, was ich hier bei uns machen kann. Ich wollte mich auch um meine Gesundheit kümmern.

Über die Jahre hatte mir Marion in den Ohren gelegen: »Mensch, drei Bier am Abend ... Musst du abends drei Bier trinken?« Sie ist so wie viele Frauen, wenn ihre Männer Bier trinken, sagen sie: »Muss das sein?« Ich weiß ja, es ist nicht so, dass Marion mir das Bier nicht gegönnt hat, sie hat sich einfach Sorgen gemacht. Frauen gehen natürlich auch von sich aus: Sie vertragen weniger als Männer, wenn eine Frau ein kleines Bier getrunken hat, spürt sie das sofort, außerdem sind Frauen ja sowieso gesundheitsbewusster, meistens haben sie auch Angst zuzunehmen. Und man liest und hört so viel über die Gefahren des Alkoholismus.

Ich habe lange gebraucht, bis ich mich mit der Frage beschäftigt habe, ob ich mehr trinke, als eigentlich gut ist. Ich habe diese Tests gemacht, die es so gibt, man beantwortet viele Fragen, wie viel man trinkt, wie oft in der Woche, in welchen Situationen, am Ende kommt raus, ob man gefährdet ist oder schon abhängig. Ich kam für mich zu dem Schluss, dass ich nicht direkt süchtig bin, denn ich konnte tagelang ohne Alkohol sein, da gab es also meiner Meinung nach direkt keine körperliche Abhängigkeit, aber ich fand, ich war trotzdem nicht ungefährdet. Darum hab ich dann noch bewusster manchmal gar nicht mehr getrunken, und genau da passierte es: Ich bin zusammengebrochen. Ich hatte schon ein paar kleine Krampfanfälle gehabt, jetzt wieder. An dem Tag habe ich gemerkt: Mir geht's so schweineelend. Heute weiß ich, warum, geschäftsmäßig würde man sagen: Ich war auf kaltem Entzug. Ich hatte tagelang keinen Alkohol getrunken, offenbar war mein Konsum doch insgesamt zu hoch, jedenfalls: Ich bin umgefallen.

Wenn man schon mal gesehen hat, wie jemand einen epileptischen Anfall hat, weiß man Bescheid, das nimmt einen mit, weil man selber hilflos ist. Für meine Frau war das schlimm. Nach drei Tagen war ich wieder topfit.

Ich hab mich dann informiert, Marion auch, wir haben die Bücher gewälzt, was aus dem Internet gezogen, noch und nöcher. Dass ich Alkoholismus bei mir als Krankheit anerkannt habe, das war ein schleichender Prozess. Ich dachte aber: Jetzt nutze ich die Zeit mal, um meine Gesundheit auf Vordermann zu bringen. Ich war derjenige, der bei den Ärzten gedrängelt hat: »Ich will in eine Klinik.« Ich hab gekämpft, den Platz für eine richtige Entwöhnung zu kriegen, die Wartezeiten sind lang, die meisten sind schon lange trocken, wenn sie hinkommen, das war bei mir auch so.

Ich will nicht sagen, dass meine Mitpatienten mich ausgelacht haben, aber ich habe zu hören gekriegt: »Bei deinen Alkoholmengen wäre *ich* bestimmt nicht hier.« Ich hab gestaunt:

Meine drei oder vier Flaschen Bier, was waren die gegen drei oder vier Flaschen Schnaps, die manche trinken, ich weiß gar nicht, wie das möglich ist. Ich habe solche Kandidaten bei der Kur kennengelernt, die sind nicht dumm, die sind nicht infantil, die sind nicht impotent. Es geht bei denen einfach. Die haben oft nur noch ein Drittel von ihrem Magen. Die Frage, die ich mir immer wieder gestellt habe, ist: Wo beginnt der Alkoholismus? Im Umfeld hier bei uns trinken alle ihr Bier und ihren Schnaps, vom kleinsten Treppenputzer bis zum Bürgermeister, die Frauen machen sich Prosecco auf. Die Frage ist: Ab wann ist es schädlich?

Bei der Kur hatte ich so viel Zeit – ich habe alle Angebote genutzt, Bewegung, Malen, Töpfern, mir hat das gefallen, etwas für mich zu tun. Was ich anstrengend fand, waren diese Gespräche mit einem Psychologen, ein junger Bursche, gerade fertig, der hatte gar keine Lebenserfahrung. Die gehen an alle Patienten mit so einer festen Vorstellung ran. Entschuldigung, aber es ist ja wohl ein Unterschied, ob da jemand sitzt, der in der akuten Phase mehrere Flaschen Schnaps am Tag trinkt, der seine Familie damit kaputt gemacht hat, keine Partnerin hat, die Arbeit verloren, oder ob ich da sitze, jemand, der sich fragt: »Trinke ich zu viel?«, der eine Familie hat, mit seiner Frau zusammenlebt.

Als ich ein Vierteljahr rum hatte, wollte ich eigentlich noch vierzehn Tage Verlängerung. Da sagt der Therapeut: »Sie müssen jetzt allmählich hier raus.« Ich hab gesagt: »Wenn Sie der Meinung sind …« Ich hatte ein Wochenende Urlaub, man muss pusten, wenn man dann wieder zurück in die Klinik kommt. Ich war trocken ohne Ende gewesen – als ich zurückfuhr, hab ich an der Tankstelle zwei Bier gekauft und die direkt auf dem Klinikparkplatz getrunken. 0,5 Promille haben sie gemessen. Ich habe diese Biere getrunken, weil ich den Therapeuten schockieren wollte, ich wollte beweisen, dass der Heini keine Ahnung hat. Die Schwester hat auch prompt gesagt: »Das hätte ich von vielen gedacht, aber doch nicht von Ihnen.« Ich hab nur gesagt: »Ich hab mich gehen lassen, ich will nach Hause.«

Aber zu Hause geht's ja nicht weiter, als ob nichts gewesen wäre. Da wirst du von anderen gefragt: »Und, was hat dir die Kur gebracht?« Das hat Marion auch gefragt. Jemand, der sich auskennt, wüsste, dass es nichts bringt, das zu sagen. Ich handhabe es für mich so: Wenn ich mit meinem Freund Werner Fußball schaue, trinke ich alkoholfreies Bier, ich habe davon einen Vorrat zu Hause, das ist für mich völlig in Ordnung. Ich kann fünfzehn, sechzehn Tage ohne Alkohol sein. Aber wenn ich mit jemandem sitze und mich freue, dann gönne ich mir ein Bier oder ein Glas Wein. Ich sehe darin kein Problem. Es gibt Alkoholkranke, die dürfen noch nicht mal mehr alkoholhaltiges Rasierwasser riechen, schon haben sie wieder Lust auf Alkohol. Aber so ist das bei mir nicht, ich bin nicht der klassische trockene Alkoholiker, der um jede Weinbrandbohne einen Bogen machen muss. Es gibt Menschen, die können kontrolliert trinken, da zähl ich mich dazu. Ich habe meine Regeln, an die halte ich mich.

Alkohol spielt erst dann eine Rolle, wenn er verboten ist, wenn viel Gewese gemacht wird. Meine Frau hat ja viel gelesen, sich informiert, und was sie da erfahren hat, hat sie nicht gerade beruhigt. Sie hat gelesen: Der Alkoholiker versucht die Alkoholmengen, die er zu sich nimmt, runterzuspielen. Aber wenn ich früher gesagt habe: »Ich habe drei Bier getrunken«, dann waren es drei und nicht mehr. Und heute ist es dann eben mal eins. Alkoholiker trinken oft heimlich, das weiß man.

Wenn man jemanden kritisiert wegen der Trinkerei, was wird der dann tun? Er wird ausweichen. Wir haben einen Nachbarn, der ist wirklich schwer krank, Herz-Kreislauf, manchmal helfe ich ihm, den Rasen schneiden, dann trinken wir hinterher auch ein Bier zusammen. Er freut sich richtig drauf, bei ihm zu Hause ist das wie bei mir, seine Frau sagt: »Lass das doch.« Wenn ich Alkohol getrunken habe, und Marion merkt das, spricht sie mich drauf an, ich sage dann: »Ich weiß doch, dass du ein Gesicht ziehst, wenn ich ein Bier aufmache. Trinke ich es doch lieber alleine, dann haben wir beide Ruhe.«

Der Moment, wo ich zu Alkohol greife, ist für sie ein rotes Tuch. Ich verstehe das durchaus, ich bin militanter Nichtraucher, ich habe fünfundzwanzig Jahre geraucht, jetzt möchte ich nicht mehr, dass in unserer Wohnung geraucht wird – höchstens, wenn draußen minus zwanzig Grad sind, dann darf sich mal jemand aus dem offenen Küchenfenster lehnen. Ähnlich militant ist meine Frau beim Alkohol. Weil sie mich schützen will.

Es fällt den Menschen schwer, mit einer gewissen Liberalität mit diesen Dingen umzugehen. Ein Arzt hat mir zwischenzeitlich gesagt, dass ich nach meinem ersten Anfall falsch behandelt worden sei, man hätte mich gleich mit einem bestimmten Medikament versorgen müssen, dann hätte es weitere Anfälle wohl gar nicht gegeben. Ich bin ja kein Epileptiker in dem Sinne, ich habe vielleicht eine Neigung zu solchen Anfällen. Schlimm ist auch, dass auch die meisten Ärzte immer noch Klischees aufgreifen. Ein Arzt hat zu mir gesagt: »Sie müssen sich überlegen, ob Sie sich nicht im Sinne von Verantwortung von Ihrer Frau trennen.« Muss man mich in einen Topf werfen mit trockenen Alkoholikern? Mit Menschen, die wieder an einen geregelten Tagesablauf, an Arbeit rangeführt werden müssen? Damit hab ich doch wirklich keine Probleme. Der Arzt reagiert meist nach Schema F: Aha, der war in der Klinik – dann als nächste Maßnahmen das und das, hier ist die Liste mit den Adressen von den Selbsthilfegruppen, und tun Sie bloß kein Rumaroma in den Kuchen …

Ich gelte als arrogant, weil ich anders bin als andere Klinikpatienten. Es war *meine Idee*, da aktiv zu werden. Vielleicht war das gar nicht schlau, ich bin da in ein Fahrwasser geraten, in dem ich andauernd gegensteuern muss. Man müsste mal ein Buch schreiben, was Leuten wirklich hilft, eben auch abhängig davon, wie ihre Probleme mit Alkohol tatsächlich aussehen, das ist nämlich sehr, sehr unterschiedlich.

Es ist blöd, wenn man sich wegen des lieben Friedens vor Auseinandersetzungen drückt. Marion hatte mir vorgeworfen: »Du kannst dich nicht auseinandersetzen, wenn du getrunken hast.« Oder auch: »Nur, wenn du getrunken hast, kannst du …« Das ist es alles nicht, ich möchte Frieden, damals wie heute. Die Angehörigen gelten im Zweifelsfalle ja als mit-abhängig, sie sind entsprechend auch in den psychologischen Prozess mit eingebunden – das hat meine Frau natürlich auch alles gelesen, und sie bindet sich mit ein. Ärzte haben ihr Sachen gesagt wie: »Sie müssen sich *um sich* kümmern.« Das gilt pauschal für Frauen von Alkoholikern, gewiss, aber meine Frau ist immer bewusst mit sich und anderen umgegangen.

Ich hab selten Gelegenheit, mit jemandem unvoreingenommen über solche Sachen zur reden, mit meiner Frau ist das schwierig, mit meinem Freund Werner geht es, da kann ich offen sein. Er trinkt auch gerne das eine oder andere Bierchen am Abend. Ihm habe ich gesagt: »Du bist genauso abhängig wie ich.« Das will er natürlich nicht hören, er hat es aber seiner Frau erzählt, und die hat zu mir gesagt: »Find ich gut, dass du ihm das gesagt hast.« Es ist oft so, dass die Frauen sich Sorgen machen um ihre Männer, es kommt dann aber drauf an, wie sie es anbringen, ob das als Nörgelei wirkt, als Missgönnen. Oft ist es auch so, dass die Frauen eigentlich was anderes besprechen wollen, sie wissen aber genau, dass sie die Männer dazu nicht kriegen, dann meckern sie eben wegen der Biertrinkerei.

Ich habe für mich mittlerweile rausgefunden: Ich brauche keine Kur, keine Psychotherapie, was ich brauche, ist Arbeit, etwas, was mich wieder in den Rahmen bringt, nur Garten, Angeln, triviale Tätigkeiten, das ist für mich zu wenig, da steigt die Wahrscheinlichkeit durchaus, dass man zur Flasche greift. Mich rufen heute noch Leute an: »Da müsste eine Decke tapeziert werden.« Das mach ich dann. Es ist nun mal so, ich bin arbeitslos, ich hab kein eigenes Einkommen, noch nicht mal Arbeitslosengeld II, denn dafür ist das Gehalt meiner Frau zu hoch. Ich gehe arbeiten, und meinen Kram bezahl ich selber. Man kann doch einen über vierzigjährigen Mann nicht abhängig von seiner Frau machen! Und ich habe die Fühler schon wieder ausgestreckt, Richtung Bau und Richtung Landschaftsplanung, dabei war ich immer ehrlich, hab gesagt, dass ich noch eine Augen-OP vor mir habe. Die meisten haben gesagt: »Bringen Sie die hinter sich, dann melden Sie sich noch mal.« Da wurde ich nicht abgewimmelt, was ja einfacher gewesen wäre.

Ich sehe das, was passiert ist, auch als große Möglichkeit: Ich habe in der Klinik innere Ruhe und Gelassenheit gefunden. Marion sagt: »Dass du dich wohlfühlst hier zu Hause, das kann ich nicht verstehen.« Ich finde es nicht unnatürlich, dass ich das gerne mache, Haushalt, Auto, Garten. Früher hab ich mich auch drum gekümmert – aber eben nicht nur. Ich denke manchmal, Marion kommt mit diesem aktiven Rollentausch nicht klar, also Rollentausch im Sinne von: Ich bin bei uns jetzt die Hausfrau, bei anderen Paaren ist eben die Frau zu Hause. Wenn wir heute jung wären und kleine Kinder hätten, würde ich auch das Erziehungsjahr machen, warum denn nicht, ich mag Kinder, ich mag den Haushalt.

Ich möchte, dass Marion und ich das Gefühl füreinander pflegen. Unser Sohn wohnt nicht mehr hier, wir haben doch nur noch uns, es ist nicht einfach, damit umzugehen. Wenn Säulen im Leben wegbrechen, ist das schwer. Ich weiß, was ich an meiner Frau habe, auch wenn sie unrealistische Vorschläge macht. Als ich noch überlegt habe, ob ich in die Klinik gehen soll, kam von ihr: »Wir könnten doch wieder zurück nach A. ziehen, du könntest da als Hausmeister arbeiten, und ich mache ein Eiscafé auf.« Ich habe gesagt: »Du hast noch nie Eis gemacht, und du hast null Erfahrung in der Gastronomie.« Sie sagt: »Ich hätte anderthalb Jahre Anspruch auf Arbeitslosengeld.« Marion meint, in der Zeit kriegt sie was Neues aufgebaut. Das ist Schmu von jemandem, der nie ein Geschäft aufgebaut hat. Der nie arbeitslos war, Marion weiß nicht, wie das ist. Warum sollte sie aus der Bibliothek weggehen? Sie liebt ihre Arbeit, und wenn die in der Bibliothek sich nicht zucken, kann sie da bis siebenundsechzig bleiben.

Alkoholismus hat Auswirkungen auf das Zusammenleben. Ich glaube, wir sind an einer Stelle angekommen, an der wir uns überlegen, ob das, was wir leben, das ist, was wir wollen. Für mich ist klar: Was ich im Moment habe, muss ich hegen und pflegen wie eine Pflanze. Wenn meine Frau den Schritt macht, also zu gehen, dann macht sie ihn. Das ist die Stärke der Frauen, man wundert sich doch, dass mehr Frauen ihre Männer verlassen als umgekehrt. Ich kann doch heute nicht wissen, ob meine Frau sagt: »Das war's jetzt.«

Die Schwäche der Männer ist doch erstaunlich: Wir sind schnell unsicher, bestimmt. Wenn man seine Frau nicht ins Bett kriegt, fragt man sich als Mann sofort: Was machst du verkehrt? Wenn du versuchst, sie zu verführen, aber es klappt nicht, denkst du nach, was läuft da schief? Da habe ich auch mal mit Werner drüber gesprochen. Er sagt: »Du, meine Frau funktioniert.« Ich habe gefragt: »Was funktioniert da?« Er sagt: »Du steckst ihn rein, machst 'n Quickie, nach drei Minuten bist du fertig.« Ich sage: »Das kann es für mich nicht gewesen sein.« Eventuell gibt es so ein Selbstverständnis bei anderen Männern. Mich ärgert es, wie manche Männer mit Frauen umgehen. Ich hatte immer Hochachtung vor den Frauen, speziell vor meiner.

Ich merke, dass Marion sich um mich sorgt. Wir hatten ein Boot am See liegen, ein kleines Kajütboot, fünfzig Kilometer zu fahren. Sie hat letztes Jahr gesagt, als absehbar war, ich werde eine Kur machen, mich operieren lassen: »Das Boot bringt uns doch nichts mehr, du wirst kaum da sein, und wenn doch, hab ich Angst, dass du ins Wasser fällst.« Wir haben es verkauft. Meine Frau gibt sich wirklich Mühe, sie kommt auch mit zum Angeln. Sie weiß, dass man da leise sein muss, sonst beißen die Fische nicht. Sie schafft es, zehn Minuten den Mund zu halten, mit einem Buch hinter mir im Stuhl zu sitzen, dann kommt: »Du, beißt da immer noch nichts?« Ich sage »Pscht.« Sie fragt: »Musst du den Mais so ins Wasser reinschmeißen, der wird doch ganz matschig.«

Meine Frau ist es durch die Arbeit gewöhnt, in der Öffentlichkeit zu stehen, sie genießt das auch. Wenn wir spazieren gehen wollen in der Stadt, dann so: eingehakt, Schlips um, in Café einkehren, Käffchen trinken. Ich denke manchmal, Marion vermisst bei mir etwas. Früher hatte ich durch die Arbeit eben auch mehr Kontakte, wenn wir durch die Stadt gingen, trafen wir einen Kollegen aus dem Amt oder sonst jemanden, mit dem ich bei der Arbeit zu tun hatte, vielleicht auch jemanden vom Sportverein, mit denen blieb man kurz stehen, wechselte ein paar Worte. Das ist weniger geworden, seit ich mit dem Baugeschäft in A. anfing, dann gar nicht mehr gearbeitet habe. Früher war es ihr zu viel mit meinen Ehrenämtern, heute sagt sie: »Es wäre schön, wenn du mehr unter Leuten wärst.« Ich müsste mir wieder was suchen.

Als ich vier Wochen bei der Kur herum hatte, hat sie angerufen: »Du, was mach ich denn mit den Rosen?« Ich hab ihr gesagt: »An den Stielen sind Augen, diese ovalen Dinger, die zählst du ab, über dem dritten von unten schneidest du ab, dann gehst du zum Kompost, nimmst aus der linken Kammer Humus, den häufelst du um die Rosenstöcke an, machst Laub drüber, fertig.« So richtig hat sie das nicht hingekriegt, als ich wiederkam, hatte unsere schönste Rose schon Frost gekriegt, mühsam hab ich die wieder hochgepäppelt – aber sie hat im Frühjahr einwandfrei geblüht.

Tom, 43,
Fertigungsingenieur, 14 Jahre verheiratet, geschieden, 1 Tochter

Der Weg ist das Ziel

Tom angelt, fährt Boot, trifft Freunde – er genießt das besonders mit der neuen Frau an seiner Seite. In seiner ersten Ehe konnten ihn auch teure Restaurantbesuche und schicke neue Sofas nicht darüber hinwegtäuschen: In dem von seiner Frau perfekt eingerichteten Neubau hatte er nichts Eigenes mehr. Nicht zuletzt hielt ihn lange die gemeinsame Tochter, für eine Trennung fehlte der letzte Anstoß. Der kam unerwartet und brachte einen ordentlichen Gewissenskonflikt. Für Tom hieß es: Jetzt oder nie …

Ich hatte schon lange im Hinterkopf: Irgendwann geh ich weg. Menschlich war Stillstand bei uns. Ich lerne unheimlich gerne Menschen kennen, ihre Lebensläufe, ihren Erfahrungsschatz. Das fehlte fast komplett mit meiner Frau, das empfand ich als total einengend. Ich konnte nicht sagen: »Am Wochenende ist eine Festivität, lass uns hingehen.« Da könnte man ja Menschen kennenlernen, die vielleicht mal wiedertreffen, zusammen Wein trinken, reden – das ging überhaupt nicht. Nicht in der Vorstellung meiner Frau, und in Wirklichkeit schon gar nicht.

Ich wollte von den anderen Menschen ja nichts Besonderes, einfach nur sie kennenlernen, eine gute Zeit zusammen haben – für meine Frau war das schon Einmischen in ihre

Privatsphäre. Ich hatte geradezu Angst, so was vorzuschlagen, das ist heute ganz anders.

Ich fand das immer gut, wenn ein Kumpel am Sonnabend, Sonntag, wenn er in der Nähe war, mal den Kopf reingesteckt hat, auf eine Tasse Kaffee oder so vorbeigeschaut hat … Selbstverständlich wurde er reingelassen, aber dann gab's spätestens hinterher Stress. Sie hat es geschafft, so nach und nach meinen ganzen Bekannten- und Freundeskreis von mir wegzudrücken.

Das waren alles nette Menschen – natürlich nicht alle wer weiß wie gebildet, Doktoren oder Professoren. Meine Frau hat gesagt: »Was willst du von denen, die sind doch alle doof.« Der Bekannten- und Freundeskreis, der sich bei uns aufgebaut hat, kam ausschließlich von ihrer Seite, meist waren es Leute aus ihrer Arbeitsumgebung. Die waren in ihren Augen alle ganz toll. Wir haben nie Leute gemeinsam kennengelernt.

Dabei war sie bei der Arbeit für Personal zuständig, da müsste man doch eigentlich ein Händchen fürs Soziale, für Kontakte haben. Ich bin nicht böse oder nachtragend, aber hier muss ich doch mal deutlich sagen: Jule wollte immer mehr sein, als sie tatsächlich war. Das fängt schon mit dem Beruf an, mit ihrem Anspruch, wer weiß wie gut zu sein, wer weiß was für eine Allgemeinbildung zu haben. Sie strebte immer nach Höherem, wahrscheinlich musste sie da was kompensieren aus der Kindheit.

Für sie war auch wichtig, dass ich gutes Geld verdiene, das hat sie immer sehr zufrieden gemacht, wenn unser Lebensstandard wuchs und wuchs. Sie hat es auch fertiggebracht, so komisch zu reden: »Ja, Mensch, da waren wir neulich in dem und dem Restaurant.« Also in so einem, wo die Flasche Wein einen Hunderter kostet. Ich hab's ja gerne mitgemacht, das ist schön, so ein Abend, gute Umgebung, mit gutem Essen, guten Getränken, das war's mir dann auch wert, dass wir mal für eine Nacht, fünf-, sechshundert auf den Kopf gekloppt haben.

Ich hab meine Frau dominiert, geistig und menschlich. Ich hab das nie raushängen lassen, dass ich ihr überlegen war, es fiel ja auch nicht so auf, nur an Kleinigkeiten, wenn sie beim täglichen Umgang ein Wort nicht fand, haarscharf danebengriff. Einmal wollte sie sagen: »Mein neuer Kollege, der ist ein echtes … ein echtes …« Sie suchte das Wort Unikum, hat dann aber Unikat gesagt. Das merkst du gar nicht richtig, dass da was nicht stimmt, du spürst es nur ganz unterschwellig.

So ein Boot, wie ich es jetzt hab, das wäre tödlich für uns gewesen. Es ist ein altes, kleines Holzboot, ich tucker damit auf der Elbe rum, auf Seen, manchmal auch auf der Ostsee. Ich höre sie geradezu: »Wieso musst du Sonnabend, Sonntag alleine unterwegs sein?« Carola, meine jetzige Freundin, hat mal zum Spaß 'ne Liste geführt, wann ich unterwegs bin. Nicht, dass sie mir das nicht gönnt, im Gegenteil, aber sie möchte gegenhalten können, wenn ich sage: »Soooo oft fahr ich doch gar nicht.« Carola hat 'ne andere Wahrnehmung als ich, da kann ich gegen angehen, aber sie untermauert ihre Wahrnehmung mit Fakten, und das auch noch mit Humor. Mit meiner Ex wäre so was nicht denkbar gewesen, wie gesagt, schon das Boot an sich nicht.

In der Zeit mit Jule hatte ich nichts Eigenes mehr. Wozu auch, ich hatte ja genug zu tun. Vor zehn Jahren war unsere Eigentumswohnung fertig, bis dahin hatte ich wochenends Betrieb gehabt, musste unsere Baustelle im Dachgeschoss voranbringen, in der Woche hab ich da beaufsichtigt, nach meinem Feierabend, versteht sich. Ich hab gearbeitet, gebaut und war ansonsten eigentlich immer nur mit Jule zusammen. Ich hatte schon Ärger und Stress, wenn ich nur mal einen Gedanken geäußert hab wie: »Mensch, Andreas hat nächste Woche Geburtstag, da könnten wir doch mal vorbeikucken ...«

Oder: Kontakt mit meiner Mutter – das ging eigentlich gar nicht. Meine Mutter ist kein einfacher Mensch, aber meine Frau ist noch komplizierter, die beiden Frauen haben sich gegenseitig beharkt, bis eigentlich Funkstille war. Ich bin dann heimlich zu meiner Mutter gefahren – *heimlich*, das muss man sich mal vorstellen. Und das war übel eigentlich, wenn ich da war, hatte ich ein schlechtes Gewissen meiner Frau gegenüber. Und die Beziehung zu meiner Mutter hat auch gelitten.

Als Ehemann von Jule hab ich mir das Angeln abgewöhnt. Angeln – da stehen zwei Männer am Wasser und reden kein einziges Wort. Ich mag das, ich bin gerne alleine. Von Zeit zu Zeit. Carola fragt mich heute zwar auch: »Was machst du da auf dem Boot, wenn du alleine bist?« Das ist doch herrlich, man hat kein Ziel, man fährt einfach, man angelt, da hab ich Entspannung, da kann ich was basteln, was ankucken, 'ne Runde baden. »Der Weg ist das Ziel«, sag ich, das genieße ich. Sie hat dafür Verständnis, von Anfang an gehabt. Ich sage Carola auch: »Ich würde das noch lieber mit dir zusammen machen.« Und manchmal kommt sie ja auch mit. Wenn zwei die gleichen Interessen haben, ist das ein Idealfall, aber wie oft kommt das vor? Gleichgesinnte haben dann ja oft andere Macken. Letztlich ist es auch egal, ob sich die Interessen decken, Hauptsache, es ist Toleranz da. Und die war mit Jule nicht da, ich hab mich deswegen mehr und mehr eingeschränkt.

Man kann ja denken: Wenn man sich jung kennenlernt, hat man eine Chance, dass da was zusammen hochwächst, dass sich was entwickelt. In der Frühzeit, so Anfang, Mitte zwanzig, wenn man allmählich Mensch wird, war ich der Starke in der Beziehung, sie hatte gute Jobs, aber sie blieb, ich sag mal: *klein.*

Meine große Erfahrung, mein erweitertes Gesichtsfeld war ihr im Grunde suspekt, ich wusste zu allem und jedem was zu sagen, weil ich immer an allem interessiert war, viel gelesen hab, ganz anders als sie.

Im Jahr nach der Wende ist die Firma, in der Jule war, unglaublich gewachsen. Sie ist auf einen Personalleitungsposten gerutscht, und das als ganz junge Frau, man hat es ihr zugetraut. Sie gehört zu den Leuten, die sich immer auf geniale Weise als kompetent ausweisen, ohne es unbedingt zu sein. Sie machte einen ziemlichen Selbstbewusstseinssprung, damals starteten viele in der Firma durch, sie auch, aber sie fühlte sich als Primus. Drei Jahre später hat sie sich bei einem Konkurrenzunternehmen beworben, das heißt, sie wollte. Sie hatte Kontakt zu der anderen Firma, die Bewerbungsunterlagen waren schon zusammengestellt, es wäre ein richtiger Gehaltssprung für sie drin gewesen, aber dann kam Gegenwind aus der Geschäftsführung. Ihr wurde signalisiert, dass es ein reguläres Bewerbungsverfahren geben würde, ihre Bewerbung war also nicht pro forma und mitnichten die einzige. Da hat sie den Schwanz eingekniffen. Sie konnte nicht mit Kritik umgehen, mit Kritik allgemein nicht, und mit bösartiger, heimtückischer schon gar nicht. Die kam, ihr wurde zugetragen, sie sei doch nur wegen ihres flotten Äußeren überhaupt im Gespräch. Statt zu kämpfen, hat sie gesagt: »Ich mach das nicht, die sind doch alle doof.« Man muss Größe haben, um Kritik anzunehmen, ich schätze Kritik, ich nehme sie an, ich analysiere sie, und ich weise sie zurück, wenn's nicht stimmt. Ich freue mich, wenn ich was verbessern kann. Das konnte sie nicht.

Bei uns gab es Streit um Kleinigkeiten, sie hat aus 'ner Mücke 'nen Elefanten gemacht. Aus einem Wäschehaufen konnte im Laufe eines Streits mit Jule eine weltumspannende Krise werden, sie wurde dann auch ausfällig und unsachlich. Ich bin dann manchmal nur mit ein, zwei Sätzen gegen angegangen, habe sie voll gegen die Wand laufen lassen. Dann war ein, zwei Tage Funkstille. Das hat mich im ersten Augenblick gefreut, dann tat es mir natürlich auch leid, ich dachte: Scheiße, das bedeutet tagelanger Stress. Das ist typisch Frau: Frauen wollen bestrafen, indem sie nicht reden. Ich hab das doch genossen, wenn sie nichts gesagt hat. Was Männer viel schlimmer finden, was wirklich eine Strafe ist: Wenn Frauen nachbohren. Da denkst du irgendwann nur noch: Hoffentlich hört sie bald auf. Es ist aus Frauensicht viel schlauer, wenn sie zwei Stunden lang offensiv das Gespräch suchen, also immer wieder nerven: »Du hast unrecht ...« Das ist für Männer eine echte Strafe, nicht das Schweigen. Andererseits ist es so: Wenn ich mit Schuldzuweisungen überhäuft werde, in eine bestimmte Ecke gestellt werde, dann diskutiere ich nicht gerne. Dann kann ich nur noch gegentreten, manchmal hab ich ihr gesagt: »Da will ich nicht drüber reden, das hat keinen Sinn.« Dann hab ich die Tür hinter mir zugemacht.

Mit Carola ist das jetzt völlig anders, sie übt Kritik, aber sie ist nie unsachlich, nie unfair. Auch wenn wir streiten: Bei mir ist das am nächsten Tag vorbei, weg, vergessen. Frauen knabbern länger daran, Carola auch. Das ist so ein Schlagwort von ihr: »Ich verzeihe alles, aber ich vergesse nichts.« Ich weiß ja, Frauen sind viel emotionaler – hat man schon mal einen Mann bei diesem *Titanic*-Film weinen sehen? Sie kommt manchmal mit Sachen raus, die schon vor einem Jahr waren, ich sage dann: »Hä? Wie?« So 'n Streit und Worte, die dabei fallen, die vergesse ich sofort, wenn erst mal ein Ergebnis da ist. Das Ergebnis, das merk ich mir dann, aber was vorher war? Ich merk mir das Ergebnis, weil ich vielleicht ab diesem Tag meine

Schuhe immer wegstelle, statt sie rumstehen zu lassen. Es ist ja nicht so, dass man als Mann nicht dazulernt.

Meine erste Frau war sehr eifersüchtig, auf alles und jeden, egal ob weiblich oder männlich, sie war eifersüchtig auf alles, woran sie nicht beteiligt war. Das hab ich gar nicht verstanden: Wenn sie den Umgang mit anderen Menschen schon nicht wollte, andererseits immer genervt hat: »Muss das sein?« Andere Menschen, das ist eben nicht ihrs.

Sie hat mir auch hinterherspioniert. Ich hab mir nie die Mühe gemacht, mein Handy aufzuräumen, also Anrufnummern zu löschen, SMS zu löschen. Warum auch? Ich wusste, dass meine Frau in mein Handy reinkuckt. Mir würde das umgekehrt im Leben nicht einfallen, das ist Privatsphäre. Einmal hat sie es fertiggebracht, Biggi, unsere Sekretärin, die auf meiner Telefonliste stand, anzurufen, sie hat nur den einen Satz am Telefon gesagt: »Amüsieren Sie sich doch mit Ihrem eigenen Mann.« Dummerweise hatte meine Frau auf Biggis funkelnagelneuem Firmenhandy angerufen, und nur ich und der Chef hatten diese Nummer. Sie hat mich darauf angesprochen, und es war völlig klar, woher der Anruf kam. Sie hat mich dann immer hochgenommen: »Komm, Tom, wir gehen in die Kantine, uns amüsieren.« Carola fragt mich auch manchmal: »Hast du was zu verbergen?« Das ist weibliche Neugier, aber ich hab nichts zu verbergen. Bei ihr bin ich mir im Gegensatz zu Jule sicher: Wir respektieren, dass wir füreinander nicht absolut gläsern sein können.

Als ich noch mit Jule zusammengelebt habe, hab ich oft gedacht: Ich könnte auch gut mit einem Mann zusammenwohnen, das wäre unkomplizierter. Carola ist in manchen Verhaltensweisen fast männlich. Wenn ich sagen würde: »Wo ist denn die Milch?«, würde sie sagen: »Du hättest ja welche kaufen können.« Genau. Das funktioniert, wir passen menschlich viel besser zusammen als meine Ex und ich. Mit ihr gab es diese typische Aufteilung: Das macht der Mann, das macht die Frau. Das haben Carola und ich nicht.

Es ist nicht so, dass ich es gar nicht zu schätzen wusste, was Jule gemacht hat. Sie hatte zum Beispiel unsere Wohnung sehr schlicht eingerichtet, sachlich, nüchtern, fast wie eine Musterwohnung. Mir hat's gefallen, das war schon immer auch so mein Stil, Richtung Bauhaus, keine Schnörkel, klar, funktional. Meine Frau hat richtig dran gearbeitet, am Zuhause. Schlichte Eleganz, ausgewählte Möbel – eigentlich war's schon fast unterkühlt. Sie hatte auch ein großes Faible für Tischdekoration, das war wirklich gut, geschmackvoll, stilvoll. Möbel waren schon richtig ein Fetisch von ihr, innerhalb von vier Jahren haben wir fünf Couchgarnituren gehabt. Wir hatten eine kaum aufgestellt, da war die wieder weg. Sie hat gesagt: »Sie gefiel mir doch nicht«, und die nächste war schon bestellt. Ich war da mit einbezogen, aber nur von wegen: alte rausräumen, die neue aufbauen.

Für mich war das nicht wichtig, dass neue Möbel kamen. Wenn ich auf einer Couch lümmeln kann, ist das doch genug. Ich weiß es noch wie heute: Wir hatten gerade unsere Wohnung eingerichtet, da standen zwei Ledersofas, ganz neu, von IKEA, die passten da gut hin, von der Größe her. Sie kommt nach Hause und sagt: »Die Sofas müssen weg.« Ich frage: »Warum?« Sie: »Die können wir gleich wieder verkaufen.« Sie hatte in einem Einrichtungshaus schönere gesehen und gleich bestellt. Das war eine große Leidenschaft von ihr, *just in time*, die einen Sachen raus, die anderen her, fliegender Wechsel der Möbel, durchs verwinkelte Treppenhaus ins Dachgeschoss. Ich hab's immer nicht so eingesehen, aber sie

223

hat hartnäckig an ihrem Ideal gezimmert. Sachlich, kühl, viel Grün. Ich hab mich da durchaus wohlgefühlt. Aber jetzt fühle ich mich eben auch wohl mit Carolas warmen Farben für die Sofas, für die Wände.

Das Einzige, was Jule zu Hause komplett mir überlassen hat, war der Küchenentwurf, die Kocherei wurde aber erst zum Ende unserer Ehe meine Domäne. Jule hatte in unseren letzten Ehejahren ein bisschen zugenommen. Vier, fünf Kilo? Ich weiß es nicht, ich fand ihre Figur völlig in Ordnung. Sie hat sich beschwert, dass sie dieses oder jenes nicht mehr anziehen kann: »In dem Kleid hab ich einen Bauch« oder »In der Hose hab ich 'n fetten Hintern.« Quatsch, aber sie hat ständig versucht ab-zunehmen, es gibt wohl keine Diät, die sie nicht probiert hat, und kein verlorenes Kilo, das nicht nach kurzer Zeit mit einem Kompagnon wieder drauf war. Ich hatte immerhin mein Jog-gen gegen Jules Gegreine verteidigt: »Musst du schon wieder in den Wald?« – »Ja, das brauche ich.« Ich hab versucht, ihr das Joggen oder wenigstens Walken schmackhaft zu machen, sie gedrängelt, sich im Fitnessstudio anzumelden, sie meinte nur: »Mit anderen schwitzen? Nein, danke.«

Manchmal lief sie tagelang mit einer Möhre in der Hand durch die Wohnung, stürzte sich dann aber abends beim Fern-sehen auf Schokolade. Einmal wollte ich mittags Spaghetti Bo-lognese kochen, ich frage sie: »Wie viel Spaghetti isst du?« – »Ich esse keine Spaghetti.« Gut, denke ich, gesteh ich mir hundert Gramm zu, das ist eine gute Portion, die reicht für ein kleines Mittagessen, ich will ja nicht zunehmen. Ich sage: »Ich mache dann also jetzt Nudeln nur für mich.« Sie: »Na ja, eine ganz kleine Portion kannst du mir schon auch kochen.« Ich: »Wie klein, zwanzig Gramm? Dreißig? Vierzig?« Sie: »Ach, mach doch nur für dich.« Das Essen ist fertig, ich trag auf,

Jule kaut lustlos an ihrem Salat. Ich schiebe ihr meinen Teller rüber: »Komm, iss du weiter.« Sie: »Das ist zu viel.« Ich nehme den Teller zurück, gabel noch ein paar Bissen, jetzt ist der Teller höchstens noch viertel voll, sie isst. So ging das über Monate, bis ich nach unserem Griechenlandurlaub dachte: Jetzt stell ich unsere Ernährung um. Es gab mehr Gemüse, Salat, ich hab andere Fette genommen, Pflanzenöl statt tierischer Fette, ungesättigte Fettsäuren, abends leichtere Kost, viel Eiweiß. Sie wurde zusehends schlanker, zum Joggen konnte ich sie trotzdem nicht bewegen. Körperliches war ihr nicht so behaglich, wir haben auch nicht mehr oft miteinander geschlafen, nicht oft, aber na ja. Bei Frauen ist es ja oft die bewusste Steuerung des körperlichen Einsatzes, manchmal war es mir zu blöd, wenn ich gemerkt habe: Sie kommt jetzt an, wohl, weil sie denkt, sie müsste mal wieder.

Komischerweise war Urlaub bei uns meistens ganz entspannt, man kennt das ja von anderen, dass da nach ein paar Tagen die Fetzen fliegen. Urlaub ging gut, wir sind beide gerne nach Griechenland gefahren, an die Nordsee. Ich bin gerne am Wasser, mir gefällt das, Strand, Meer, Himmel. Im Urlaub war Jule aktiver als sonst, wir waren nicht die typischen Strandlieger, die den ganzen Tag in der Sonne braten, ich wollte ja auch Land und Leute kennenlernen. Vielleicht war das im Ausland für sie gerade noch im Rahmen des Erträglichen, weil wir Land und Leute dann ja nicht im Koffer mit nach Hause genommen haben.

Wir sind auch mal alleine gefahren, haben unsere Tochter bei den Großeltern gelassen, wohlgemerkt: Natürlich bei ihren Eltern, bei meinen wäre ja nicht gegangen, wegen meiner Mutter, unsere Tochter ging generell nur zu ihren Eltern. Gerade längere Urlaube, alles ab einer Woche, haben wir genossen, nicht nach der Uhr und dem Kalender leben, herrlich. Wir haben uns im Urlaub nie gefetzt, das war wirklich ziemlich friedlich. Komisch eigentlich.

Lange Zeit fand ich alles generell ganz in Ordnung bei uns. Vielleicht hat mich auch nur nichts gestört, weil ich ein zu großes Phlegma hatte. Ich habe dann irgendwann die Firma gewechselt. Mit der Sekretärin da hab ich mich super verstanden, mit Biggi, mit der hab ich mich richtig angefreundet. Wir konnten uns gut über die Macken unserer Partner austauschen, wenn zu Hause keiner zugehört hat, ich habe manchmal halbstundenlang bei ihr im Büro gehockt, das war schon fast betriebsschädigend. Das hat sicher auch dazu beigetragen, dass ich irgendwie aufgewacht bin.

Ich hätte es bei meiner Frau trotzdem noch eine ganze Weile ausgehalten. Denke ich. Fürchte ich. Aber dann hab ich gesagt: »Ich gehe. Ich packe meine Tasche.« Das muss für sie aus heiterem Himmel gekommen sein, schlagartig. »Ich packe meine Sachen, ich gehe jetzt, ich will nicht mehr …« Das war vor fünf Jahren, unsere Tochter war dreizehn. Seitdem haben wir zwei oder drei Worte gewechselt. Jule hasst mich wie die Pest. Sie hat versucht, mir eins reinzuwürgen. Klar, *ich* hab sie verlassen. Im Grunde zur Unzeit verlassen, zu einem unmöglichen Zeitpunkt, wird man normalerweise denken. Im März bin ich gegangen, im Januar hatte man bei ihr Hautkrebs diagnostiziert. Ich war ja schon vorher mit dem Gedanken rumgeschlichen: Irgendwann gehst du. Nur wann?

Nun kam sie mit der Diagnose nach Hause, kein leichter Hautkrebs, auch kein schwarzer, so ein Mittelding. Was sollte ich nun machen? Mir kam die Erkrankung quer. Dieser Hautkrebs war sicher gut heilbar – aber oft geht es damit erst richtig los, Lymphknoten befallen, Metastasen. Dann wäre ich doch erst recht an sie gebunden gewesen. Ich dachte: Lieber jetzt weg, solange es noch möglich ist. Ich hab mich schon gefragt: Ist das politisch korrekt? Was werden die Leute sagen, wenn du in so einer Situation gehst? War ja eigentlich klar, was sie sagen würden. Ich hab gedacht: scheißegal. Was ich ernster genommen hab: Welchen Einfluss würde die Trennung auf ihre Krankheit haben? Das war mir ja wirklich nicht egal. Ich hab sie auch begleitet, als sie wieder zum Arzt, als sie ins Krankenhaus musste. Ihre Diagnose hätte auch eine Chance sein können für uns – so war es aber nicht. Ich habe gar nicht so viel darüber nachgedacht, damals hab ich aus dem Bauch raus entschieden, das muss ich jetzt nicht nachrationalisieren. Es war halt so, und meine Frau hatte bis heute keinen Rückfall.

Unsere Tochter hat das sehr mitgenommen. Die Krankheit einerseits und dass ich ausgezogen bin. Ich hatte eigentlich immer das engere Verhältnis zu ihr, jetzt blieb sie bei ihrer Mutter. Sie hat nicht besonders den Kontakt zu mir gesucht, ich hab mich gewundert, im Moment ist der Kontakt sogar ganz weg. Ich weiß aber, das wird irgendwann wieder funktionieren, sie wird Flagge zeigen.

Mit meiner Exfrau kommuniziere ich nur noch über Anwälte. Als ich gegangen war, hab ich ihr einen Brief geschrieben, so richtig mit Datum, man muss den Tag der Trennung ja auch irgendwie festhalten, falls es vor Gericht darum geht, wann das Trennungsjahr angefangen hat. Den Brief hat sie auch beantwortet, als ich ihn im Briefkasten fand, hatte ich Hoffnung, ganz doll. Dass wir eben vernünftig auseinandergehen können. Dann ging's aber hauptsächlich darum, was ich vom Hausrat haben wollte. Ich wollte nicht viel, ich wollte ja nur eine kleine Wohnung einrichten, aber ich wollte zum Beispiel unbedingt meine Kaffeemaschine, dieses CD-Regal hier. »Alles andere«, hab ich ihr gesagt, »kannst du haben.« Sie hat mir dann in die Firma handschriftliche Briefe geschickt, unsere Sekretärin hat mir die immer ganz betreten hingehalten, sie hat ja auch gesehen, wie ich drauf reagiert hab. In einem stand: »Du kannst Deine Sachen am Wochenende abholen, was Montag nicht weg ist, holen die Leute von der Möbelbörse ab, sie sind schon bestellt.« Sie wollte die Möbel in ein Abhollager für Bedürftige schaffen lassen. Als Erstes hab ich diesen Termin bei der Börse abgesagt, sollte Jule doch sehen …

Aus unserer Wohnung ist sie ausgezogen, sie war finanziert, ich hatte Jule vorgeschlagen: »Ich zahle weiter meine achthundert, du gibst mir zweihundert Miete, und wir behalten die Wohnung.« Das wollte sie nicht, sie hat gesagt: »In dieser Wohnung, in der du mir so übel mitgespielt hast, will ich nicht mehr leben.« Sie hat sich jetzt eine Wohnung gemietet, ich bin mal an der Anlage vorbeigefahren, alles ganz neu, ganz schick, so wie sie es gern hat.

Die Wohnung wurde verkauft. Es führte kein Weg rein, in eine vernünftige Lösung. Sie verzeiht mir nicht, dass ich sie hintergangen habe – damit meint sie die Zeit, in der sie nichts von einer Trennung geahnt hat, ich diesen Gedanken aber ausgebrütet habe, sozusagen. Sie verzeiht mir auch nicht, dass ich sie um etwas betrogen habe – die heile Vorzeigefamilie, die sie nun ja nicht mehr hat. Sie ist sehr verletzt, das weiß ich, und das tut mir in gewissem Sinne auch leid. Das würde sie mir nie glauben, sie hält mich für ein rücksichtsloses Charakterschwein. Meine Ex kann sehr hart sein, auch gegen sich selber. Deswegen bezweifel ich auch, dass sie so schnell wieder einen neuen Partner findet. Sie hat wenig gelesen, sich mit Zwischenmenschlichem auseinandergesetzt, das habe komischerweise in unserer Beziehung eher ich gemacht.

Zwei Jahre, nachdem ich bei Jule ausgezogen bin, hab ich Carola kennengelernt, ein Kollege hatte sie zum Bowlingabend mitgebracht. Wir haben viel zusammen unternommen, immer mit anderen Leuten. Nach einem Jahr bin ich bei ihr eingezogen. Ich muss nicht wieder heiraten, Carola war auch schon einmal verheiratet, sie hat keine Kinder, sie sagt: »Besser, wir heiraten nicht, dann kann ich auch keine Post vom Scheidungsrichter im Briefkasten finden.« Ehrlich gesagt: Ich hab keine Angst vorm Standesamt.

Jonas, 37,
Weinhändler, 11 Jahre verheiratet, kinderlos

Dieser Duft ...

Die Scheidung schien absehbar, Gudrun hatte ihren Mann rausge-
schmissen – Jonas, den umschwärmten Frauenliebling, der auch vor
ihrer besten Freundin nicht zurückgeschreckt war. So die offizielle Les-
art aus Sicht der Goldschmiedin, Jonas erinnert sich anders. Dem Eklat
vor anderthalb Jahren folgte nicht das Ende einer Ehe, sondern ein
Neuanfang, der für Gudrun hieß: Schluss mit dem Misstrauen, und für
Jonas: endlich wieder dieser Duft ...

Meine Frau ist ein Kontrollfreak. Das heißt: Sie *war* ein
Kontrollfreak, ich finde, sie bessert sich, sie hat sich
schon sehr gebessert. Alles musste sie im Griff haben,
durchdringen, steuern. Bei der Arbeit führte das dazu, dass sie
sich aus der gemeinsamen Werkstatt immer mehr zurückgezo-
gen und oft zu Hause gearbeitet hat, ihre beiden Kolleginnen
hatten es schlicht nicht mehr ertragen mit ihr und zunehmend
gegengehalten. Und ich, ja, ich hab jahrelang Gudrun als
Übermutter sowie als Fleisch gewordene Eifersucht abgewehrt.

Bis ich irgendwann die Faxen dicke hatte, eines Abends aufgestanden und gegangen bin. Im Nachhinein war das wahrscheinlich unsere letzte Chance, ohne unser Ferienjahr, so nen-
nen wir das jetzt, wären wir heute geschieden. Ich hab das

Gefühl: Jetzt sind wir quitt. Dass ich eingelenkt habe – vielleicht war es das, was ich ihr schuldig war.

Als wir uns kennengelernt hatten, sah alles super aus, ich dachte: Mit der könnte es klappen. Ich war es gewöhnt, dass die Frauen sich mir an den Hals schmissen, das war schon seit meiner Einschulung so, da wollten Mädels neben mir sitzen, obwohl man eigentlich Junge-Junge und Mädchen-Mädchen zusammensaß. Gudrun hab ich beim Kulturfest in der Altstadt kennengelernt, sie stach raus an ihrem Schmuckstand, weil sie als eine der wenigen Frauen ein Kleid anhatte, das zu einem Hochsommertag passt, richtig weiblich, Rücken frei, glänzender Stoff, leuchtend rot mit Blumendruck, ich erinnere mich genau dran. Vielleicht waren da auch andere Frauen in Kleidern, aber dann eher Schlabberlook, Leinen, garantiert kratzig und ohne Ausschnitt, Kulturmuttis eben. Gudrun war außerdem angenehm groß, sie ist auch mit flachen Schuhen fast so groß wie ich.

Ich hab sie von meinem Weinstand aus beobachtet, und als auf der großen Bühne Jazz-Einlage war, am Stand keine Kunden, bin ich mit zwei Gläsern in der Hand zu ihr rübergegangen. Ich hatte damals einen super Châteauneuf du Pape dabei, aber der war für diesen heißen Tag nicht das Richtige, also habe ich einen sehr guten, schön gekühlten Crémant aufgemacht, aus der Bourgogne, den hatte ich persönlich aus Frankreich mitgebracht, kartonweise. Ich habe Gudrun ein Glas in die Hand gedrückt und gesagt: »Mein bester Sekt für die Frau im schönsten Kleid.«

Nicht besonders originell vielleicht, aber sie hat mit mir gesprochen. Mich interessieren dumme Frauen nicht, und Gudrun ist klug, das hab ich sofort gemerkt. Abends haben wir noch mit vielen anderen Ausstellern zusammengesessen, gleich am nächsten Tag sind wir zusammen zu einer Party von meinem Freund Matti gegangen.

Wir sind ziemlich schnell zusammengezogen, ich wohnte erst ein knappes Jahr in der Stadt, meine Wohnung war klein, Gudruns zwar nicht, aber man hatte ihr die Zulieferrampen für eine Einkaufszeile direkt vors Schlafzimmer gebaut. Als in meinem Wohnhaus eine große Wohnung mit Terrasse frei wurde, haben wir zusammen zugeschlagen, das war schon drei, vier Monate, nachdem wir uns kennengelernt hatten.

Mir fiel auf, dass Gudrun rumeierte, als es darum ging, mich zu ihrer Mutter, ihren Geschwistern mitzunehmen. Als ich die dann kennenlernte, hatte ich das Gefühl, sie hetzen über Gudrun, ihre Schwester sagte zu mir etwas wie: »Na, da sind wir mal gespannt, wie lange du ihr Traumprinz bleibst«, so ganz genau erinnere ich mich daran nicht. Für mich war es auch nicht gerade ungewöhnlich, nicht mit offenen Armen empfangen zu werden, eine potenzielle Schwiegermutter hatte mal vor versammelter Verwandtschaft zu ihrer Tochter gesagt: »Was willst du mit dem? Denk dran, von einem schönen Teller wird man nicht satt.« Ich finde das gelinde gesagt krank, da wollen die Frauen heute emanzipiert sein, alle Welt tut auch so, als ob das mit Männern und Frauen und Gleichberechtigung alles bestens entwickelt wäre, im Beruf wie privat.

Immer mehr Schauspielerinnen, Sängerinnen suchen sich immer jüngere und immer schönere Männer aus, allen voran Madonna, und die ganze Welt findet das toll! Nur wenn eine kluge, selbstständige Frau wie Gudrun sich zur Absicherung nicht noch ein gut verdienendes Schattenmännchen aussucht, dann wird rumgekeckert. Ein Freund von mir hat mal gesagt: »Alter, du hast irgendwie Pech, die Frauen stehen auf dich, aber wenn's ernst wird, haben sie Angst vor dir, und die Kerle

können dich nicht leiden, weil die Frauen auf dich stehen.«
Tja. Mir sind einige Beziehungen kaputtgegangen, weil die jeweiligen Frauen irgendwann lieber mit einem verkniffenen
Steuerberater oder einem strunzlangweiligen Rechtsanwalt in
den Hafen der Ehe wollten als mit mir auf dem offenen Meer
segeln.

Jedenfalls: Gudrun, sie hatte ihre Goldschmiede, ich meinen Weinladen. Sie hat auch irgendwann versucht, das Haar
in der Suppe zu finden, es war dieses: Es-kann-gar-nicht-gut-
gehen-mit-uns-weil-es-zu-schön-wäre-um-wahr-zu-sein. Sie
war irgendwann der Meinung, ich trinke zu viel, ist ja naheliegend, bei einem Weinfritzen auf so was zu kommen, ich hab
sicher auch oft zu viel gehabt, aber ich war kein Alkoholiker. Als sie mich in die Richtung angegangen ist, habe ich ihr
erzählt, wie es in meinem Vorleben aussah, dass ich einen
Verkehrsunfall hatte, zugegeben unter Alkoholeinfluss, Totalschaden. Ich hatte eine Pleite hingelegt, mich nur mühsam
hochgerappelt. Als wir uns kennenlernten, war ich sehr unter
Druck beruflich, ich habe fünfundsiebzig, achtzig Stunden die
Woche gearbeitet, ich habe versucht, parallel zum Direktverkauf noch einen Internethandel aufzuziehen. Das lief gut, aber
es hat fürchterlich viel Energie gekostet, ich war kurz vorm
Burn-out, der Arzt, zu dem ich dann ging, hat das genauso
gesehen. Ich hab Gudruns Anwürfe nämlich genutzt, mir bei
einem Arzt Hilfe zu holen, ich hab beschlossen, mir mit allem
mehr Zeit zu lassen, den Druck rauszunehmen, ich war in
kürzester Zeit wieder in ruhigerem Fahrwasser. Gudruns Versuche, meine Erschöpfung im Nachhinein mit Alkohol in Verbindung zu bringen, hab ich ignoriert, das war absurd, und
ich war ja auch wieder fit.

Wir haben geheiratet, und ich hab gedacht: nun noch Kinder. Aber ich hatte nicht damit gerechnet, dass Gudrun es wirklich ernst gemeint hatte, dass sie keine Kinder will. Sie hatte das gesagt, ja, aber ich dachte: Das ist 'ne Masche, 'ne Verschrobenheit, wenn sie sagte: »Ich möchte Kindern eine Mutter wie mich nicht zumuten.« Sie hat die Kinder von ihrer Schwester immer gerne über Nacht genommen, wenn die Eltern am Freitag mal ausgehen wollten, gleich zwei, ein Junge und ein Mädchen, sieben und neun Jahre alt. Ich fand, dass sie klasse mit denen umgegangen ist, richtig interessiert, liebevoll, sie wurde selbst fast wieder ein kleines Mädchen, wenn sie mit den beiden aus Decken und Laken und Kissen Höhlen gebaut hat. Ich dachte aber: Wo ist für uns das Problem? Soo dringend war mein Kinderwunsch noch nicht, ich hab nicht weiter nachgeforscht, ich dachte auch, das hat noch Zeit. Wohlgemerkt: Für *uns* noch Zeit, nicht so die Nummer: Ich bin ein Mann, ich kann ja auch mit sechzig noch …

Dann, so nach drei, vier Ehejahren, fing Gudrun an, mir ein bisschen auf den Keks zu gehen. Ich sitze an einem Abend noch bis zehn, halb elf mit einem Gastronomenpärchen in meinem Laden bei italienischen Weinen, ich hatte einige extra für sie besorgt, sie wollten ein kleines, überschaubares Angebot mit einem super Preis-Leistungs-Verhältnis. Sie hatten Schließtag in ihrem Lokal und Antipasti mitgebracht, der Mann war gerade mit dem Taxi los, noch mal in ihr Geschäft, Unterlagen holen – da schneit Gudrun rein mit einem Gesichtsausdruck, säuerlich ist freundlich formuliert. Sie hat mir keine Szene gemacht, aber es war oberpeinlich. Die Frau von dem italienischen Restaurant hat sich schnell verabschiedet. Gudrun hat null geglaubt, dass wir eine Viertelstunde vorher noch zu dritt zusammengesessen hatten. Als sie und ich dann zu Hause angekommen waren, hat sie an meinem Hemd rumgeknöpft und behauptet, ich hätte es falsch zugemacht – natürlich, nachdem ich mit der Dame ... Was weiß ich.

Es war danach für längere Zeit Ruhe, aber irgendwann setzte es richtig ein: Kontrollanrufe im Laden, hämische Bemerkungen. Ich hab das nicht persönlich genommen, komischerweise, sie hat es mir auch leicht gemacht, denn ihre Kolleginnen aus der Werkstatt hat sie genauso verfolgt wie mich. »Doris rechnet ihren Anteil vom Umsatz nicht richtig ab, die zwei Ringe mit den Muranoglassplittern sind weg und in keiner Abrechnung aufgetaucht.« Mit Annette stritt sie rum, weil die angeblich zu viel Strom, Wasser, Licht und zu viele Getränke aus dem gemeinsamen Kühlschrank konsumiert hatte. Ich hab darüber gelacht, mir erschien das als Macke. Lange Zeit. Und Gudrun hat sich auch immer wieder selbst zurückgepfiffen mit ihrem Verfolgungswahn.

Ansonsten war es gut mit uns: Wir hatten ja keine kleinen Kinder, wie viele unserer Bekannten im Umfeld, wir mussten nicht für Kinoabende, Konzerte, Partys nach Babysittern rennen, und vor allem: Wir waren nicht zu müde zum Ausgehen, auch für das Programm nach dem Ausgehen nicht. Mit Gudrun hat es immer Spaß gemacht, es war nicht mehr das Prickelige vom Anfang, es war vertrauter, viel weniger anstrengend, mir hat es immer gefallen, mit ihr zu schlafen.

Meistens konnte ich auch ihre Eifersuchtsanfälle irgendwie ignorieren oder sonst wie nicht ernst nehmen, wegstecken. Ein einziges Mal war wirklich was mit einer anderen Frau, und das war eigentlich ganz harmlos, wir haben uns nur geküsst – und auch das wollte ich eigentlich nicht, diese Frau war so anhänglich, aufdringlich, wie nennt man das bloß? Sie kam immer öfter in den Laden, wollte reden. Sie sah gut aus, sie hat mir Honig um den Bart gestrichen. Jedenfalls hat sie Gudrun angerufen und ihr was erzählt von wegen, sie und ich, wir würden bald zusammenziehen und so. Das war reines Wunschdenken, kranke Fantasie – ich habe mich geärgert über die Szene, die Gudrun mir prompt gemacht hat, über ihr Misstrauen. Warum konnte sie nicht über den Dingen stehen?

Als der Mann ihrer besten Freundin, Katharina, zu Hause ausgezogen ist, hat Gudrun plötzlich sogar ihre eigene Freundin auf die Abschussliste gesetzt. Früher waren wir oft zu viert aus, wenn man die beiden nun nicht mehr zusammen einladen konnte, hätte ich es normal gefunden, Katharina oder auch Robert einzeln weiter zu uns einzuladen, sei es nun zu dritt oder auch mit anderen zusammen – aber Robert war unten durch bei Gudrun, weil er Katharina wegen einer anderen Frau verlassen hatte, die war jünger und außerdem schwanger von Robert. Gudrun hat immer gesagt: »So seid ihr: Irgendwo müsst ihr den Stammhalter unterbringen.« Katharina und Robert waren in unserem Freundeskreis die Einzigen, die, wie wir, keine Kinder hatten. Bis dahin. Kaum war Robert weg, stand Katharina plötzlich bei Gudrun im Verdacht, sich an andere Männer ranzuschmeißen. Gudrun fing an, sie zu meiden, hat nicht mehr zurückgerufen, wenn Katharina auf dem Anrufbeantworter war, hat sich verleugnen lassen. Man fasst sich an den Kopf, was in Frauen so vorgeht.

Katharina ist ein ganz anderer Typ Frau als Gudrun, sie ist eine kleine Umtriebige, so ein Mädel, mit dem du in der Kneipe Bier trinken kannst wie mit einem Kerl, sie redet auch so, die schlimmsten Blondinenwitze, unterirdische Blondinenwitze, kenn ich von ihr – sie ist selber blond. Wenn Gudrun einen Witz erzählen will, versemmelt sie die Pointe, regelmäßig. Ich hab nicht eingesehen, warum ich nicht weiter mit Katharina befreundet sein sollte, besonders, als sie richtig

Probleme hatte – Robert war weg, sie war möglicherweise schwanger und wusste nicht, ob das mögliche Kind von einem Kollegen oder einem One-Night-Stand war. Das ist doch eigentlich ein Frauenthema, hätte sie prima mit Gudrun besprechen können, aber die stellte auf Durchzug. Dafür hat Gudrun eine Begabung, bei Sachen, die nicht in ihr Schablonendenken passen, die sie ablehnt, einfach das Thema zu wechseln. Katharina hatte ein Gespräch mit Gudrun angefangen über ihre Schwangerschaft, und meine liebe Frau hat sich dann so abfällig geäußert – sie sprach über »Frauen, die meinen, auch noch werfen zu müssen« und Ähnliches –, dass Katharina lieber gar nichts mehr gesagt hat.

Ich hab zu der Zeit manchmal mit Katharina geredet, sie kam im Laden vorbei, wir haben telefoniert – sie brauchte jemanden zum Quatschen. Irgendwann erzählte Katharina mir dann, Gudrun würde mir unterstellen, dass ich irgendwelche heimlichen Telefongespräche führe, was weiß ich wen wo treffe, es zeichnete sich auch ab, dass Gudrun uns, also Katharina und mich, unter Verdacht stellen würde. Da reichte es mir allmählich. An einem Abend bei uns zu Hause bin ich einfach aufgestanden und hab wohl gesagt: »Ich ziehe aus, so geht's nicht weiter.« Unser Gespräch hatte sich wieder in bekannten Bahnen bewegt, von Gudrun kam Gefrotzel: »Du und die Frauen.« Als ich aufstand, schmiss Gudrun noch eine halb volle Flasche Rotwein nach mir, also in meine Richtung, aber gezielt hatte sie wohl auf die Wand. Und sie hat mir hinterhergerufen: »Geh doch zu Katharina!«

Als ich die Treppen runterlief, fand ich das gar keine schlechte Idee, wo sollte ich denn sonst groß hin? Alleine sein wollte ich nicht, und die Wahrscheinlichkeit, dass Katharina zu Hause sein würde, war groß. Ich hab sie angerufen und bin hingefahren. Wir saßen bis Mitternacht, sie mit Apfelschorle, ich mit Wein. Eigentlich wollte ich in meinem Laden übernachten, im Büro steht eine Couch, ich blieb dann aber in Katharinas Wohnung. Warum auch nicht: Ich hatte was getrunken, es war spät, in der Wohnung gab's ein Gästebett. Gudruns Vorstellung, ich könnte was mit ihrer Freundin haben, war völlig absurd – ich hab das erst in den nächsten Tagen begriffen, dass Gudrun das offenbar gemeint hatte, als sie mir hinterherschrie: »Geh doch zu Katharina!«

Kathi hat in den nächsten Tagen versucht einzulenken, mit Gudrun zu reden, sie hat immer wieder versucht, mit ihr zu telefonieren, aber Gudrun hat aufgelegt oder den AB angeschaltet. Ich habe gar nicht erst versucht, meine Sachen aus unserer Wohnung zu holen, ich wusste instinktiv, dass Gudrun als Erstes das Schloss austauschen lassen würde. So war es auch …

Ich habe mich ein Vierteljahr nur um die Arbeit gekümmert, wie früher. Ehrlich gesagt: Das war herrlich. Ich habe so viel auf die Reihe gekriegt wie lange nicht mehr, war abends endlos lange im Laden. Logisch, wenn du dich nicht immer fragen musst: Wartet deine Frau mit dem Essen? Hatten wir heute Abend irgend'ne Verabredung? Aber sie fehlte mir schon auch. Ich hatte in der Zwischenzeit ein Zimmer in einer Wohnung bei einem Freund aus Studienzeiten bezogen, er ist geschieden und gondelt viel in der Weltgeschichte rum, er war kaum zu Hause. Das viele Arbeiten hat mich abgelenkt, aber irgendwann reichte mir das, Arbeit ist schließlich kein alleiniger Lebenszweck.

Und Gudrun fehlte mir – es war nicht so, dass ich froh war, sie los zu sein. Nein, ich hab mich eher geärgert, dass wir manchmal so abgedriftet sind, dass unsere Auseinandersetzun-

gen so eine Eigendynamik bekamen, dass es kein Zurück gab.
Mir fehlte vor allem – das hört sich jetzt vielleicht albern an,
aber trotzdem –, mir fehlte ihr Duft. Gudrun hat so einen spe-
ziellen Duft, kein Parfum oder so, ihre Haare riechen nach …
nach … Sommertag. Nach Hemden, die draußen auf der Wä-
scheleine getrocknet sind, nach Mandelblüten. Mir fehlte die
ganze Frau. Ich hab mich irgendwann überwunden und sie
zum Essen eingeladen. Das musste ich auf den Anrufbeantworter sprechen, ich weiß nicht, ob sie danebenstand, als ich drauf-
sprach, ob sie mithören konnte. Sie hat dann jedenfalls zurückgerufen. Ich wollte das zwar, aber damit gerechnet hatte ich
nicht, es hat mich umgehauen.

Wir haben uns in einem Lokal verabredet, in dem wir beide
noch nie waren, das erschien uns am schlauesten. Ich mach's
kurz: Wir sind noch an dem Abend bei ihr gelandet, also besser: bei uns. Ihre Wohnung war ja auch immer noch meine
Wohnung. Sex war für uns immer der optimale Problemlöser
gewesen, wir haben uns oft im Bett vertragen. Das hatten wir
nicht verlernt. Am nächsten Morgen haben wir besprochen,
dass sich etwas ändern muss, wenn wir es noch mal versuchen,
was wir beide wollten. Gudrun war sogar bereit, mit mir zur
Eheberatung zu gehen, was sie früher unter Garantie abgelehnt
hätte – da hätte sie ja über sich sprechen müssen, das Fehlver-
halten von anderen zu analysieren, fiel ihr schon immer leichter. Es stellte sich heraus, dass sie die Zeit ohne mich auch für
sich genutzt hatte: Sie war bei ihrer Ärztin aufgelaufen, die ihr
sehr nahegelegt hat, sich an eine Psychologin zu wenden. Wenige Stunden mit der waren offenbar total hilfreich.

Wir beide wollten es ohne Hilfe, einfach so, wieder miteinander probieren, und es hat geklappt. Gudrun hat einen ziemlichen Schritt gemacht für sich: Sie ist auf Abstand zu ihrer

Familie gegangen, weil sie es selbst nicht mehr ausgehalten hat, dass von ihrer Mutter und dem Bruder früher so viel Missgunst kam. Ich hab das immer gesehen, ihr das aber nie so klar gesagt, weil sie das zurückgewiesen hätte, logischerweise. Sie versucht auch mit ihren Goldschmiedekolleginnen sichtlich, fünf gerade sein zu lassen. Und so macht sie es auch mit mir, ich habe von ihr im vergangenen Jahr nicht eine höhnische Bemerkung, nicht einmal Gestichel wegen anderer Frauen gehört. Sie ist jetzt endlich auch in der Lage, anderen zu sagen, dass ich zwei Jahre jünger bin als sie – das sollte früher keiner wissen. Ich finde, das wirft doch auch ein interessantes Licht auf sie …

Ich bewundere das, wie Gudrun an sich arbeitet, wie sie Ballast abwirft. Sie ist nicht mehr so streng mit anderen, und auch nicht mehr mit sich selbst. Urlaub mit Gudrun – das war früher immer Studienreise hoch zehn, sie hat einen Plan, eine Tour mit entsprechenden Infomaterialien ausgearbeitet, alles hochspannend, aber eben auch noch Stress auf Reisen. Dieses Jahr waren wir im Juni das erste Mal einfach am Meer, französischer Atlantik, drei Wochen nichts tun, fast nichts.

Ich habe manchmal den Verdacht, Gudrun hört plötzlich ihre biologische Uhr ticken, dieses Geräusch war ja auch früher noch nicht laut genug, sie wird nächstes Jahr vierzig. Sonst hat sie mich immer auf die *gefährlichen* Tage aufmerksam gemacht, wir haben uns entsprechend darauf eingestellt, das reichte ihr als Vorsichtsmaßnahme. Jetzt sagt sie darüber nichts mehr, und ich frage nicht nach. Kleine Berechnungen meinerseits haben ergeben, dass Gudrun Nachwuchs jetzt offenbar billigend in Kauf nehmen würde. Sie äußert sich nicht deutlich zu diesem Thema, nach ihrem letzten Besuch bei der Frauenärztin hat sie aber so andeutungsreich gesagt: »Körperlich ist alles in Ordnung.« Gudrun ist ansonsten sehr gut in der Lage, Probleme anzusprechen, aber ich glaube, hier ist so ein Knackpunkt unserer Beziehung: Sie, die letzte Bastion der Nichtmütter, kann doch nicht plötzlich fahnenflüchtig werden, zugeben: Ich würde gerne ... Muss sie nicht, jedenfalls nicht mir gegenüber. Kinder werden ja schließlich nicht mit Worten gemacht.

Michael, 49,
Marketingberater, 25 Jahre verheiratet, 1 Tochter

Wir wollen ein Paar sein

Dieses Paar kennt sich wahrscheinlich noch nicht lange – das würde vermuten, wer die schlanke Frau mit brünettem Kurzhaarschnitt und den jungenhaft wirkenden Geschäftsmann im syrischen Restaurant dabei beobachtet, wie sie sich über die verführerisch duftenden Vorspeisenschälchen hermachen und dabei nicht aufhören zu reden. Ja, die beiden haben sich was zu erzählen. Genauer: Sie haben sich wieder etwas zu erzählen. Seit ein Fremder bei diesem Ehepaar massiv Zwietracht säen wollte ...

Als ich vor einem halben Jahr von einer Geschäftsreise nach Hause kam, stand meine Frau mit einem ganz merkwürdigen Gesichtsausdruck in der offenen Haustür: »Du kommst nicht drauf, wer mich angerufen hat und was der mir erzählt hat ...« Ich ahnte sofort, dass das nur dieser Wahnsinnige sein konnte, der Ehemann einer Geschäftspartnerin. Er war davon überzeugt, dass ich ein Verhältnis mit seiner Frau habe. Er hatte in ihrem Handy rumgeschnüffelt und im SMS-Archiv eine abgeschickte Nachricht gefunden: *Lieber Michael, war das schööön!* Diese SMS musste ja nun gar nichts heißen, aber er hatte seine Frau trotzdem in die Mangel genommen. Sie hätte zurückschlagen können von wegen Misstrauen und ewige Eifersucht und Vertrauensbruch, er war ja schließlich an ihrem Handy gewesen. Hat sie aber nicht, sie ist auch nicht auf die Idee gekommen, mich zu warnen. Sie nahm es nicht ernst, als er zu ihr sagte: »Den ruf ich an.« Beim ersten Anruf fiel ich aus allen Wolken, das wuchs sich aus zum Telefonterror, er hat mich beschimpft und immer wieder gefordert: »Lassen Sie meine Frau in Ruhe!« Ich hab ihm gesagt, dass da nichts mehr ist zwischen ihr und mir, aber er wollte das nicht glauben. Dann hat er meine Frau angerufen.

Elke hatte dem Mann natürlich gesagt, dass er seine Hirngespinste woanders abladen soll. Aber nun stand sie mir gegenüber, schon im Flur ging es los. Sie hat mir keine mörderische Szene gemacht, ganz kühl fragte sie mich: »Wieso ausgerechnet diese Schlampe?« Sie kannte sie von einigen Veranstaltungen. Ich hätte mich rausreden können, das hätte ich schon hingekriegt, aber irgendwie wollte ich das nicht. Ich habe es einfach zugegeben: »Ja, da war was mit ihr. Es war so, aber jetzt ist es vorbei.« So, nun war es ausgesprochen. Das für mich Überraschende war: Meine Frau wurde immer ruhiger, während ich damit herausrückte. Ich habe hinterhergeschoben: »Es ist passiert, ja, aber wenn so was passiert, hat daran nicht einer alleine Schuld.« Das war sozusagen der Anfang vom Anfang.

Wir haben begonnen, uns ganz unvoreingenommen zu betrachten – jeder von uns wusste, dass bei uns Dinge schon lange nicht mehr in Ordnung sind. Einmal auf der persönlichen Ebene: zuhören, verstehen, kümmern. Dazu im sexuellen, erotischen Bereich: Da war Desinteresse, wir hatten in der letzten Zeit nur noch selten miteinander geschlafen. Und das mehr schlecht als lustvoll. Und Interessen, gemeinsame Interessen, die hatten wir eigentlich nicht mehr, wir haben da nichts wirklich gemeinsam gepflegt, bis auf das Zusammenleben mit unserer Tochter. Ehrlich gesagt hätte ich meiner Frau ihre Eifersucht gar nicht mehr zugetraut. Wir hatten im Laufe der Jahre mehr oder weniger zwei Leben nebeneinanderher entwickelt, ich war immer viel auf Reisen wegen meiner Arbeit, das letzte Geschäftsjahr musste ich so häufig in Hamburg arbeiten, dass ich da sogar eine kleine Wohnung gemietet habe, meine Frau blieb in D., hat da gearbeitet, in unserer Wohnung gewohnt.

Da saßen wir nun. Wir haben lange miteinander geredet, gleich am ersten Abend, dabei haben wir beide völlig das Visier runtergelassen. Ich habe ihr gesagt: »Ich stehe zu dir.« Da meinte sie: »Ich weiß nicht …« Ich hab gefragt: »Was brauchst du, damit du mir vertraust?«– »Ich vertraue dir nicht.« Jeder hat dem anderen gesagt, was ihn stört, wir haben uns aber schon allein durchs Reden gezeigt, dass uns was aneinander liegt. Es war vor allem das Gefühl, sich freizureden, und dieses befreiende Gefühl haben wir beide mitgenommen aus diesem Abend. Ich habe in den letzten Monaten ihr Vertrauen wiedergewonnen, indem wir offen geredet haben, anders geredet haben.

Es war schnell klar, dass wir nur etwas ändern können, wenn Elke diese Sache mit *der Schlampe* nicht in Zukunft jede Woche einmal anbringt – das ist ja oft so, dass ein Konflikt immer wieder hervorgeholt wird. Elke macht das in diesem Fall nicht. Sie hat mir gezeigt und auch gesagt: »Ich will nicht, dass du mit einem schlechten Gewissen rumläufst.«

Dieses Ereignis hat die Kurve, unsere Lebenskurve in Gang gebracht, das hat unglaubliche Energie freigesetzt. Uns war klar: Wir haben jetzt eine Chance, aber nur, wenn wir uns *verstehen*, verstehen in einer neuen Dimension – ein Verstehen, das nicht immer umfangreiche Erklärungen braucht. Unser Desinteresse aneinander ist weg, wir interessieren uns wieder füreinander. Ich hätte nicht gedacht, dass wir das einfach so ändern können, aber wir konnten. Ganz wichtig dabei ist, dass wir wieder mehr miteinander machen: Elke kam mich zum Beispiel das erste Mal in dieser Hamburger Zeit dort besuchen, sonst war immer ich am Wochenende nach Hause gefahren. Wir reden auch wieder mehr miteinander, wir sprechen ganz klar an, was wir wollen. So sagt sie mir: »He, ich brauch das, dass du mich in den Arm nimmst«, ich sag ihr: »Setz dich mal mit mir aufs Sofa und hör mir zu.« Das ist ein ganz wichtiger Beitrag zur Paarbeziehung.

Es gibt ein paar Dinge, bei denen wir auch in den letzten Monaten unheimlich aneinandergeraten sind, man kann ja nicht einfach so von heute auf morgen den Hebel umlegen. Man braucht Übung, man muss manchmal auch schlechte Erfahrungen, die man aus der Vergangenheit mit sich rumschleppt, vergessen. Bestes Beispiel: Weihnachten. Elke fragt mich: »Was wünschst du dir denn?« Ich sage: »Ein Überraschungswochenende.« – »Ja, aber«, meint sie, »das machst du dann bestimmt nicht mit.« – »Wie kommst du darauf?«, frage ich. »Natürlich mach ich das, was du vorschlägst.« – »Nee«, sagt sie, »das machst du ganz bestimmt nicht.« Ich habe ihr nur gesagt: »Probier es doch einfach aus.« Aber ich war richtig angefressen.

Dann war erst mal gut, ein paar Tage später kommt sie: »Ich hab da 'ne Idee für das Überraschungswochenende.« Hallo? Will sie etwa darüber sprechen? Ich wollte eine *Überraschung*, was weiß ich, vielleicht von ihr ins Auto gesteckt und irgendwo hingefahren werden, ich wollte etwas, womit ich nicht gerechnet habe. »Ich erzähl dir die Idee mal, ja?« – »Mhm.« – »Ich schlage vor: ein Schweigewochenende.« Mit Wegfahren, Übernachtung, alles richtig organisiert – mir gefiel das, trotz der fehlenden Überraschung. Ich habe für mich immer so Jahresziele, in diesem Jahr ist eines meiner Ziele: Stille, geistige Entleerung. Das wollte ich zwar für mich allein machen, aber ich fand den Gedanken gut, zusammen zum Schweigewochenende zu fahren: »Machen wir das doch.« Elke meinte nun aber: »Stille – das ist nicht Schweigen.« Ich sagte: »Klar ist Stille Schweigen.« So ging es hin und her, wir sind richtig aneinandergeraten, von ihr kam dabei auch: »Du willst ja gar nicht.« Es endete in einem furchtbaren Krach. Ich war völlig hilflos, ich hab das nicht verstanden, wie sich das Gespräch, der Streit entwickelt hat.

Am nächsten Tag hab ich ihr aus dem Büro eine Mail geschrieben, in der ich versucht habe, ihr meinen Standpunkt, meine Gedanken noch mal genau darzulegen. Sie hat die Mail gelesen, sehr gründlich gelesen. Abends hat sie mir dann gesagt, was sie bei unserem Gespräch vermisst hatte. Einen Satz, einen einfachen Satz wie: »Schweigewochenende – super Idee, lass uns das machen, danke.« Ihr hatte die Anerkennung ihrer Idee gefehlt – ich hatte gedacht, ich hätte es gesagt, hatte ich aber offenbar nicht, in der Mail hab ich das deutlicher hingekriegt. Da konnte sie vielleicht auch besser verstehen, dass ich eine Überraschung wollte, mich ihr sozusagen ausliefern, ob sie nun mit einem Ticket für London kommt oder einem Besuch im Swingerclub. Dass ich ihre Idee an sich, trotz der fehlenden Überraschung, gut fand, das hat sie offenbar völlig verunsichert, sie ist es einfach nicht mehr gewöhnt, dass ich mich ihr so überlasse, ihre Ideen rückhaltlos annehme.

Eine Sache ist uns durch diesen Streit klar geworden: Es hat keinen Zweck, den anderen immer mit *Du-Sätzen* anzureden:

»Du machst da sowieso nie mit«, oder »Du willst ja gar nicht fahren«. Nein, es geht darum rauszukriegen, was der andere mit dem, was er gesagt hat, *gemeint* haben könnte und was man selber *verstanden* hat. Wir kämpfen ja auch mit einer gewissen Historie, damit, wie wir in den letzten Jahren miteinander umgegangen sind, dass sie es eben nicht mehr gewöhnt ist, dass ich zu ihren Ideen Ja sage. Was wir auch als Schlussfolgerung hatten: Wenn man nicht weiterkommt beim Streiten, hilft manchmal zeitlicher, emotionaler Abstand – ich konnte meine Gedanken in der Mail sortieren, sie konnte sich ihre Gedanken machen und auf mich zukommen.

Ich habe in den letzten Monaten begriffen: Was immer ich will oder vorhabe, ich muss es klar formulieren. Das ist nicht einfach für mich, da wirkt schon auch deutlich meine persönliche Vergangenheit, mein Verhältnis zu meiner Mutter, ich bin groß geworden mit der Einstellung: Was will meine Mutter? Was muss ich tun, damit sie nicht beleidigt ist, nicht verschnupft oder mich gar verstößt? Ich habe eine absolut hohe Anpassungsfähigkeit entwickelt. Meiner Frau gegenüber lege ich jetzt diese Schutzschichten ab, das macht mich empfindlicher im Sinne von: Ich empfinde was. Mir gefällt das, mich bereichert das, denn ich bin sonst schon sehr der rationale Typ.

An meinem Geburtstag ist auch so was Komisches abgelaufen. Es war eigentlich wie immer in den letzten Jahren: Ich hatte Geburtstag und war unterwegs, also nicht zu Hause. Nun arbeite ich schon eine ganze Weile an diesem Projekt in Hamburg, bin auch oft wochenweise hier, hab diese kleine Wohnung, aber eben nicht den Bekannten- oder Freundeskreis wie zu Hause. Kurz: Ich habe Geburtstag, und keine Sau weiß das bei der Arbeit, keine Gratulationen, kein Sektumtrunk.

Elke ruft mich schon vormittags an, gratuliert mir kurz – und erzählt mir dann, dass ein Mann aus unserer Nachbarschaft von seiner Frau in flagranti ertappt worden sei und dass das wohl in der Natur der Männer läge. Ich habe ihr gesagt, das stimme doch so gar nicht, aber sie hat nicht lockergelassen. Ich wollte nicht am Telefon weiter darüber sprechen, mir war nach was anderem, ich hätte ihr gerne gesagt, dass ich mich alleine fühle. So hab ich versucht abzublocken: »Können wir darüber nicht ein anderes Mal reden?« – »Nein«, sagte sie. Ich konnte sie von dem Thema nicht abbringen, es ging nahtlos in Streiterei über. Irgendwann rückte sie raus: »Na, so wird es ja wohl nichts mit meinem Geburtstagsgeschenk ...« Sie hatte alles vorbereitet, hatte ein Bahnticket für Hamburg gekauft, ein Restaurant ausgesucht, wo sie abends mit mir hinwollte. Ich habe sofort gesagt: »Natürlich kommst du trotzdem.« Sie: »Nein.« Ich: »Komm, bitte.«

Sie kam abends doch, und wir haben das Thema dann zusammen auseinandergenommen. Warum hatte Elke mir das mit dem Nachbarn erzählt? Wollte sie andeuten, dass ich vielleicht auch wieder ... Hatte sie Angst, einfach überraschend nach Hamburg zu kommen, und ich hab vielleicht eine andere Frau bei mir? Ich konnte diese leichte Andeutung doch nicht erkennen, weil ich ja nicht wusste, dass sie mich abends überraschen wollte. Ja, so laufen Gespräche in die falsche Richtung. Und ich hätte deutlich sagen müssen: »Hallo, ich will das jetzt nicht mit dir besprechen! Ich will heute einfach deine Zuneigung, ich fühle mich nämlich verdammt alleine hier an diesem Geburtstag, der der letzte ist, bevor ich fünfzig werde.« Das ist nämlich für mich durchaus ein Problem, diese Altersgrenze. Sie meinte: »Hättest du mir doch einfach gesagt, wie es dir geht, dass du traurig bist.« Hab ich nicht getan, weil ich mir nicht sicher war, ob sie es überhaupt gehört hätte oder ob sie weiterstreiten wollte.

Wenn man etwas ändern will, muss man wirklich sein eigenes Verhalten und seine eigenen Denkweisen total überprüfen und die Vergangenheit auch mal ruhen lassen. Es war dann auch ein Thema, dass meine Tage in Hamburg eben nicht immer juhu sind: »Frag dich doch mal, ob's mir immer gut geht, wenn ich abends alleine hier in meiner Wohnung sitze.«

Wir probieren jetzt andere Wege, zusammen und jeder für sich. Ich finde es toll, dass sie mehr auf sich achtet, sich selbst ernster nimmt, dass sie das erste Mal nach drei Jahren wieder zum Frauenarzt gegangen ist. Ich finde es super, dass sie sich neuerdings bewusster ernährt, weniger Alkohol trinkt, mehr Gemüse isst – ich zähle aber nicht ihre Gläser Wein oder beobachte, ob sie noch einen Nachschlag Nudeln nimmt, sondern ich sage ihr: »Du hast ganz tolle Haut gekriegt.« Sie hat auch Lust bekommen, sich schöne Wäsche zu kaufen, natürlich macht sie das nicht nur, weil *die Schlampe* vielleicht auch schöne Wäsche hatte, ich merke: Sie macht das auch für sich, sie fühlt sich schön, sie genießt es, dass ich das auch registriere, würdige.

Meine Frau ist Pharmakologin, sie arbeitet in einem sehr spezialisierten Bereich der Labortechnik, was sie schon lange nicht mehr glücklich macht. Ich habe das durchaus gemerkt. Aber erst jetzt haben wir darüber gesprochen. Sie hat immer gedacht, sie müsste im Labor durchhalten, weil mein Job ja so unsicher ist. Was heißt unsicher – ich bin Freiberufler, da gibt es mal 'ne Flaute und mal kannst du dich vor Aufträgen und neuen Kunden kaum retten. Aber mich hat das sehr berührt, dass sie glaubte, sie könne ja wegen mir nicht weg aus ihrem Job. Ich habe auf der Bahnfahrt nach Hamburg darüber nachgedacht und noch im Zug einen Brief angefangen, Tenor: Das Leben ist zu kurz, um es mit Arbeit zu verbringen, die dich nicht erfüllt, mach was, was dich glücklich macht.

Das hat bei ihr zu einem Dammbruch im positiven Sinne geführt. Sie kümmert sich, sie denkt mittlerweile ernsthaft darüber nach, eine Ausbildung zur Trauerbegleiterin zu machen. Vor zehn Jahren hat sie ein Jahr lang eine Freundin massiv unterstützt, eigentlich muss man schon sagen: betreut. Die Freundin musste mit dem Tod ihres Mannes klarkommen, der war mit achtunddreißig beim Joggen zusammengebrochen, einfach so. Die beiden hatten keine Kinder, die Frau war ganz allein. Meine Frau konnte in einer Art und Weise mit ihr umgehen, mit ihr sprechen, die ich als Hexenkunst bezeichnen würde, als Hexenkunst im guten Sinne. Es war wunderbar, die beiden zusammen zu erleben, zu sehen, was Elke bei ihrer Freundin bewirken konnte. Das hat sie sehr angestrengt damals, aber gleichzeitig ging von Elke eine ungeheure Kraft aus. Wenn man mit ihr und ihrer Freundin in einem Raum war, konnte man spüren, wie er erfüllt war von positiver Energie.

Meine Frau hat Seiten, die sie seit Jahren stiefmütterlich behandelt. Unsere Tochter hat auch diese ausgleichende, feenhafte Wirkung auf Menschen, sie arbeitet während ihres Psychologiestudiums in einem Behindertenheim, und die Bewohner vergöttern sie. »Was meinst du, von wem sie dieses Wesen hat?«, frage ich meine Frau. »Von mir bestimmt nicht.« Dass meine Frau sich nach einer neuen, passenden Aufgabe für sich umsieht und nicht als Ausgleich für eine doofe Arbeitsumgebung und einen nervigen Chef anfängt zu töpfern oder Yoga zu machen, das finde ich großartig. Ich ermutige sie, sich um das zu kümmern, was in ihr steckt: »Hol's an den Tag, und ich bin stolz, dich dabei zu begleiten.« Ich kann sie wieder loben, schätzen und bewundern für das, was sie auch uns möglich macht.

Ich kann mich wieder auf Elke einlassen, ohne die Gefahr zu wittern, an die Wand gestellt und *aufgeschlitzt* zu werden. Ich sage jetzt viele Dinge ganz offen, die mir nicht gefallen. Ich habe in D. immer noch ein Büro, außerhalb unserer Wohnung, ich wollte das immer getrennt halten, arbeiten und wohnen. Ich nutze das Büro kaum noch, ich arbeite entweder in Hamburg oder von zu Hause aus. Ich hab Elke vor ein paar Wochen gesagt, dass ich das Büro aufgeben werde, ihre erste Idee war sofort: »Gut, dann kriegst du mein Schlafzimmer, und ich zieh wieder zu dir.« Wir haben seit Jahren getrennte Schlafzimmer, sie musste immer früh raus, ich kam spät ins Bett, wir haben uns gegenseitig gestört, ich bin ein Verfechter von frischer Luft beim Schlafen, sie fühlte sich morgens durch die Vögel genervt, sie hat gesagt: »Die zwitschern nicht, die brüllen.« Und außerdem fühlten wir uns damals offenbar in dieser Doppelbettnähe nicht wohl.

Ihre Schlafzimmeridee musste ich abblocken, bei aller neuen Liebe: Die unterschiedlichen Schlafbedürfnisse sind nach wie vor da. Aber das ist nicht alles, es gibt da noch einen Knackpunkt, ich hab ihr gesagt: »Ich möchte nicht, dass mein Schlafzimmer vermüllt wird wie dein Zimmer.« Sie war erst ein bisschen eingeschnappt, aber dann war es o.k. Sie hatte wahrscheinlich irgendwie lange auf diese klare Aussage von mir gewartet. Ihr Zimmer ist wirklich chaotisch, aber das ist ihre Sache. In Hamburg, in meiner Wohnung, habe ich eine ganz klare Ordnung, die ich liebe, die ich brauche, um mich wohlzufühlen. Dass das in einem Familienhaushalt nicht überall so sein kann, ist logisch, das hab ich akzeptiert, schließlich leben und bewegen sich da ja Menschen, aber ich genieße meine aufgeräumten Hamburger sechzig Quadratmeter für mich ganz außerordentlich.

In Hamburg räume ich so auf, wie ich es will. Elke hat kapiert, welche Ansprüche ich eigentlich immer noch stelle, als sie das erste Mal da war. Mich nervt ihr Chaos. Sie räumt die Spülmaschine aus, stellt einige Sachen auf den Küchentisch, macht dann was anderes, lässt die Sachen einfach stehen. Mein Prinzip ist: Wenn ich etwas anfange, mache ich es zu Ende. Wenn ich einkaufen gehe, packe ich hinterher den Korb aus und stelle ihn weg. Wenn ich Wäsche wasche, nehme ich die auch raus, häng die auf, nehme sie wieder ab und ordne sie in den Schrank oder hänge sie zum Bügeln hin. Wenn meine Frau die Wäsche abnimmt, schmeißt sie erst mal alles auf einen Haufen. Warum? Man muss dann alles zweimal anfassen, sie macht sich Mehraufwand, indem sie die Dinge nur halb macht.

Es ist gut, dass ich unbequeme Aussagen jetzt nicht mehr zurückhalte. Elke hat bei mir jahrelang in Watte gegriffen, so hat sie das gesagt, ich bin oft ausgewichen. Auf ihre Frage: »Sollen wir das so und so machen?«, hab ich rumgeeiert: »Wir können ja mal sehen.« Und dann kam nichts mehr ... Nur Entscheidungen in Bezug auf unsere Tochter bin ich nie ausgewichen, da haben wir uns auch zusammen gekümmert: Welche Schule ist richtig, wo muss man eingreifen, Grenzen setzen? Elke hat mir oft Bröckchen hingeworfen: »Deine Tochter würde gerne mal eine Woche mit dir wegfahren.« Das hab ich dann gemacht und war der Held. Oder wenn die beiden Streit hatten, Julia wollte länger in die Disco oder was weiß ich, hat sie gesagt: »Rede mit deinem Vater.« Ich konnte dann der Gute sein. Oder auch nicht, jedenfalls hat Elke meine Entscheidung akzeptiert. Ich bin da sehr dankbar, meine Frau hat sehr dazu beigetragen, dass ich so ein gutes Verhältnis zu Julia habe.

Ich finde, die Veränderungen, die ich jetzt an mir beobachte, sind Zeichen dafür, dass ich reifer werde, erwachsener – wird ja auch Zeit. Wenn ich nicht weiß, wie ich etwas machen soll, kann ich das jetzt auch zugeben, das ist wunderbar: »Sag mir, was du davon hältst.« Und das ist nicht Trick siebzehn, sie mehr einzubeziehen, das kommt von innen. Elke geht auch viel mehr auf mich zu, sie fragt mich ständig um Rat: »Wie machst du das mit deiner Arbeitsplanung?« Wir haben ein Wochenendhaus, darum habe meistens ich mich gekümmert, jetzt sagt sie: »Zeig mir mal, wie das geht, dann kann ich das machen und dich entlasten.«

Elke ist an meinem Leben jetzt mehr beteiligt, ich bin's an ihrem. Jetzt planen wir wieder gemeinsam, wir werden wohl auch in absehbarer Zeit zusammen umziehen, denke ich. Elke hatte sowieso schon länger vor, aus der Wohnung rauszugehen, sie hat gesagt, wenn unsere Tochter auszieht, ist die Wohnung zu groß. Das hab ich lange irgendwie als Drohung aufgefasst, dass sie vielleicht auch alleine geht, aber gesprochen haben wir nicht drüber. Jetzt höre ich keine Drohung mehr raus, wenn sie vom Umziehen spricht, sie hat recht, wir müssen uns wohnungsmäßig verändern.

Meinen Mitmännern kann ich nur sagen: Es lohnt sich, unser Fähigkeitsmodul Kommunikation zu pflegen, in Kommunikation zu treten mit der eigenen Gemahlin. Sagt ihr, was ihr wollt! Lasst euch nicht entmutigen, bleibt bei dem, was ihr wollt und fühlt …

Eine weitere wichtige Möglichkeit ist neben dem direkten Gespräch das Telefonieren. Wenn man fünf Minuten Zeit hat, einfach den anderen anrufen: »Magst du kurz reden? Wie geht es dir? Was geht dir gerade durch den Kopf?« Man weiß ja meistens, wie der andere drauf ist an diesem Tag, man ist vielleicht zusammen aufgestanden, hat zusammen gefrühstückt. Man kann auch, wenn man sich am Abend vorher oder morgens geknatscht hat, tagsüber mal anrufen: »War nicht so doll mit uns, was? Wie findest du die Idee, dass wir heute Abend noch mal in Ruhe reden?« Wenn der andere dann sagt: »Blöd«, kann man nachschieben: »Gut, dann sag du, wann wir noch mal darüber reden.« Es darf sich nicht so viel anstauen, das tut es nicht, wenn man weiß: Dann und dann nehmen wir den Faden wieder auf. Man kann auch mal 'ne SMS schicken, das ist doch nicht nur was für Verliebte oder Geschäftspartner, warum nicht mal ein paar Worte: *He, wie geht es Dir?* oder: *Finde Dich schön in dem Kleid von heute Morgen.* Ich bin kein wandelndes SMS-Lexikon, aber es ist doch klasse, wenn du eine SMS kriegst mit den Worten: *Dein Essen gestern Abend war wirklich köstlich, danke.* Ich schreibe ihr jetzt oft, wo ich gerade bin, zum Beispiel: *Sitze an der Außenalster und denk an Dich*, so hab ich auch das Gefühl, sie ist in meinem Leben dabei.

Der gute alte Brief ist auch nicht zu unterschätzen, weil er nicht flüchtig ist. Ich habe ihn wiederentdeckt. Ich habe mir extra von Elke Briefpapier schenken lassen, darauf schreibe ich ihr jetzt. Eine super Idee war auch: Wir haben uns Mailadressen eingerichtet, die nur für uns sind, die eine heißt Hamburg-D., die andere D.-Hamburg. Man hat nicht jeden Tag den Nerv oder die Muße zu telefonieren. Ich schreib ihr immer spätabends, sie schaut morgens, ob ich geschrieben habe. Manchmal wird das richtige Liebespost. Die Kommunikationsmenge ist gewachsen, es gibt jede Menge SMS,

Mails, Briefe. Am Leben des anderen beteiligt sein, das ist für mich das Synonym für Partnerschaft. Ich habe im letzten halben Jahr gemerkt, dass mir was gefehlt hat die letzten Jahre, ich brauche eine Frau, die mir die wichtigen Dinge im Leben sagen kann.

Es ist ein unglaublich gutes Gefühl, Sachen direkt anzusprechen. Wir müssen aufpassen, dass wir uns nicht überfordern jetzt, gerade weil wir jahrelang zu wenig gemacht haben. Das Prinzip der Verzeihung, das gute alte Prinzip der Verzeihung ist immer noch wichtig. Um Verzeihung zu bitten oder auch zu sagen: »Ich erkläre das Thema für erledigt.« Wenn einer sich verspätet hat, etwas vergessen hat, einfach sich erklären. Es ist gut, wenn man über Kleinigkeiten wieder lachen kann. Wir haben jetzt eine klarere Rollenverteilung, womit ich nicht Arbeit und Haushalt meine. Wir haben eine gemeinsame Rolle: das ältere Paar, das viele Erfahrungen gemeinsam gemacht hat, positive wie negative. Ich habe jetzt auch viele notwendige Dinge erledigt: Patientenverfügung, Erbvertrag, Testament.

Vor einem Jahr hätte ich keine richtige Antwort darauf gehabt, ob ich mit Elke alt werden möchte, jetzt ist alles anders, ich freue mich richtig drauf, nach Hause zu kommen. Es heißt ja oft: Die Liebe ist verloren. Wir haben erste Spuren davon wieder ausgegraben. Ich denke schon, dass wir uns gerade neu entdecken. Ich freue mich, dass sie wieder da ist in meinem Leben.

Wir gehen jetzt zusammen in die dritte Lebensphase. Die erste war die als Paar, ohne Kind, die zweite war die Familie mit Kind. Die dritte kommt jetzt, wieder nur das Paar, nur wir, unsere Tochter wohnt zwar noch zu Hause, aber sie führt doch ihr eigenes Leben. Elke und ich können planen, wie wir wollen,

wir können unser Leben nach unseren Vorstellungen und Bedingungen gestalten, nur ein bisschen eingeschränkt durch den
Hund.

Es hätte wirklich sein können, dass wir uns in meiner Hamburger Zeit völlig entzweien. Ich habe schon manchmal gedacht: Eigentlich verdanke ich es dem Anruf dieses Idioten,
dass bei uns so viel in Gang gekommen ist. Wir zeigen beide
wieder ganz deutlich: Wir wollen ein Paar sein.

Sören, 29,
Kaufmann, seit 3 Jahren feste Freundin, keine Kinder

Hier die Frau – da der Fußball

Er sieht aus wie einer, dem die Frauenherzen zufliegen: blaue Augen, schwarze Haare, Lächeln um den Mund, der Körper toptrainiert und trotzdem kein Muskelprotz. Sören ist kinderlieb und klug, er spricht gewandt, kann gut zuhören. Aber: Er ist Fußballer. Genauer: Er ist Feuer und Flamme für den Fußball ... Kann man so einen Mann heiraten? Wie gut, dass Sörens Freundin Marleen das Phänomen des Mannschaftsgeistes selber gut kennt ...

Ich weiß nicht, was dieser Unsinn soll: Alle *vier Jahre* Fußballweltmeisterschaft! Wieso nur alle vier Jahre? Gott sei Dank ist dazwischen ja immer noch Europameisterschaft. So wie ich denken Millionen Männer in Deutschland. Und Millionen Frauen sagen: Wieso?

Als ich Marleen vor drei Jahren kennengelernt habe, habe ich ihr gesagt: »Bis ich dreißig bin, möchte ich eigentlich keine Freundin haben – es sei denn, die Richtige kommt vorbei.« Ich hatte gerade ein Jahr vorher die Beziehung mit meiner Freundin Nina beendet, zwei Jahre war es gut gegangen, dann ging ihr auf, dass mir Fußball wichtiger war als sie. Das stimmte so nicht, aber sie hat es so gesehen, da konnte ich nichts machen. Marleen hat gleich gegrinst und gesagt: »Du bist Fußballer? Das kenn ich ...« Sie ist fünf Jahre älter als ich, hat eine achtjährige Tochter, die übrigens in der F-Jugend spielt – außerdem hatte Marleen vor mir einige Freunde, die Fußball gespielt haben.

Ich kann hinkucken, wo ich will: Trainer, Mannschaftskameraden, Bekannte – Fußball macht Beziehungen kaputt. Weil mir das nun selbst schon das zweite Mal passiert war, wollte ich Marleen anfangs auf Abstand halten: »Ich möchte das nicht noch mal einer Frau antun, ich möchte nicht, dass man sich in die Haare kriegt, nur weil der Herr G. Fußball spielen will. Und die nächsten zwei, drei Jahre möchte ich Fußball ganz bestimmt noch intensiv leben.« Ich hatte mir wirklich Gedanken gemacht! Marleen vermittelte mir allerdings ganz deutlich den Eindruck: Sie wird das nicht nur *nicht torpedieren* – sie wird das sogar unterstützen. Es muss doch nicht so schwierig sein, wenn man es versteht, sich zu verständigen. Mein Opa, wenn der in der *Sportschau* St. Pauli spielen sieht, haut er sich auf die Schenkel, er freut sich, und die Oma sagt: »Dieter!« Sie sagt aber auch: »Jeder muss so verbraucht werden, wie er ist.«

Ich hab Marleen gesagt, wie das bei mir ist, also ganz direkt: »Ich bin infiziert.« Ich hab die letzten Jahre Fußball keinesfalls zum Ausspannen gespielt. Ich bin kein Profi, ich hab als Industriekaufmann 'ne ganz normale Vierzigstundenwoche, aber ich spiel eben auch nicht in der dritten Herren von Posemuckel, bei den Freizeitkickern. Ich suche den Wettbewerb, ich will mich messen. Zweimal bin ich aufgestiegen mit meiner Mannschaft in die nächsthöhere Klasse. Was da los ist, wenn du das geschafft hast! Das ist Karnevalsstimmung, das lässt sich nicht beschreiben, das muss man erlebt haben, diese Gefühle, die *Emotionen, Emoschjonen,* wie ja neuerdings alle sagen ... Und wenn du das einmal erlebt hast, willst du das wieder.

Dass Frauen dieses Gefühl nicht so nachvollziehen können, dämmerte mir früh – komischerweise durch meine Mutter, wirklich eine tolle Frau, eine verständnisvolle Frau, eine liebe Mutter, aber beim Fußball tappt meine Mutter in die Abseitsfalle. Am Sonntag vor meiner mündlichen Abiprüfung hatte ich mit der Herrenmannschaft das entscheidende Spiel für den Aufstieg, alles war vorbereitet, auch die Aufstiegs-T-Shirts waren schon gedruckt. Wir haben gewonnen! Klar wurde gefeiert, meine Mutter hat gesagt: »Aber du hast morgen Prüfung, du musst Prioritäten setzen, das Abitur ist doch so wichtig für dein Berufsleben.« Ja, ich muss Prioritäten setzen – hatte ich ja auch gemacht, ich hatte schon lange gelernt für die Deutsch-Prüfung, auch genug gelernt, ich konnte bis nachts um zwei feiern. Ich kann mich doch nicht hinsetzen und zum tausendsten Mal in die immergleichen Bücher kucken, wenn wir nach all der Mühe den Aufstieg geschafft haben! Am Montag bin ich im Aufstiegs-T-Shirt zur Prüfung und hab 'ne Eins gekriegt. Wenn man weiß, wie weit man ist, kann man das machen, und ich wusste, dass ich mich gut vorbereitet hatte. Wie will man das seiner Mutter beibringen?

Marleen müsste ich das nicht erklären, sie ist aktive Volleyballerin, schon ewig – ein Glücksgriff, sie weiß, wie das ist, wenn man mit der Mannschaft gewinnt, verliert, um einen Turniersieg fiebert. Wenn einer in der Partnerschaft ein zeitintensives Hobby hat, ist das eine Sache, es ist gut, wenn der andere auch so was hat, denn es ist eben viel einfacher, wenn man nachvollziehen kann, was den anderen da so absorbiert, beschäftigt. Mannschaftssport ist eine sehr spezielle Sache.

Ich habe das erste Mal Geld gekriegt fürs Fußballspielen, da hatte ich elf Jahre gespielt. Ich war einundzwanzig, wir waren in der Bezirksliga, haben da ein halbes Jahr gut gespielt, also die Hinrunde – in der Rückrunde haben wir alles verloren. Es wurde dann eine Nichtabstiegsprämie ausgesetzt. Ein Tag vor dem entscheidenden Spiel wurde unser Trainer Mirko entlassen. Ich hatte lange Diskussionen mit meiner damaligen Freundin Janni, es war ja die Frage: Geht man jetzt auch? Aus Solidarität? Es standen dreihundert Euro Prämie an, es ging ja auch um was. Ich hab privat Riesenprobleme gekriegt, weil Janni mir zugesetzt hat: »Du musst doch zeigen, dass du zu Mirko stehst.« Mirkos Freundin hat sich auch eingemischt – Mirko und ich hatten beide eine Woche Ärger mit unseren Frauen. Aber Mirko, der hatte Verständnis für mich – natürlich musste ich spielen. Fußball ist kein Halma! Das sind Sachen, die die meisten Frauen nicht verstehen. Wir haben das letzte Spiel dann gewonnen.

Als ich Marleen kennenlernte, hatte ich für mich 'ne Zwischenbilanz gezogen, die sah ungefähr so aus: Ich bin jetzt sechsundzwanzig. Drei, vier Jahre kann ich das noch machen, dann ist es vorbei, ich hatte mit dreiundzwanzig schon Knieprobleme. Ich will das noch einmal erleben: den Aufstieg. Solange ich keine Familie habe, will ich es machen, will ich, dass es fußballmäßig so weitergeht. In der Winterpause, in der Sommerpause, da bin ich wochenlang ohne Fußball, da werd ich unausstehlich, auf Dauer halt ich das nicht aus, jedenfalls noch nicht. Gott sei Dank ist dann ja irgendwann wieder Saisonvorbereitung, und wenn es am Dienstag und Donnerstag wieder heißt: »Training!«, dann freu ich mich.

Marleen und ich sind bewusst nicht zusammengezogen, jeder hat bis heute seine Wohnung, wir wohnen fünfzehn Autominuten auseinander, wir rücken uns nicht auf die Pelle. Marleen hat, wie gesagt, eine Tochter, dieser Druck, den manche Frauen um die dreißig schon ansetzen bei ihren Männern –

Kinder, Familie –, den macht sie nicht. Sie wollte erst auch gar nicht, dass ich ihrer Tochter gegenüber ganz offiziell der Freund bin, ich fand das vernünftig: Die Kinder bauen ja auch zu dir eine Beziehung auf, wenn die Partnerschaft dann in die Brüche geht ... Das sollte man einem Kind nicht zu oft zumuten. Aber jetzt haben wir fast drei Jahre rum, ich werde dreißig – und bald werde ich wohl oder übel in der Seniorenmannschaft spielen ...

Senioren – das hört sich für Außenstehende ein bisschen nach Reha-Fußball an, ist es ja aber nicht, *Herren*-Mannschaften sind im Alter bis mindestens dreißig, oder eben, solange der Körper mit den Jüngeren mithält, dann kommen die *Senioren,* und natürlich gibt es auch noch *Alte Senioren,* so fünfzig plus. Ich trainiere jetzt zweimal die Woche, die Senioren trainieren einmal die Woche, das ist aus meiner heutigen Sicht wirklich mehr Freizeitfußball, aber da hängt eben auch dran: Training, das eigene Spiel, Bundesliga kucken – für viele Frauen ist auch das noch total ätzend.

Der Vater von einem meiner Mannschaftskameraden, der war mal Profi, dann auch Assistenztrainer in der zweiten Bundesliga, jedenfalls hatte er mit Fußball ganz aufgehört. Ich spiele jetzt mit seinem Sohn zusammen, ich habe zu seinem Vater gesagt: »Komm, Peter, spiel doch wieder, hier in der Seniorenmannschaft ...« Er hat gesagt: »Meine Frau reißt mir den Kopf ab, wenn ich wieder anfange.« Sein Kopf ist noch dran, jetzt hat er montags von achtzehn Uhr dreißig bis einundzwanzig Uhr Training. Eigentlich wollte er hinterher immer schnurstracks nach Hause – letzten Montag ist er gegen zweiundzwanzig Uhr fünfzehn so langsam los, er hatte mit uns ganz gemütlich ein, zwei Bier getrunken. Er genießt es, dass er wieder so viel Zeit auf dem Fußballplatz verbringt, er geht auf die sechzig zu. Und seine Frau gibt zähneknirschend zu: »Wir haben ja früher gedacht, wenn er wieder anfängt, nimmt das Ausmaße an wie damals, aber es geht. Und man merkt: Er ist aufgeblüht.«

Das war für mich wieder so ein Punkt, der mich bestärkt, Peter ist jetzt wieder in so einem Geselligkeitstrott drin, der genießt die Zeit. In den Seniorenmannschaften sind viele, die sagen: »Ich spiel hier neunzig Minuten Fußball, weil ich hier Anerkennung kriege und hinterher ein Bier.« Man hat ein sportliches Ziel, aber es hängt ein ganzer Rattenschwanz dran, ganz vorneweg: Man will mal aus dem Alltag rauskommen. Wenn ich beim Fußball bin, ob nun körperlich oder geistig beim Zuschauen, kann ich abschalten, beim Fußball hab ich noch nie drüber nachgedacht, ob ich vielleicht Ärger mit der Freundin hab, finanzielle Probleme oder Zoff mit dem Chef. Ich blende das alles völlig aus, ich bin dann für eine gewisse Zeit in einer kleinen heilen Welt. Und anderen geht es genauso. Das Spiel selbst ist nicht so wichtig, mal rauskommen, das ist es, viele spielen Fußball, weil sie sich freuen, andere Leute zu treffen. Und am Spielfeldrand, die Zuschauer – du siehst immer dieselben Leute, Männer. Am lautesten sind sie in der Gruppe, richtig gelöst. Da sind welche, die kommen mit ihrem Seniorenpass umsonst rein, die lieben die Stimmung beim Fußball, dieses Positive, dieses Mitreißende. Es ist die Faszination Fußball, selber spielen, Bundesliga kucken, andere Spiele kucken.

Letzten Freitag war ich mit Marleen beim Spiel von Hanna, F-Jugend, sie gehört mit acht Jahren schon zu den Älteren. In dem Alter spielen Jungs und Mädchen ja noch gemischt, außer Hanna ist noch ein Mädchen in der Mannschaft, sie steht im Tor und ist wirklich gut. Die Mädels sind mit genauso viel

Begeisterung dabei wie die Jungs, und ich freu mich so für sie, dass der Frauenfußball in Deutschland so im Aufwind ist, früher war es ja schwieriger, in der C-Jugend, mit dreizehn, vierzehn eine reine Mädchenmannschaft zusammenzukriegen. Marleen sagt, sie ist froh, dass Hanna so gerne spielt, später könne sie dann ja auch Volleyball oder Handball spielen, für Achtjährige sei das ja noch ein bisschen schwer. Stimmt. Marleen geht es aber auch darum, dass Hanna diesen Teamgeist mitkriegt, sie hat schon gesagt: »Dass ihr Männer im Beruf so sehr euer eigenes Ding macht, diese Netzwerke knüpft, Kontakte pflegt, das wird doch schon bei den Jungs auf dem Fußballplatz antrainiert.« Stimmt auch, Jungs treffen sich auf dem Bolzplatz, sie spielen im Verein, sie halten in der Schulklasse als Fußballer zusammen – Mädchen betreiben meist Einzelsportarten, Turnen, Ballett, Reiten.

Marleen merke ich die Mannschaftserfahrung immer wieder an. Sie ist absolut cool, wenn sie hört: *Sauerland-Stern*, Mallorca. Das sind beliebte Ausfahrtziele für Fußballmannschaften, vielen Spielerfrauen stehen die Haare zu Berge, wenn sie hören, die Männer fahren da hin: die Jungen eher Mallorca, die Älteren eher Deutschland. Die Spielerfrauen befürchten Saufgelage, Gesänge, Schlimmeres – so ungefähr ist es ja auch oft. Ich war dreimal mit, und immer triffst du auch Damenmannschaften: Handball, Volleyball. Bei denen merkt man auch, dass die untereinander einen Zusammenhalt haben, dass das Cliquen sind, wo man sich wiederfindet, wo man vielleicht auch was zusammen durchgemacht hat.

Das Schöne mit Marleen ist: Wir ticken auch bei der Arbeit gleich, sie ist, wie ich, als Kaufmann in einem großen Unternehmen, wir lassen uns aber vom Job nicht auffressen, uns ist die Stimmung mit den Kollegen wichtig. Acht Stunden am Tag bist du da – das Gehalt darf doch kein Schmerzensgeld sein, sag ich immer. Marleen und ich sind auch bei der Arbeit Teamplayer. Als ich in der Firma in eine neue Abteilung kam, waren wir zehn Kollegen, unser Chef war nicht der Einfachste, mit anderen Worten: Er war ein menschlicher Totalausfall. Ich war drei Wochen da, ich dachte: Das geht so nicht. Ich hab dann gesagt: »Lasst uns zusammen zum Italiener gehen.« Haben wir gemacht, nächste Woche zusammen bowlen. Da hat sich was entwickelt, das ist schön, wie die Leute jetzt zusammenarbeiten. Wir sind zwar gerade wieder in zwei Abteilungen geteilt worden, aber ich sage: »Jetzt gehen wir erst recht bowlen« – gegeneinander.

Arbeit, Fußball, wenn man den privaten Zeitanteil ankuckt – da muss ich mir schon die Frage stellen, wie kriege ich das so hin, dass ich meine Partnerin nicht vernachlässige, nicht verletze. Mit Marleen geht das, auch, weil sie nicht so viel Zeit fordert, sie will selbst viel Zeit für sich und ihre Tochter, vor allem am Wochenende. Das passt mit mir gut – mein Freundeskreis besteht seit Jahren nur aus Fußballern. Am Sonnabend haben wir um zwölf hier Fußball mit unserem Verein, ich bin anderthalb Stunden vorher auf dem Platz, dann neunzig Minuten Spiel, erst duschen, nach Hause, dann ab zum HSV ins Stadion, anschließend *Sportschau* kucken, und hinterher zieht man wahrscheinlich noch zusammen los mit den Freunden. Sonntagvormittag sind wir dann manchmal zusammen auf dem Platz und kucken das Seniorenspiel. Es ist klar, dass das mit Partnerin schwierig sein kann, es ist die Frage, wie man da einen Kompromiss schafft.

Mein Vater sagt, früher war das alles nicht so, Fußball hieß damals: Er ist mit dem Fahrrad zum Spiel gefahren, jeder hat in seinem Dorf gespielt, wenn man den Verein wechselte, dann ohne Ablöse, Handgeld. Nach dem Spiel hat man vielleicht 'ne Limo getrunken. Die Freunde, gut, die waren auch da, die waren auch wichtig, aber heute hat Fußball eine ganz andere, zeitfressende Bandbreite, von selber spielen über Auswärtsspiele, Fernsehen kucken.

Der Vorteil von unserer jetzigen Herrenmannschaft ist: Wir sind alle zwischen neunzehn und sechsunddreißig, und die Spielerfrauen sind so oft es geht alle dabei, es ist fest vereinbart: Wenn wir nach einem unserer Auswärtsspiele essen gehen, fahren wir erst mal nach Hause, holen unsere Frauen dazu – für die ist auch klar: Sonst sehen wir unsere Männer nicht. Marleen kommt oft mit, Nina hatte nicht so richtig Lust drauf. Sie meinte: »Nö, das ist nicht so, wie ich den Nachmittag verbringen möchte«, hat sich dann aber beschwert: »Du hast mich ja nie wieder gefragt.« Logisch, ich bin immer frei heraus, ich sage, was ich meine, denke, ich würde doch nicht wegen Vollmond beim nächsten Mal was anderes antworten – rückblickend war es aber auch ein Fehler, sie nicht noch mal zu fragen.

Von Nina kam die Frage: »Kannst du nicht einmal die Woche Training ausfallen lassen?« Und ich hab gemerkt: Oha, das ist also ein Problem. Irgendwann hab ich gesagt: »Gut, zweimal die Woche ist Training, ich gehe nur noch einmal hin, aber hinterher mit zum Bier.« Ich habe es wirklich eine Weile versucht. Ich war immer hin- und hergerissen: Hier ist die Partnerin – da ist der Fußball, da sind die Freunde. Irgendwann hab ich gemerkt: Ich steck immer mehr zurück. Meine Entscheidung, ich lass das mit dem Fußball ruhiger angehen, die hat dazu geführt, dass ich mich verändert habe. Ich bin eigentlich einer, der ist, wie sagt man: gern gesehen am Tisch. Ich bring so manchen Kalauer, den ich vielleicht mal am Stammtisch, im Fanzug gehört habe, na ja. Dadurch, dass ich nun weniger

Fußball hatte, wurde ich ruhiger, vielleicht auch souveräner, aber: Ich hab mich eben verändert. Vorher – da hatte ich eine HSV-Dauerkarte!

Nina hat mir weiter Vorwürfe gemacht: »Wenn euer Pokalspiel um achtzehn Uhr anfängt, bist du pünktlich auf dem Platz. Wenn wir um halb acht zum Essen verabredet sind, kommst du zwanzig Minuten zu spät. Warum schaffst du es beim Fußball, pünktlich zu sein?« Natürlich kam ich mal zehn Minuten zu spät, wenn ich mit ihr verabredet war – ich musste doch nicht unbedingt rasen, Bußgeld zahlen. Sie hat gesagt: »Mit mir kannst du es ja machen, ich warte ja.« Da kamen dann bei ihr die Emotionen.

Einmal hab ich versucht, Nina mit Fotos zu erklären, was das für mich ist, *Fußball*. Das beste Foto ist das hier, da bin ich acht und Torwart. Wir haben vor einem Bundesligaspiel vom HSV gespielt, im Stadion. Uli Stein, damals ein Spitzentorwart, mehrmaliger Nationalspieler, stand hinter meinem Kasten, ich habe gehört, wie er gesagt hat: »Den Ball hätte ich mit seiner Größe auch nicht besser gehalten.« Wir haben vor fünfundzwanzigtausend Menschen gespielt, zwei mal zwanzig Minuten, aber irgendwie hab ich das gar nicht richtig mitgekriegt. Wir sind dann auch noch mit den Bundesligaspielern aufgelaufen, haben uns das Spiel angesehen, aber da war ich nicht besonders interessiert, ich hab mir lieber die Dachkonstruktion angekuckt. Trotzdem war das natürlich beeindruckend, solche Erlebnisse bleiben hängen. Oder hier, diese Fotos: Als wir vor siebenhundert Zuschauern den Aufstieg geschafft haben! Die Sektdusche! Das sind Gefühle, die kriegst du nicht, wenn du im Büro 'ne Abmahnung schreibst.

Viele Frauen sagen auch: »Bei euch Männern ist immer nur Fußball – ihr kuckt ja im Fernsehen auch das Uninteressante.«

Stimmt bei mir nicht, Länderspiele zum Beispiel, Deutschland gegen Aserbaidschan, das muss ich nicht sehen. Es geht eben auch darum, mit den Herren zusammenzusitzen, um den Zusammenhalt, das Geklüngel – das ist doch besser, als wenn wir alle in den Tanzschuppen gehen. Mit der freiwilligen Feuerwehr ist es letztlich ähnlich, zweimal die Woche treffen sich die Männer auf der Wache, üben, trinken Bier. Am Wochenende ist im Sommer unter Garantie Grillparty. Da gibt es Parallelen. Nur dass Feuerwehr nicht im Fernsehen übertragen wird. Dafür laufen die Jungs mit dem Piepser rum und müssen los, wenn Einsatz ist. Ich finde es gut, wenn man für etwas Feuer und Flamme ist, mit dem Herzen dabei ist, das ist für mich ein Grund zum Leben. Es kann doch kein Grund zum Leben sein, achteinhalb Stunden am Tag für einen Konzern zu schuften, der Milliarden macht – wo bleib ich dabei? Das kann ich nicht nachvollziehen.

Wir sind neulich mit den Fußballfreunden zum HSV-Auswärtsspiel gegen Hertha nach Berlin gefahren, morgens ging's los mit dem Zug. Da hab ich mitgekriegt, wie einer von uns mit seiner Freundin telefoniert hat. Telefonieren *musste*. Der hatte schon, als wir losfuhren, gesagt: »Na, mal sehen, ob heute Abend der Schlüssel noch passt.« Sie hatten sich gestritten – wegen Fußball. Sie meinte: »Ich verstehe, dass du Fußball magst – aber musst du zu jedem Auswärtsspiel?« Die Freundin kann sich ausrechnen, in welchem Zustand er nach Hause kommt … Wenn wir aus Berlin zurück sind, setzen wir uns noch alle Mann hin und kucken die Spiele-Zusammenfassungen. Dann kommt er nach Hause, zehn, zwölf Bier intus, eine Bierfahne, legt sich hin und schnarcht bestimmt. Sie ist eigentlich 'ne Nette, sie hat eigene Interessen, wenn er zum Training ist, zieht sie mit ihren Mädels los.

Im Zug saßen wir zu viert an einem Tisch. Als sein Handy klingelt, kuckt er aufs Display, wird blass und sagt: »Um Gottes willen.« Er ist sechsunddreißig, ein gestandener Mann, Polizist. Da sitzt er am Telefon und versucht ihr zu erklären, warum er unbedingt zu diesem Auswärtsspiel muss. Im ganzen Zug waren drei Toiletten, es bildeten sich Schlangen, eine direkt vor unserem Tisch. Alle hörten interessiert zu. Oha, hab ich gedacht, oha. Ich versuche immer, auch die andere Seite zu verstehen, in dem Fall also seine Freundin. Letztlich ist es so: Ob ein Mann nun zum Auswärtsspiel fährt, zum Fußballtraining geht oder eine Radtour mit Freunden macht – es geht den Frauen meistens um die gemeinsame Zeit. Aber Fußball ist da ein besonders rotes Tuch. Die Freundin hat schnell das Gefühl, hintenanzustehen. Bei meinen Freunden kriege ich mit: Die Priorität heißt im Zweifelsfalle Fußball.

Irgendwann, im letzten Jahr mit Nina, saßen wir mit sechs Mann auf der Terrasse bei Bacardi-Cola, wir haben überlegt, was wir jetzt machen. Wir hatten zusammen in der vergangenen Saison in der Bezirksliga gespielt, eine Nichtabstiegsprämie rausgeholt. Wir haben beschlossen: Wir gehen alle zusammen in die zweite Mannschaft von meinem alten Verein. Das war bis dahin 'ne reine Spaßtruppe. Die hatten seit sechs Jahren nur einen Trainingsanzug und spielten in der untersten Klasse! Wir haben gesagt: »Wir werfen unsere Nichtabstiegsprämien zusammen, damit wir die Freigabe kriegen.« Es ist nämlich so, wenn du den Verein wechselst, bist du erst mal 'ne Weile gesperrt, es sei denn, du wirst sozusagen ausgelöst – wie in der Bundesliga gibt es auch in den unteren Ligen Ablösesummen. Ein alter Trainer, der ist schon über siebzig, der hat dann außerdem für vier Spieler privat die Ablöse bezahlt, das darf seine Frau natürlich nicht wissen. Das sind Erlebnisse, die merkst du dir. Du kannst Gift drauf nehmen: Wenn ich mal älter bin, Geld über hab und junge Leute für den Verein freikaufen kann, die der Mannschaft weiterhelfen, dann mach ich das.

Wir haben uns einen jungen Trainer gesucht, haben uns gute Leute aus der A-Jugend hochgezogen, wir haben insgesamt fünftausend Euro in die Mannschaft gesteckt. Das ist nicht nur Sport, das ist fast Zocken, das ist Adrenalin – wie soll das jemand verstehen, für den die höchste Pulsbeschleunigung beim Nordic Walking passiert?

Ich kümmere mich um die Sponsoren, den Einkauf für den Vereins-Shop, Schals, Wimpel, alles Mögliche. Da geht dann der eine oder andere Abend fürs Internet und für E-Mails drauf, du musst recherchieren, vergleichen. Dreitausend Euro Sponsorengelder muss ich immer noch jedes Jahr zusammenbringen. Mit Nina hatte ich abgemacht: einmal Training, das Spiel am Wochenende. Aber ich musste ja auch mit dem Ligaobmann Saisonplanung machen. Sie hat dann gesagt: »Wenn du nicht beim Fußball bist, kümmerst du dich um Pläne, Schals und Regenjacken.« Die Wimpel, Anstecker und Mannschaftsfotos hatte sie glatt vergessen.

Ich hab mir dann klargemacht: Erstens brauch ich den Fußball als Ausgleich zur Arbeit, das Spiel mit den Jungs, den Wettkampf. Zweitens hab ich mir da was aufgebaut. Ich hab mich gefragt: Wo bin ich? Und wo ist der Fußball? Ich fand, ich habe meine Freunde vernachlässigt. Das war ein Riesenkonflikt, wo ich begriffen habe: Jetzt muss du 'ne Entscheidung treffen. Ich habe Nina gesagt: »Ich mag dich, ich will dich nicht verlieren – aber ich kann es nur *jetzt* leben. Du hast andere Prioritäten. Wir können uns ja trotzdem ab und zu mal verabreden.« Das haben wir getan, wir sind weiter Freunde.

Und bei mir gingen die Fußballabende mit den Freunden wieder los. Ich hatte mir für das erste Jahr ohne Nina ein Ziel gesteckt: Das war der Aufstieg. Ich finde das gut, wenn man ein Ziel fürs Jahr hat, andere arbeiten vielleicht darauf hin, mit dem Partner zusammenzuziehen. Oder wollen mit der Karriere vorankommen. Bei mir war's eben der Fußball. Ich hab mir gesagt: Ich kann's jetzt noch mal machen. Es ist doch ein Ziel, sich zu beweisen, gerade wenn man in der Firma nicht der Hellste ist … Fünfundneunzig Prozent der Trainer sagen bei der Kabinenansprache: »Du bist besser als dein Gegner.« Ob man als Einzelner oder als Team reingeht in den Wettkampf: Ich find das super. Das ist das, was ich meine mit: Ich kann es nur *jetzt* leben. Wenn ich heute sehe, dass manche aus der Mannschaft nach dem Training ihre Aufstiegstrikots anziehen, die von vor zehn Jahren – sie tragen die, bis die auseinanderfallen … Das sind so Momente, die krieg ich am Telefon im Büro nicht, andere erleben so was nie. Es ist doch die Frage: Was mach ich als Mensch? Ich versuche, ein Ziel zu haben! Und ich hab mein ganz persönliches gefunden, schon vor vielen Jahren. Ich fänd's schade, wenn ich nur das Ziel hätte, von acht bis fünf zu arbeiten, um dann hinterher im Fernsehen Soaps zu kucken.

Ich war vor Marleen nur ein halbes Jahr alleine, ohne feste Partnerin. Dass einem hin und wieder eine übern Weg läuft, logisch, es muss ja nichts Festes draus werden, das wollte ich ja auch eigentlich nicht. Mit Marleen, das hat sich so entwickelt, das hat sich gut entwickelt. Heiraten wollte ich ja nie. Einerseits hat das wahrscheinlich was mit der Ehe meiner Eltern zu tun, die auseinanderging, andererseits ist das auch eine Generationenfrage. Wozu heiraten? Harald Schmidt ist auch nicht verheiratet, der hat zwei Kinder, oder hat er mehr? Jedenfalls: Er lebt mit seiner Partnerin zusammen ohne Trauschein. Heiraten ist für mich unwichtig. Kinder – das ist etwas anderes, ich möchte mal Kinder. Was sicher mit meinem Bruder zusammenhängt, der ist zwölf Jahre jünger als ich. Als er geboren wurde, habe ich alles so richtig mitgekriegt, das Wickeln, das Füttern. Ein Kind – das ist eine Zeit, auf die ich mich immer gefreut habe – und wenn, dann wollte ich aber vorher allen möglichen Quatsch machen, nicht später. Ich weiß, dass Marleen sich vorstellen kann, noch ein Kind zu kriegen. Und ich kann mir vorstellen, doch bald in einer Wohnung mit ihr zu wohnen. Und vielleicht kann ich mir dann auch irgendwann vorstellen zu heiraten, wer weiß.

Werner, 71,
Diplomlandwirt/Rentner, 48 Jahre verheiratet, 3 Kinder

Sekt auch aus dem leeren Glas

Als er sie kennenlernte, konnte sie noch nicht mal Tütensuppe kochen.
Die erste Wohnung ergatterten Anita und Werner in einer Ostberliner
Kriegsruine. Ihre drei Kinder sind lange erwachsen, den Rentneralltag
gestalteten die beiden als volles Programm mit Freunden, Haus in Ungarn und jeder Menge Kultur. Neue Ideen brachten immer Abwechslung
in ihre Ehe, findet seine Frau. Als Anita nach ihrem siebzigsten Geburtstag eine schwere Krankheit nach der anderen bekommt, sind beide der Verzweiflung nahe ...

Für dieses Jahr mussten wir alles streichen, was wir uns
vorgenommen hatten. Jetzt bald hätten wir eigentlich in
der Toskana zur Olivenernte sein wollen, ein Bekannter
hat da eine Bauernwirtschaft. Die Leute, die helfen, können da
schlafen, essen, das wollten wir uns mal ansehen. Unter die
Olivenbäume werden Planen gelegt, dann werden die Stämme
geschüttelt und die Oliven fallen runter ... Hört sich doch
herrlich an. Vorher wollten wir an den Gardasee, davor auf
einen Bauernhof in Bayern, das Wochenende auf dem Bauernhof hatte Anita in einem Preisausschreiben unserer Zeitung
gewonnen. Wir mussten schon im Frühjahr alles absagen, weil
nicht absehbar war, wie sich Anitas Krankheit entwickeln
würde.

Als meine Frau zuletzt im Krankenhaus war, auch schon in der Zeit davor: Ich war richtig am Ende. Nach ihrem siebzigsten Geburtstag fing es an, letztes Jahr im November. Erst waren es die Finger, ein Zeigefinger hatte sich entzündet – sie hatte eine Hand-OP, die war schon nicht ohne. Dann kam die Sache mit dem Herzen – wir waren bei vielen Ärzten, Anita hat einen Herzschrittmacher bekommen. Es gab viele andere kleine Sachen, und dann kam noch der Rücken: Anni konnte vor Schmerzen nicht gehen, nicht sitzen, nicht liegen. Ich hatte richtig Schiss, wie das werden würde mit ihrem Rücken, sie hatte einen Bandscheibenvorfall und einen Gleitwirbel, da rutscht der Wirbel einfach raus aus seiner normalen Lage, das sind typische Abnutzungserscheinungen. Im Krankenhaus in A. haben sie Anni ein Korsett zum Stützen und Schmerzmittel verordnet – sie konnte sich weiter nicht bewegen, und die Schmerzen, die blieben auch. Das konnte es doch nicht sein!

Diese Phase des Krankseins, die war auch für mich nicht einfach. Ich war mit mir selber unzufrieden, und jedes Wort von mir, das nicht richtig überlegt war, hat Anni sehr getroffen. Kein Wunder, das geht wohl gar nicht anders, wenn man so schlimme Schmerzen hat, sie war unglaublich empfindlich, was sonst nie ihre Art war. Das ging so, bis sie mich wachgerüttelt hat, sie hat gesagt: »Ich liege schon am Boden, nun musst du doch nicht noch nachtreten. Wieso bist du so böse?« Die Antwort war: Weil ich hilflos bin, nicht aktiv sein kann, nicht helfen kann. Deswegen war ich unleidlich. Dann habe ich durch Zufall einen Artikel in der *Super Illu* gelesen: Ein Professor aus München stellte eine neue Operationsmethode vor, dem habe ich sofort eine E-Mail geschrieben – und noch am selben Abend Antwort bekommen. Ich kriegte raus, dass diese Methode auch in Berlin an der Charité angewendet wird, hab dahin geschrieben, der Professor hat sich persönlich gemeldet, und wir haben sofort einen Termin gemacht. Ich habe Anita im Krankenhaus in A. angerufen: »Pack das Korsett ein, ich hol dich ab.«

Nach einigen Untersuchungen war klar, wie Anitas Operation aussehen könnte. Es ging ihr in der Zeit so schlecht – sie hat mir nach der OP die Stelle gezeigt, wo sie im Krankenhaus am Fenster gestanden hat im sechsten Stock und gedacht hat: Spring ich da runter? Oder kann ich den Schmerz noch ertragen? Die Operation war doch absehbar! Da zeigt mir schon dieser Gedanke allein, wie riesengroß der Schmerz gewesen sein muss, ich krieg Tränen in die Augen, wenn ich das erzähle.

In der Zeit ihrer Krankheit hab ich überlegt: Was würdest du denn machen, wenn du alleine übrig bleibst? Du kommst ja gar nicht klar. Da hab ich ihr 'nen Auftrag gegeben: »Bitte lass mich zuerst gehen.« Weil ich mir überhaupt nicht vorstellen kann, dass sie ohne mich Schwierigkeiten hätte. Anita wollte das natürlich nicht gelten lassen, sie hat gesagt: »Du, wenn ich nicht mehr da sein sollte – kuck mal, die Frau Soundso, die hat doch keinen Mann. Oder die …« So ist sie.

Vordergründig denkst du an den Alltag ohne den anderen. Es gibt bestimmte Dinge, um die kümmert sich Anita gar nicht, Auto, Haustechnik, also Heizung, Wasser, Strom … Ist auch richtig so, ich kümmere mich nicht um das gesamte Küchenprogramm, ich mach da was, wenn ich gebraucht werde. Aber ich fürchte: Um den ganzen praktischen Kram geht es nicht. Ich ohne sie … Es ist einfach *gut* mit uns, mit Anni und mir, es sind ja nach den vielen Jahren so viele Sachen eingeschliffen und bequem und vertraut … Man kann über alles reden. Wenn wir abends, so wie gestern, einen Fernsehfilm sehen, sitzt nicht jeder in einer Ecke im Sessel, und es wird geschwiegen. Nein, wir sitzen schön zusammen unter der Decke auf dem Sofa, kommentieren das auch, was wir sehen.

Vor vier Wochen ist Anni operiert worden, höchst erfolgreich operiert worden, sie haben ihr Plaste zwischen die Wirbel implantiert und sie versteift. Es hat sich gleich die Krankengymnastik angeschlossen, wir sind unmittelbar danach an die polnische Ostseeküste gefahren, unseren Wohnwagen winterfest machen – und testen, ob Anni auch im Sand wieder gut laufen kann. Als wir im Sommer das letzte Mal da waren, hat sie es noch nicht mal bis an den Strand geschafft. Jetzt sind wir gelaufen, direkt am Wasser, der Sturm hat die Brandung gepeitscht, herrlich, und Anita konnte sich bewegen – einmalig, Dank an das Krankenhaus. Mensch, mich macht das so wahnsinnig glücklich.

Es ist ja nicht immer einfach mit einer Ehe. Das waren schon viele Klippen, die wir zusammen umschiffen mussten, das schmiedet zusammen. Ich hatte ein gutes Elternhaus gehabt, sie war ohne Eltern aufgewachsen. Uns wurde nichts geschenkt, gar nichts, das hat uns vielleicht auch so zusammengeschweißt. Wir haben uns über jede Kleinigkeit gefreut, die wir erreicht haben.

Ich weiß noch, wie ich als junger Mann in Westberlin Teppiche von alten Damen gekloppt habe, auf dem Hinterhof, ein Teppich für eine D-Mark, Mann war das ein Staub. Das muss kurz vor dem Mauerbau gewesen sein, logisch, sonst hätte ich keine Teppiche klopfen können, wir wohnten ja im Osten. Als das Geld reichte, haben wir uns diese Schallplatte von Heidi Brühl gekauft, *Wir wollen niemals auseinandergeh'n*. Dieses Lied hatten wir an dem Abend, als Anita und ich als Paar zusammengekommen sind, immer wieder gehört. Das war im Februar beim Studentenfasching, im April war sie schwanger, dann haben wir die Platte gekauft, geheiratet, und im August wurde die Mauer gebaut. Nun ist die Mauer weg, und wir haben in zwei Jahren goldene Hochzeit. Daran kann ich jetzt schon wieder ganz ruhig denken – in den vergangenen Monaten sah das ja alles nicht so heiter aus.

Ich würde mit Anni und unserer Ehe alles wieder so machen. Es fing ja schon damit an, dass wir beim Fasching den ganzen Abend aus einem Sektglas getrunken haben, obwohl nichts drin war, wir haben immer wieder mit anderen angestoßen, ihnen zugeprostet, wir sind natürlich immer mal wieder an die Bar, haben uns was Richtiges geben lassen.

Was wir zusammen durchstehen mussten … Wären uns die Dinge leichter gefallen? Wer weiß. Ich hab keine Ahnung, wie es Leuten geht, die von zu Hause viel mitbekommen haben, also materiell. Aber so wie bei uns war es ja bei vielen in dieser Zeit, ich hab neulich zu Anni gesagt: »Als wir mit dem Studium angefangen haben, da war der Krieg gerade elf Jahre vorbei.« Wir haben als Studenten noch Steine geschleppt auf dem Alex, für Bärchenstempel und eine Tasse Tee, Nationales Aufbauwerk, NAW. Für die Stunden oder Tage gab es Stempel, man kriegte was für die Stempel, aber *was*? Lose für die Lotterie? Ich weiß es nicht mehr.

Wir studierten beide an der Fakultät für Landwirtschaft, als wir uns näher kennenlernten, standen wir kurz vor dem Abschluss. Ich hatte eine Studentenbude in der Wollankstraße, ich war Untermieter bei einer Witwe, so einer richtigen Berlinerin. Mäuschen. Sie hatte, als ich einzog, zu mir gesagt: »Mann, bist du ein Mäuschen.« Sie hieß Mäuschen, ich hieß Mäuschen, dabei blieb es. Ich hatte zwei kleine Zimmer, Mäuschen hat gesagt: »Du *darfst* Damenbesuch haben, du hast zwei voneinander getrennte Zimmer, und die sind abschließbar.« Damals galt ja noch das Gesetz gegen Kuppelei, und viele Zimmervermieterinnen waren richtige Drachen. Ich glaube, die Türen in meinen Zimmern hatten gar kein Schloss. Wenn ich am Sonntagabend wieder zurückkkam vom Wochenende bei meiner Familie auf dem Land, brachte ich immer frische Hühnereier und Speck mit. Wollte ich mir dann am Montagabend Abendbrot braten, stand Mäuschen schon am Küchentürpfosten, wir haben dann zusammen gegessen.

Anita war ja Vollwaise, sie lebte bei ihrer Großmutter in Friedrichshain, *Omilein* hat alles für *Annilein* gemacht. Einmal war Omilein nicht da, und wir waren allein in der Wohnung, Anni hat gesagt: »So, jetzt koche ich mal was für uns.« Sie wollte Suppe machen, irgendeine Tütensuppe aus der HO. Sie hatte vom Kochen keine Ahnung. In der Küche war ein Ausguss, so ein altmodischer, halbrunder, mit einem Emailleschild hinter dem Wasserhahn vor der Wand, der Ausguss hatte einen ganz groben Siebeinsatz – Annis Suppe blieb so klumpig, die Klumpen gingen noch nicht mal durch dieses grobe Sieb.

Omilein war eine kluge Frau, weißhaarig, mit Dutt, sie hatte Anita als Dreizehnjährige zu sich genommen. Als ich das erste Mal offiziell zu Besuch da war, war alles sehr unterkühlt. Anita hat mir später erzählt, dass Omilein ihr das mit mir ausreden wollte, Omilein hat zu ihr gesagt: »Das ist der Mann, der dich mal schlagen wird.« Anni hat sich nicht abbringen lassen …

In dem Fernsehfilm gestern, so 'ne Beziehungskiste, da war es übrigens wieder so, wie es mir jetzt oft auffällt: Da lernen sich zwei kennen, und gleich gehen sie miteinander ins Bett. Als ob das immer so schwuppdiwupp ginge. Also bei uns damals – das ging schon auch schnell. Aber die Initiative kam von ihr. Anita hatte ihren Hausschlüssel vergessen, und sie wusste ja, dass ich die zwei Zimmer hatte, separat, abschließbar. Ich muss sagen: Das hätte ich mich zu dem Zeitpunkt noch gar nicht getraut. Bei anderen Mädchen ging es eher zur Sache, aber bei Anita dachte ich: Da geht was kaputt, wenn wir so schnell ... Wie gesagt, die Initiative ging ja von ihr aus. Später hat sie gesagt: »Ich hatte den Schlüssel gar nicht vergessen ...« Es war schön so.

Ich weiß auch genau, wann unsere Tochter entstanden ist. Im März. Wir wollten an dem Abend eigentlich in Pankow in eine Bar gehen, da war aber der Ofen kaputt, der ganze Raum war verräuchert, und es war kalt, sind wir also zu mir nach Hause gegangen. Ja, das sind so viele Zufälle, die am Ende dein ganzes Leben ergeben.

Omileins Wohnung war im dritten Stock in einem Hinterhaus in der Friedenstraße in Friedrichshain, das war eine halbe Ruine, das Vorderhaus war komplett weggebombt. Als der alte Mann in der Wohnung auf dem Podest im Hochparterre starb, stand seine Wohnung leer, Anni und ich wollten die beziehen. In der Küche waren Löcher im Putz, die haben wir mit bloßen Händen zugeschmiert, der Gips trocknete so schnell, dass die Wand überall Beulen hatte. Es gab außerdem noch eine große Stube, in der hab ich die Fensterrahmen gestrichen, die anderen Räume waren nur als Abstellkammern zu nutzen, Klo war unten auf'm Hof. Wir sind eingezogen, dann sind wir zum Amt gegangen und haben unsere Adresse angegeben. Da mussten sie uns einen befristeten Mietvertrag anbieten. Anders wäre es für uns unmöglich gewesen, an eine Wohnung zu kommen.

Wir studierten ja beide noch, wir wussten, dass wir nach dem Studium einen Arbeitsplatz haben würden. Damals war es so, dass die Betriebe zur Absolventenvermittlung nach Berlin kamen und ihre Angebote machten. Wir waren inzwischen verheiratet, das Kind sollte im Januar kommen. Unsere Bedingung war: eine Wohnung für drei. Der Oberökonom aus B. sagte: »Kann ich mit dienen, wir haben eine leer stehende Wohnung.« Die war klein, aber wir hatten eine eigene Wohnung! Im Februar ʼ62 sind wir eingezogen, bei Eis und Schnee und im Dunkeln, es war Stromsperre, es war ja fast immer Stromsperre. Ich habe ab 1. März in der LPG gearbeitet, Anita musste noch ihre Prüfungen in Berlin machen, unsere Tochter Bini war tagsüber bei Omilein.

Die Bauern im Dorf waren 1960 vollgenossenschaftlich geworden, damals hatte doch der Sozialismus auf dem Lande gesiegt. Ich kam hin, und die Bauern sagten: »So, nun mach mit uns mal LPG.« Aber wie war das nun konkret zu organisieren? Wir waren die erste Generation Landwirte, die für die Planwirtschaft ausgebildet worden war, unsere Professoren waren zwar Agrarexperten, aber nun ging es um etwas gänzlich Neues: eine landwirtschaftliche Produktionsgenossenschaft mit tausendeinhundert Hektar Land, das ganze Dorf hat da gearbeitet, auf den Feldern, in den Ställen, dazu Saisonkräfte. Heute sag ich: Das war eine interessante Zeit. Damals war es eher eine harte Zeit, mir sind manchmal die Tränen gekommen. Das Hauptproblem war, zu den Feiertagen Leute zu kriegen, Ostern, Pfingsten, Weihnachten, für die Tiere brauchst du dreihundertfünfundsechzig Tage im Jahr jemanden. Viele hatten noch eine kleine Landwirtschaft zu Hause, die meisten Großbauern waren schon lange abgehauen, im Hof des größten Bauern im Dorf war jetzt das LPG-Büro drin.

Ich war dreiundzwanzig. Du kommst in ein Dorf, du bist neu, du bist fremd. Es hat von Februar bis Mitte Juni gedauert, um das erste Mal von einem Ur-Dorfbewohner eingeladen zu werden. Am 15. Juni feierten wir gemeinsam den Geburtstag eines angesehenen Landwirts, da war der Damm gebrochen. Anita war immer noch in Berlin für ihre Prüfungen. Ich war alleine da im Dorf, keine Sau hat das interessiert. Der Tierarzt, der war ein verständiger Mann, der hat dann eine Flüchtlingsfrau, wohlgemerkt eine Flüchtlingsfrau, keine Altbäuerin, angesprochen: »Kochen Sie mal mittags einen Teller mit für den Jungen, der fällt uns doch vom Fleisch.« Ich kriegte jetzt also mittags was Warmes zu essen, natürlich gegen angemessene Bezahlung.

Fürs Studium hatten wir unterschreiben müssen, dass wir hinterher dahin gehen würden, wo der Staat uns braucht, das war ja auch nicht falsch. Am 1.5.63 gegen elf Uhr kommt ein Mitarbeiter des Staatsapparats auf die LPG, einer vom Kreis: »Pass mal auf, ab heute Nachmittag brauchen wir dich im Rat des Kreises, in B.« Der Staat brauchte mich also sofort, bin ich eben mit der Bahn da hin, im Dampfzug, die fuhren damals noch. Der Kreislandwirtschaftsrat wurde gebildet, der war dafür zuständig, die Pläne des Bezirks für die Gemeinden umzumünzen.

Anita hat meine Stelle in der Viehwirtschaft übernommen. Sie ist morgens früh mit dem Fahrrad hin, Bini im Körbchen, unsere Tochter war im LPG-Kindergarten gut aufgehoben. Dann hat sich bald Jon angekündigt. Es war klar, dass unsere Wohnung zu klein sein würde, die Wohnstube war zwei Meter neunzig mal drei Meter, es gab noch eine Stube und die Küche. Und es gab Schimmel – Anni hat sich damals einen Hautpilz zugezogen, ihr mussten im Krankenhaus alle zehn Fingernägel und alle zehn Fußnägel gezogen werden, das war schlimm. Wir bekamen dann eine neue Wohnung, das heißt: eine leer stehende Wohnung am Bahnhof, also außerhalb, da wollte keiner wohnen. Im April '65 sind wir eingezogen, Jon wurde dort geboren. Als es losging mit den Wehen, wollte ich nach dem Sankra telefonieren, dem Sanitätskraftwagen.

Im LPG-Büro: Telefon kaputt. Im Gemeinde-Büro: Telefon kaputt. Omilein war gerade da und blieb bei Anni. Im Bahnhof haben sie dann per Bahnsignal-Anlage an den Hauptbahnhof in A. übermittelt, dass sie einen Sankra schicken sollen. Als ich nach Hause kam, war Jon schon da, und Omilein reichte Handtücher an. Bini hatten sie zur Nachbarin geschickt, die hatte aber ja alles mitgekriegt und erzählte jetzt: »Ich hab ein Brüderchen bekommen, das sieht aus wie ein Affe, das hat einen ganz langen Schwanz.« Sie meinte die Nabelschnur. Die Jungs vom Sankra haben sich dann Mutter samt Kind geschnappt und nach A. gebracht. In der LPG haben wir gefeiert: Das war seit Ewigkeiten die erste Geburt eines Kindes im Dorf, die Kinder wurden ja jetzt normalerweise im Krankenhaus geboren. Knapp drei Jahre später wurde Nils geboren.

Als Anita bei der Landwirtschaftsbank anfing, wuchs der Druck. Ein Kind war im Kindergarten, eins bei einer Pflegemutter, eins ging schon zur Schule – eh wir die morgens alle fertig hatten, ich immer auf dem Sprung zur Bahn … Und ich war inzwischen in der Kreislandwirtschaftsleitung, es gab immer irgendwelchen Funktionären was zu zeigen, auch am Abend, auch am Wochenende. Das war insgesamt zu viel, da war man auch angespannt, ich habe mir oft vorgenommen: Wenn Anita heute Abend diskutieren will, dann beißt du dir auf die Zunge. Wir haben damals beschlossen, Anni hört auf zu arbeiten, sonst drehen wir irgendwann alle durch. Sie hat dann ja trotzdem ganz viel gemacht: Pilzberaterin und Fleischbeschau und Reiseleitungen – was alles keine Punkte für die Rente brachte, das merken wir heute, Anita bekommt nur eine kleine Rente … Aber das war damals schon die richtige Lösung.

Das gute Zusammenleben muss immer wieder errungen werden, man muss sich auf die Zunge beißen, man muss sich zurücknehmen, darf nicht jedes Wort, das der andere sagt, auf die Goldwaage legen, und man muss Kompromisse machen. Es ist ein ständiges Auf und Ab, und das muss man hinkriegen, ohne sich aufzureiben. Wir haben gelernt miteinander. Es gibt Dinge, da sticheln wir uns heute noch – wenn zum Beispiel mal ein Film im Fernsehen in diese Richtung geht: Da taucht eine andere Frau auf. Ich weiß genau, dass Anita bis heute gerne wüsste, was denn nun genau war mit einer Kollegin, Gabi, eine flotte Person, wir haben vor dreißig Jahren beim Betriebsfest zusammen getanzt, und Anita wollte wissen, wie weit diese Tanzerei ging. Ich hab zu ihr gesagt: »Eigentlich hätte man es auch lassen können.« Ich habe damals durchaus Sorge gehabt, wie sie reagiert, sie hat mehrmals nachgebohrt, aber ich bin dabei geblieben. Ich hab ihr einfach gesagt: »Mehr erzähl ich dir nicht.«

Ich hab ja auch nicht nachgebohrt, wenn sie mir was erzählt hat, zum Beispiel damals, als ich Parteilehrjahr hatte, nur wochenends zu Hause war. Anita musste arbeiten, weil von meinen sechshundert Mark dreihundert für Unterkunft und Verpflegung draufgingen. Hier bei uns im Ort war ein Trupp, der Bohrungen und Erkundungen für Kohlevorkommen machte. Die Leute mussten mit Essen versorgt werden, meine Frau hat in der Gaststätte mitgearbeitet. Der Mann vom Ausschank, der wollte ein bisschen mehr als das gute Arbeitsverhältnis pflegen, der wollte mit ihr nach Hause. Das hat sie mir erzählt. Bei bestimmten Punkten hab ich nie nachgefragt, die waren dann für mich auch abgeschlossen. Es hat keinen Zweck zu bohren, und irgendwie ist es auch prickelnd, wenn ein bisschen was unklar bleibt. Es ist doch auch eigentlich nicht so schlecht, wenn sich noch jemand anderes für deinen Partner interessiert, einen langweiligen möchte man doch auch nicht.

Ohne Anita – ich würde gar keine Lust haben, etwas Neues anzufangen. Wir haben einen Studienkollegen, den Günter, seine Frau ist vor einigen Jahren gestorben, der hat sich auf seinen Garten gestürzt. Anni und ich haben mal eine nette Frau kennengelernt, wirklich sehr nett, die hätte passen können, wir wollten die beiden zusammen einladen, aber Günter hat uns vermittelt: Stört mir meine Kreise nicht. Ich kann das verstehen. Mit deiner Frau hast du ein gemeinsames Leben, eine gemeinsame Vergangenheit, das vergisst man nicht einfach. Da ist so viel Entscheidendes, das man zusammen erlebt hat. Die Kinder, der erste gemeinsame Ostseeurlaub mit dem Trabant, die vielen Erlebnisse bei der Arbeit. Natürlich auch die Wende – da stand Anita auch zu mir. Ich war vierzehn Monate lang arbeitslos, ich hatte das Gefühl, ich falle in ein Nichts. Ich hatte dann einen ABM-Vertrag als Agrarberater. In der Zeitung stand eine Anzeige: »Die Rückübertragungsbehörde in A. sucht …« Anita sagte: »Bewirb dich doch.« Ich wurde zum Gespräch eingeladen, ich merkte gleich, ich saß da einem älteren West-Kumpel gegenüber. Der stellte lauter Fragen dazu, wie es früher war, er wollte wissen, wie wir die Genossenschaften, die ja keine Volkseigenen Betriebe waren, dazu gebracht haben, die Vorgaben umzusetzen. Ja, wie? Ich hab gesagt: »Wenn da kein Weg reinführte, haben wir die Tür abgeschlossen, die Flaschen rausgeholt, und am Ende hieß es: ›Wir machen das – dir zuliebe.‹« Da hat der sich vielleicht amüsiert.

Als ich nach Hause kam, hab ich gesagt »Das wird nichts.« Es wurde aber was, ich war dann beim Landesamt zur Regelung offener Vermögensfragen, und diese Arbeit hat mich nervlich so mitgenommen – es ging um Bauernhöfe, wo Leute früher haben alles stehen und liegen lassen, die wurden nun rückübertragen. Ich machte alles genau rückwärts, was ich früher vorwärts gemacht habe. Ich bin irgendwann zum Arzt gegangen: »Herr Doktor, ich bin krank.« – »Sie waren zwar noch nicht oft bei mir, aber ich glaub Ihnen das sofort.« Ich war achtundsiebzig Wochen krankgeschrieben, dann konnte ich den Rentenantrag stellen. Wegen meines Alters ging der durch. Anita hat also auch schon eine schlimme Krankheitszeit mit mir erlebt.

Damals gab es auch gleich eine neue Aufgabe: das Haus in Ungarn. Ich bin bei uns ja eher der Bremser, der sagt: »Mensch, lass uns erst mal drüber nachdenken.« Man muss doch erst mal das Für und Wider abwägen, mitunter lässt sich so ja auch ein Fehler verhindern. Aber sie ist die Vorprescherin, die die Ideen hat. Als wir vor zehn Jahren das Haus in Ungarn kaufen wollten, hab ich gesagt: »Lass uns noch mal drüber schlafen.« Und am nächsten Tag hab ich zu bedenken gegeben: »Wie soll das gehen mit dem Umbau, wir hier, das Haus tausend Kilometer weit weg?« Da hatte Anita schon alles im Detail überlegt: »Das Geld geben wir Georgi in Ungarn, und wenn die Bauleute was fertig haben, holen sie sich bei ihm das Geld und er kuckt nach … Ist doch ganz einfach.« Wir haben auf diese Weise das ganze Haus umgebaut, zehn Jahre haben wir da Urlaub gemacht, mit Kindern, Freunden, Bekannten, das war eine gute Entscheidung, dass wir das gemacht haben, auch wenn ich am Anfang nicht sicher war.

Als wir das Haus dann schließlich verkauften, brauchten wir wieder eine gemeinsame Aufgabe, etwas hier in der Nähe, und da war ich sehr stolz, dass diesmal *ich* die Idee hatte: Wir waren oft in einer Pension an der polnischen Ostsee, da ist auch ein Campingplatz – dort konnten wir einen Wohnanhänger kaufen, nicht klein, so dreißig Quadratmeter, es ist nicht weit, zweihundertfünfzig Kilometer, wir fahren Landstraße, da ist schon die Anreise schön.

Bei uns war immer Anni die energische, sie war voller Ideen, durchsetzungsfähig, sie macht 'ne Menge, sie hat immer Power, wenn sie sich was vornimmt, dann ist sie wie ein Terrier, der nicht loslässt. Das ist manchmal nicht einfach für andere, auch belastend. Ich sage mir aber: Sie will das Beste – und sie will es nicht für sich. In der Familie ist das ja die Frage, ob immer alle das auch so wollen. Früher haben wir Weihnachten am ersten Feiertag alle an den Tisch geholt, jetzt betteln wir nicht mehr, dass das klappt, wer dabei sein will, soll kommen. Sonntagnachmittag, Kaffee – alle wissen, ab halb vier ist Kaffeezeit, wer da ist, ist da, die Kinder, die Enkel kommen meist. Wir wollen nicht mehr so organisieren, aber Geburtstage, die müssen sein. Wir bereiten alles vor, aber wir sind nicht mehr enttäuscht, wenn es nicht so klappt, wie wir es gerne hätten, so sind wir eigentlich immer gut klargekommen.

Sie ist Skorpion, die sind ja entschlossen, schnell. Ich bin Schütze. Ein Schütze, der ist einwandfrei, ein bisschen sensibel, der muss aufpassen, dass er nicht untergepflügt wird. Ich war früher immer sehr schnell, wie sagt man, eingeschnappt? Nein, eher sprachlos. Ich habe manchmal ein, zwei, drei Tage gar nichts gesagt. Mit den Jahren habe ich gelernt, dass das so nicht geht, es ist besser, zu reden. Und das tun wir.

Ohne Anita … Anni hat mir erzählt, in unseren Anfangsjahren, in ihrer ersten Schwangerschaft soll ich gesagt haben: »Wenn du nicht schwanger wärst, würd ich dich nicht heiraten.« Ich weiß das nicht mehr, aber es wird stimmen, wenn sie es sagt, war es so. Ich kann mich an den Zusammenhang wirklich nicht erinnern – wir waren damals mal zum Tanz im *Tokajer Keller* unterm *Café Budapest*, auf dem Heimweg ist sie stehen geblieben und hat ihre Handtasche so auf den Boden gepfeffert, alles kullerte raus – ich weiß nicht, warum, vielleicht war es im Zusammenhang mit diesem Satz? Es flog auch später mal plötzlich ein Teller durch eine Glasscheibe über der Tür, das war so ein gläsernes Halbrund, da flog der Teller mit Essen durch. Aber warum? Ich weiß es nicht, hängen geblieben ist bei mir: Du darfst es nicht überreizen. Ich hätte das dolle bereut, wenn ich sie nicht geheiratet hätte.